婚姻家事

MARRIAGE AND FAMILY AFFAIRS

常见法律问题与风险提示

COMMON LEGAL ISSUES AND RISK WARNINGS

鲁嘉雯 著

法律出版社
LAW PRESS·CHINA

北京

图书在版编目（CIP）数据

婚姻家事常见法律问题与风险提示 / 鲁嘉雯著.
北京 ：法律出版社，2024. -- ISBN 978 - 7 - 5197 - 9858 - 1
Ⅰ. D923.9
中国国家版本馆 CIP 数据核字第 2024PJ0714 号

婚姻家事常见法律问题与风险提示
HUNYIN JIASHI CHANGJIAN FALÜ WENTI YU FENGXIAN TISHI

鲁嘉雯 著

策划编辑 李争春
责任编辑 李争春
装帧设计 李 瞻

出版发行 法律出版社
编辑统筹 法规出版分社
责任校对 张红蕊
责任印制 耿润瑜
经　　销 新华书店

开本 710 毫米×1000 毫米 1/16
印张 19.25 **字数** 268 千
版本 2024 年 12 月第 1 版
印次 2024 年 12 月第 1 次印刷
印刷 涿州市星河印刷有限公司

地址：北京市丰台区莲花池西里 7 号（100073）
网址：www.lawpress.com.cn
投稿邮箱：info@lawpress.com.cn
举报盗版邮箱：jbwq@lawpress.com.cn

销售电话：010 - 83938349
客服电话：010 - 83938350
咨询电话：010 - 63939796

书号：ISBN 978 - 7 - 5197 - 9858 - 1　　**定价**：68.00 元
凡购买本社图书，如有印装错误，我社负责退换。电话：010 - 83938349

前 言

1950 年 4 月 13 日，中央人民政府委员会第七次会议通过《婚姻法》①，并于同年 5 月 1 日起正式施行。该部婚姻法不仅是中华人民共和国成立后颁布的第一部法律，更被毛泽东同志评价为“普遍性仅次于宪法的根本大法”；不但破除了“一夫多妻、重男轻女”的封建婚姻制度的糟粕，而且还建立了“婚姻自由、男女平等”的新型婚姻家庭关系制度及原则，为婚姻法的“破旧立新”奠定了重要的基础。

1950 年后，《婚姻法》经历了两次重大修改：1980 年，完善了“离婚的条件”，提高了“法定婚龄”，并增补了“计划生育”“禁止三代以内旁系血亲结婚”等内容。2001 年，针对“重婚、家暴、结婚条件、无效婚姻及夫妻共同财产”等内容进行了增补、修改。

2021 年 1 月 1 日起，《民法典》正式生效，《民法典》婚姻家庭编也成为《民法典》的重要组成部分。此时，婚姻法正式回归《民法典》，不仅有力促进了民事立法的体系化，更代表着我国进入法典化时代。

随着《民法典》的施行，诸如优良家风的“家法化”、离婚经济补偿制度、家务劳动补偿制度、离婚冷静期以及婚内财产分割情形的规定等新增条款或者新修改条款，对保护家庭关系、维护家庭稳定起到重要作用，使婚姻家庭关系主体和继承关系主体的合法权利得到合理的保护和及时的救助。《民法典》婚姻家庭编与继承编的设置回应了

① 为方便阅读，本书（法条链接版块除外）中的法律法规名称均使用简称。

社会发展的需求，也在规则适用和权利保护等方面引发新的争议和纠纷。

婚姻关系主体应当在对夫妻共同财产享有所有权和处分权的同时，遵守基于婚姻关系而负有的忠诚义务、扶养义务以及对子女的抚养义务；家庭关系主体应当在合法合理的范围内对家庭共同财产主张相应权利，并且积极履行对相关家庭成员的法定义务；继承关系主体应当在充分履行遗产管理和债务清偿等法定义务的基础上，合法合理地主张其享受的相应继承权利。实践中，我们需要对各类基于婚姻家事产生的法律纠纷进行充分的总结和归纳。

本书通过选取最高人民法院、各省市高级人民法院、中级人民法院等作出的判决中最具有代表性和指导性的案例，通过精练案例的关键词、概括基本案情以及整理法院裁判观点，进而对法院的裁判思路作出分析，最终为婚姻家庭关系主体在面临相关法律纠纷时提出具有一定参考价值的风险提示与处理意见；同时，选取与之相关的法律法规条文，以确保法律规定与司法实践的有机结合。

根据《民事案件案由规定》，我国民事诉讼中目前确立的与婚姻家庭、继承关系主体相关的案由共二十三项。本书通过具体的司法判例对相应的案由纠纷类型进行解释说明，而且对其中最为常见的法律争议焦点进行讨论分析。本书将相关的案由区分为两部分、五个章节，即婚姻家庭编范围内的人身属性为主的婚姻家庭纠纷、财产属性为主的婚姻家庭纠纷和兼具人身属性与财产属性的婚姻家庭纠纷，以及继承编范围内的以被继承人意志为基础的继承纠纷和非以被继承人意志为基础的继承纠纷。

婚姻家庭编第一部分，即人身属性为主的婚姻家庭纠纷。婚姻家庭关系既是法律关系，也是伦理关系。因此，相较于一般民事案件，婚姻家庭纠纷呈现出强烈的伦理色彩。以人身属性为主的婚姻家庭纠纷主要涉及夫妻双方及子女的权利和义务，包括婚姻关系效力的认定、监护权的行使等方面。在处理这类纠纷时，既需要考虑对个体权益的保护，也需要注重保障家庭关系的稳定和健康发展。笔者选取婚姻无效纠纷、撤销婚姻纠纷、亲子关系纠纷、收养关系纠纷、监护权纠纷、探望权纠纷六类案由，六个司法判例的具体内容，为婚姻关系主体对于人身属性为主的婚姻家庭纠纷的相关风险给予提示与建议。

婚姻家庭编第二部分，即财产属性为主的婚姻家庭纠纷。共同财产是婚姻家庭关系中的重要问题。财产属性为主的婚姻家庭纠纷以生活的共同性为前提，主要产生于共同生活的家庭成员之间，相关当事人包括夫妻、父母、兄弟姐妹等家庭成员。财产属性为主的婚姻家庭纠纷包括婚姻财产制度的选择与适用、夫妻共同财产的认定与分割、家庭共有财产的分割等多个方面。笔者选取婚约财产纠纷、婚内夫妻财产分割纠纷、夫妻财产约定纠纷、离婚后财产纠纷、分家析产纠纷五类案由，十一个司法判例的具体内容，为婚姻关系主体对于财产属性为主的婚姻家庭纠纷的相关风险给予提示与建议。

婚姻家庭编第三部分，即兼具人身属性与财产属性的婚姻家庭纠纷。兼具人身属性与财产属性的婚姻家庭纠纷的实质是因身份关系而产生的财产争议，如婚姻关系存续期间，夫妻双方达成的共同财产分割协议是带有身份属性的财产契约，一经订立即对夫妻双方产生法律约束力，因而可能发生争议。这种财产属性的法律行为并非独立存在，通常与子女抚养、婚姻关系解除等组成有机整体。笔者选取离婚纠纷、同居关系纠纷、抚养纠纷、扶养纠纷、赡养纠纷、离婚后损害责任纠纷六类案由，十二个司法判例的具体内容，为婚姻关系主体对于兼具人身属性与财产属性婚姻家庭纠纷的相关风险给予提示与建议。

继承编第一部分，即以被继承人意志为基础的继承纠纷。具有完全民事行为能力的自然人，生前可以通过订立合法有效的协议约定继承人的范围、继承顺序和继承份额等事项。遗嘱、遗赠扶养协议等约定直接体现了被继承人的意愿，因履行此类协议而引发的纠纷可称为以被继承人意志为基础的继承纠纷。《民法典》及其司法解释相关规定体现了对被继承人意志的尊重，保障被继承人合法支配遗产的自主权。

笔者选取遗嘱继承纠纷、遗赠纠纷、遗赠扶养协议纠纷三类案由，七个司法判例的具体内容，为继承关系主体对于以被继承人意志为基础的继承纠纷的相关风险给予提示与建议。

继承编第二部分，即非以被继承人意志为基础的继承纠纷。非以被继承人意志为基础的继承纠纷主要在被继承人未立遗嘱或所立遗嘱无效时发生，由继承人通过法定顺序与份额进行遗产分配。相关继承关系主要以血缘关系和婚姻关系所产生的亲属身份关系为基础，而非被继承人自由意志的体现。笔者选取法定继承纠纷、被继承人债务清偿纠纷、遗产管理纠纷三类案由，八个司法判例的具体内容，为继承关系主体对于非以被继承人意志为基础的继承纠纷的相关风险给予提示与建议。

目 录

第一部分 / PART 1

婚姻家庭编

婚姻家庭法被纳入《民法典》成为其中一编，真正成为民法体系的一部分。《民法典》婚姻家庭编在原《婚姻法》《收养法》等法律法规的基础上制定而成，具体分为一般规定、结婚、家庭关系、离婚和收养五章内容，调整因婚姻家庭产生的民事关系，规定实行婚姻自由、一夫一妻、男女平等的婚姻制度；保护妇女、未成年人和老年人的合法权益；结婚应当男女双方完全自愿；夫妻在婚姻家庭关系中地位平等等内容。

本部分以不同属性类型为依据，将婚姻家庭纠纷分为以人身属性为主、以财产属性为主以及兼具人身属性与财产属性三种情形。为进一步明确当事人承担责任的情况，本部分结合典型案例，围绕上述三种类型就婚姻家庭常见纠纷进行梳理、论述和总结，以期为婚姻家庭关系当事人提供相应的防范和处理建议。

第一章 人身属性为主的婚姻家庭纠纷

婚姻家庭关系既是法律关系，也是伦理关系。因此，相较于一般民事案件，婚姻家庭纠纷呈现出强烈的伦理色彩。以人身属性为主的婚姻家庭纠纷主要涉及夫妻双方及子女的权利和义务，包括婚姻关系效力的认定、监护权的行使等方面。在处理这类纠纷时，既需要考虑对个体权益的保护，也需要注重保障家庭关系的稳定和健康发展。笔者通过选取主要涉及人身属性的婚姻家庭纠纷相关民事案由，以案例分析的形式提炼司法实践中的相关裁判观点。

具体而言，本章内容包括婚姻无效纠纷、撤销婚姻纠纷、亲子关系纠纷、收养关系纠纷、监护权纠纷及探望权纠纷六个小节。通过六个司法案例的具体内容，为婚姻家庭关系当事人针对人身属性为主的婚姻家庭纠纷的相关风险给予提示和建议。

一、婚姻无效纠纷

婚姻无效纠纷是指具有婚姻关系的一方当事人对婚姻的有效性产生争议，请求法院作出判决宣告婚姻无效的纠纷。无效婚姻自始没有法律约束力，当事人之间不具有夫妻人身关系及财产关系。

目前，法定的婚姻无效情形包括三种：一是重婚，二是双方具有禁止结婚的亲属关系，三是未达到法定婚龄。司法实践中，基于婚姻无效纠纷引发的争议主要围绕对婚姻无效的确认能否因无效情形的消灭而阻却，进而对当事人之间财产分割、子女抚养等问题造成影响。下文将从实际的民事判决出发，以期为婚姻关系当事人提供基于婚姻关系被认定无效后对相关权益的处理建议。

重婚情形消失后的婚姻关系效力认定

孟某松、孟某玲与赵某山婚姻无效纠纷案①

【关键词】

重婚 无效确认 善意保护

【案情简介】

1985年4月，李某姣与孟某四在湖南省绥宁县枫木团乡人民政府登记结婚。1987年1月，双方生育一子即原告孟某松；1989年4月，双方生育一女即原告孟某玲。1996年，李某姣离家出走。1999年，经他人介绍，被告赵某山与李某姣相识。2000年6月，李某姣以黄某爱名义在江苏省南通市通州区民政局与被告赵某山登记结婚。2003年6月，双方生育一子赵某男。2017年9月，李某姣与孟某四在湖南省绥宁县民政局办理离婚登记手续。2021年3月3日，李某姣在江苏省南通市通州区金新街道利民村28组地段因道路交通事故死亡。2021年8月，两原告就李某姣死亡造成损失的赔偿问题向江苏省南通市通州区人民法院提起诉讼。其中，被告赵某山向法院提交了其与黄某爱2000年6月在江苏省南通市通州区民政局领取的结婚证和江苏省南通市通州区金新街道利民村村委会出具的证明，证明黄某爱与李某姣系同一人，其与黄某爱是合法夫妻。

原告认为，被告赵某山与黄某爱登记结婚时间在李某姣与孟某四登记结婚之后、离婚之前，其二人的婚姻构成重婚，属无效婚姻，故于2021年9月诉至法院，要求确认被告赵某山与黄某爱婚姻无效。

① 参见江苏省南通市通州区人民法院（2021）苏0612民初7698号民事判决书。

被告辩称，其与黄某爱缔结婚姻关系以来感情稳定，并且其不知晓黄某爱的原名为李某姣。被告与两原告及其亲属平常都有来往，被告对黄某爱的父母亲亦尽了赡养义务，两原告及其亲属均认可其与黄某爱系正式夫妻关系。两原告现提出要确认其与黄某爱婚姻无效，目的是要多得黄某爱因交通事故所获死亡赔偿款。两原告父亲对被告与黄某爱的婚姻一直未提出异议，两原告提起该诉讼，主体不适格。

诉讼中，原、被告对李某姣与黄某爱系同一人均无异议。

【判例分析】

一审法院于2021年12月17日作出判决，驳回原告孟某松、孟某玲要求确认被告赵某山与黄某爱婚姻无效的诉讼请求。一审宣判后，孟某松、孟某玲未提出上诉，判决已发生法律效力。

法院生效裁判认为：本案的争议焦点为在重婚情形已经消失的情形下，能否确认重婚中的后婚无效。重婚型无效婚姻的无效确认原则上不因无效情形消失而受阻，但若重婚中后婚一方当事人对重婚并不知情，且不存在重大过错，基于善意而形成了稳定的社会关系，当重婚情形已经消失，在综合考量后一婚姻的形成和存续状况的基础上，可以例外地不再对该重婚确认无效。

本案中，2000年6月李某姣以黄某爱名义与被告赵某山登记结婚时，李某姣与孟某四尚未离婚，故李某姣以黄某爱名义与被告赵某山登记结婚构成重婚。2017年9月，李某姣与孟某四办理了离婚登记手续，导致李某姣即黄某爱与赵某山重婚的法定无效情形消失。在婚姻无效情形消失的情形下，对于重婚这种严重损害他人合法婚姻，严重违反婚姻家庭法律基本原则和基本伦理道德的不合法关系原则上应当确认无效，但是本案中赵某山在与黄某爱结婚时并不知其有配偶，属于诚信善意的一方，且双方共同生育子女、赡养老人，十多年来形成了稳定的社会关系，对基于善意形成的稳定的社会关系应当给予保护，因而不再对该重婚确认无效。

【风险提示】

根据《民法典》第1051条之规定，具有重婚、有禁止结婚的亲属关系或者未到法定婚龄情形的，婚姻无效。目前，实践中最具争议的是重婚是否存在无效婚姻阻却情形，即《最高人民法院关于适用〈中华人民共和国民法典〉婚姻家庭编的解释（一）》第10条规定中的“法定的无效婚姻情形在提起诉讼时已经消失的”是否包括重婚的情形。

一种意见认为，从文义上看，该条没有将重婚情形排除在外或者设有例外性规定，即应包括所有婚姻无效情形。当事人请求确认婚姻无效时，如果重婚的情形已经消失，应当认定成立无效婚姻阻却事由，人民法院对当事人的申请不应当支持。另一种意见则认为，重婚作为严重破坏我国一夫一妻制的行为，社会危害性较大，构成犯罪的还应追究刑事责任。重婚的事实一旦发生，重婚缔结的婚姻关系就违反了我国法律的禁止性规定，不具有法律效力，该婚姻关系是自始当然无效的。因此，无论申请确认婚姻无效时，重婚的当事人在先婚姻关系是否终止，都应确认重婚为无效婚姻，不能实现合法化的转变，亦不能以前一个婚姻关系已经解除为由而认定存在阻却事由。

根据当前实务裁判规则，主要倾向于支持第一种意见，即夫妻一方在另一方重婚事实消除以后，仅以该重婚事实曾经存在为由向人民法院主张双方婚姻无效的，人民法院不予支持。婚姻无效是以婚姻的违法性为条件，如果违法性已不复存在，即婚姻无效的原因已消失，不应再宣告婚姻无效。此外，最高人民法院发布的《关于适用〈中华人民共和国民法典〉婚姻家庭编的解释（二）（征求意见稿）》第1条中规定，以重婚为由请求确认婚姻无效的案件中，被告以提起诉讼时合法婚姻当事人已经离婚或者配偶已经死亡为由主张后一婚姻自此转为有效的，人民法院对该抗辩主张不予支持，但另一方有理由相信重婚一方的合法婚姻已经解除或者不存在婚姻的除外。根据该规定，重婚原则上不适用效力补正，但在例外情形中，基于对后婚无过错诚信善意当事人的保护，认定在重婚情形已经消失的情形下，不再确认重婚中的后婚无效。在无效婚姻类型中，未达法定婚龄型无效婚姻与重婚型无效婚姻存在显著差异，前者仅仅违反的是结婚的私益要件，而后者主要违背的是结婚的公益要件，两者所受到的法律谴责和社会公众的否定评价程度不同，因此即使是在重婚事由已经消失的情形下，原则上也不能从违法向合法转变。只有在例外的情形下，基于实质的公平正义考量，保护无过错的诚信善意当事人，不再确认重婚中的后婚无效。由此可见，对于重婚的无效确认采取“原则 + 例外”的模式，既体现了对一夫一妻制婚姻的贯彻，也保护了诚信善意当事人的利益。

【律师建议】

婚姻关系存续期间，一方重婚的，另一方可以依据《民法典》第 1091 条之规定请求过错方配偶承担责任，主张离婚损害赔偿。需要注意的是，主张离婚损害赔偿的主体必须是“无过错方”，即受害方没有实施该条规定的过错行为，才可以向重婚过错方提出离婚损害赔偿的请求。无过错方依据离婚损害赔偿制度请求重婚过错方配偶承担责任，应当具备以下条件：第一，夫妻一方在婚姻关系存续期间具有重婚这一法定的重大过错行为，严重违背夫妻忠实义务；第二，请求方没有实施《民法典》第 1091 条规定的过错行为；第三，因重婚行为导致夫妻感情彻底破裂而离婚；第四，该重婚行为给婚姻关系无过错方造成损害。其中，重婚过错方承担离婚损害赔偿责任包括财产损害赔偿与精神损害赔偿两个方面的内容。婚姻关系中，夫妻双方互相享有配偶权，是对夫妻间相互负有的人身、财产上的权利义务的确认。婚姻关系存续期间，夫妻任何一方对该种义务的违反，都将构成对另一方配偶权的侵犯，使对方遭受物质、精神上的双重损害。一般而言，无过错方可以收集过错方承认错误的文字记录或口头陈述，过错方所在的居委会、村委会或单位出具的与他人同居或以夫妻名义共同生活的证明，婚姻登记机关出具的与他人结婚的证明等证据，作为其主张离婚损害赔偿的依据。

夫妻一方亦可以向法院提起刑事自诉，请求认定另一方犯重婚罪，判其刑事处罚。根据《刑法》第258条的规定，有配偶而重婚的，或者明知他人有配偶而与之结婚的，处2年以下有期徒刑或者拘役。配偶发现另一方有重婚行为，可向公安机关报案、要求公安机关立案侦查，也可自行收集证据后，向人民法院直接起诉。不过，离婚诉讼中认定“重婚”而主张损害赔偿并不以过错方构成重婚罪为前提。构成重婚罪，当然属于重婚行为，但重婚行为并不以行为人构成重婚罪为必要条件。若在当事人提起诉讼确认婚姻无效之前，已有发生法律效力的判决确认婚姻关系另一方犯重婚罪，当事人可以向法院提交相关刑事判决书并据此主张确认婚姻无效并要求损害赔偿。

确认婚姻无效和财产分割、子女抚养、损害赔偿等的诉讼请求可一并处理，当事人不服的，均可以上诉。但因婚姻效力的问题不适用调解，只能依法作出判决，故如果双方对财产分割和子女抚养问题等可以调解，则另行制作调解书；否则由法院一并作出判决。

在人民法院处理由重婚导致的无效婚姻案件中涉及财产问题时，合法婚姻的当事人有权作为有独立请求权的第三人参加诉讼，以维护财产权利。根据《最高人民法院关于适用〈中华人民共和国民法典〉婚姻家庭编的解释（一）》第16条之规定，人民法院审理重婚导致的无效婚姻案件时，涉及财产处理的，应当准许合法婚姻关系中的配偶一方参与诉讼的程序权利，从而使无效婚姻关系确认案件中的财产处理方案，可以在合法婚姻关系中配偶一方有效参与案件审理过程的前提下作出，避免合法婚姻关系中配偶一方财产权益受到无效婚姻关系双方当事人的不当侵害。

【法条链接】

《中华人民共和国民法典》

第一千零五十一条　有下列情形之一的，婚姻无效：

（一）重婚；

（二）有禁止结婚的亲属关系；

（三）未到法定婚龄。

第一千零五十四条 无效的或者被撤销的婚姻自始没有法律约束力，当事人不具有夫妻的权利和义务。同居期间所得的财产，由当事人协议处理；协议不成的，由人民法院根据照顾无过错方的原则判决。对重婚导致的无效婚姻的财产处理，不得侵害合法婚姻当事人的财产权益。当事人所生的子女，适用本法关于父母子女的规定。

婚姻无效或者被撤销的，无过错方有权请求损害赔偿。

第一千零九十一条 有下列情形之一，导致离婚的，无过错方有权请求损害赔偿：

（一）重婚；

（二）与他人同居；

（三）实施家庭暴力；

（四）虐待、遗弃家庭成员；

（五）有其他重大过错。

《中华人民共和国刑法》

第二百五十八条 有配偶而重婚的，或者明知他人有配偶而与之结婚的，处二年以下有期徒刑或者拘役。

《最高人民法院关于适用〈中华人民共和国民法典〉婚姻家庭编的解释（一）》

第十条 当事人依据民法典第一千零五十一条规定向人民法院请求确认婚姻无效，法定的无效婚姻情形在提起诉讼时已经消失的，人民法院不予支持。

第十六条 人民法院审理重婚导致的无效婚姻案件时，涉及财产处理的，应当准许合法婚姻当事人作为有独立请求权的第三人参加诉讼。

第二十二条 被确认无效或者被撤销的婚姻，当事人同居期间所得的财产，除有证据证明为当事人一方所有的以外，按共同共有处理。

二、撤销婚姻纠纷

撤销婚姻纠纷是指婚姻关系成立后，当事人根据可撤销婚姻的法定情形请求人民法院撤销其婚姻关系而引发的纠纷。

自然人依法享有婚姻自主权，缔结婚姻与否在于双方当事人之间的真实意思表示。基于对婚姻自由及知情权的保障，《民法典》明确了可撤销婚姻的法定情形：一是因胁迫而结婚，二是一方在婚姻登记前患有重大疾病，并且未履行如实告知义务。在实践中，前者往往表现为，婚姻关系其中一方或相关亲属在当事人的交往中用威胁性语言或暴力行为胁迫另一方与其共同生活并缔结婚姻关系；后者常见类型则包括严重遗传性疾病、精神疾病或者其他与婚育有关的疾病。对于其中的具体表现形式以及相关责任的认定，下文将从实际的民事判决出发，以期为婚姻关系当事人提供对于撤销婚姻纠纷的防范和处理建议。

可撤销婚姻之“重大疾病”认定规则

许某、杨某撤销婚姻纠纷案[①]

【关键词】

撤销婚姻请求权　重大疾病　告知义务

【案情简介】

2018年5月1日，许某与杨某经媒人介绍相识并确定恋爱关系。2018年6月1日，二人举行订婚仪式。2018年10月22日，杨某进入山东大学齐鲁医院治疗，并确诊患有系统性红斑狼疮、狼疮性肾炎。2018年11月23日，杨某再次到山东大学齐鲁医院住院治疗。2018年12月13日，杨某办理出院手续，出院诊断为系统性红斑狼疮、狼疮性肾炎好转。2018年12月28日，二人在夏津县民政局办理结婚登记手续。2019年1月16日，许某、杨某举行结婚仪式后同居生活。后，许某发现杨某确诊患有系统性红斑狼疮、狼疮性肾炎，诉至法院。

原告许某认为，红斑狼疮为一类慢性、反复发作的自身免疫性疾病，目前尚无法根治且具有基因遗传性，如果生育女孩，遗传概率还会成倍增加。该病容易反复发作，治疗费用高，非普通家庭经济能够承担。双方婚后一年多已花费5万余元治疗费，其家庭属于普通农村家庭，难以维持被告杨某的治疗支出，且被告的病情已发展至狼疮性肾炎，严重累及脏器，这种情况下医生建议不宜生育，否则妊娠风险成倍增加，且面临遗传风险。若被告不隐瞒病情，原告不会与之结婚，因为被告隐瞒重大疾病，给原告家庭造成重大影响，故请求法院撤销

---

① 参见山东省德州市中级人民法院（2021）鲁14民终3562号民事判决书。

婚姻，判决被告返还彩礼款 244,990 元、分割同居期间的财产及分担债务，并赔偿精神损失费 5 万元。

被告杨某辩称，目前法律对重大疾病并未作出明确规定，且我国现行法律也未将系统性红斑狼疮疾病列为禁止性结婚的重大疾病范畴。其病情并没有像原告陈述那样已经发展到不能自理地步，并且其在进行简单治疗后一直从事工作，并未因此病症长期卧床及行动不便。被告的主治医师及相关医务工作人员、专家等均对该病症作出详细说明，并且每个病患当事人的病情具有极大的差异性，其病情并未达到原告主张的恶劣情形，且如今病情已经得到稳定控制，其身体逐步康复，故原告主张系统红斑狼疮系重大疾病无事实依据和法律依据。

【判例分析】

一审法院于 2021 年 2 月 20 日作出判决，认定被告所患的系统性红斑狼疮不属于《民法典》第 1053 条规定的重大疾病，被告婚前向原告隐瞒了患病事实，但不构成撤销婚姻要件，因而原告要求撤销婚姻的诉讼请求不予支持，判决：驳回原告许某的诉讼请求。许某不服原审判决，提起上诉。二审法院于 2021 年 12 月 24 日作出判决：驳回上诉，维持原判。

法院生效裁判认为：本案上诉人主张被上诉人隐瞒其患有系统性红斑狼疮疾病，如被上诉人婚前告知，其不会同意与被上诉人缔结婚姻关系。本案双方共同生活已有两年多时间，具有一定的生活关系紧密度，不宜仅以上诉人对缔结婚姻关系的主观意识来确认案涉疾病属于重大疾病，关键还要客观审查该疾病是否属于重大疾病范畴。

首先，本案所涉疾病不属于《母婴保健法》第 9 条规定的不宜结婚的疾病，也不属于法律明文规定以外不宜结婚的疾病，如先天性生殖系统疾病、尿毒症、不能生育的生理缺陷等。其次，系统性红斑狼疮是自身免疫性疾病，症状由轻到重遍及全身，会累及皮肤、关节、心、肺和中枢神经系统等；又是慢性病，需要长期治疗，一般治疗分为两个阶段，缓解病情期和长期维持期，只要坚持长期治疗，患者是能做到像正常人一样生活的。

结合医疗技术水平的进步与不断提高，不同历史时期对重大疾病的认识也会随之变化，重大疾病的范围逐步减少符合医学进步的客观事实。系统性红斑狼疮疾病已经由过去的急性、高致死性疾病转为慢性、可控性疾病。该疾病非遗传性疾病，病情稳定的患者亦可正常孕育。被上诉人虽婚前向上诉人隐瞒了患病事实，但综合以上分析，一审认定该疾病不属于《民法典》第1053条规定的重大疾病并无不妥，一审驳回上诉人撤销婚姻、返还彩礼及赔偿精神损害的诉求并无不当。

【风险提示】

2001年《婚姻法》第10条将“婚前患有医学上认为不应当结婚的疾病，婚后尚未治愈的”规定为婚姻无效的事由，而《民法典》通过第1053条规定对此进行了修改。根据该条规定，当事人在缔结婚姻关系前，双方均负有重大疾病婚前如实告知的法定义务，未如实告知的，另一方当事人有权以此事由请求撤销婚姻。

目前，考虑到重大疾病的范围可能随着医疗技术的进步以及新型疾病的出现而发生变化，《民法典》尚未对“重大疾病”的涵盖范围进行明确规定。一般来说，重大疾病是指医治花费巨大且在较长一段时间内严重影响患者的正常工作和生活的疾病。实践中，对于重大疾病的认定主要适用《母婴保健法》第8条及第38条之规定，即婚前夫妻一方若患有严重遗传性疾病、精神分裂症等重型精神病或者艾滋病、麻风病等医学上认为影响结婚和生育的其他传染病，无论当时病情的严重程度如何，均属于法定告知义务的范围。除此之外，一方或双方患有重度、极重度智力低下，不具有婚姻意识能力的，或者患有其他与婚育有关的疾病，如重要脏器疾病和生殖系统疾病的，也应履行患有重大疾病的告知义务。因此，判断是否属于可撤销婚姻中的“重大疾病”一般会比照上述疾病的标准予以认定。至于其他重大疾病的认定，则主要综合考虑是否足以影响另一方当事人决定结婚的自由意志、是否对双方婚后生活造成重大影响、双方缔结婚姻关系后家庭生活的实际状况及双方婚后生活的紧密度等因素。

“患有重大疾病”的患病时间应仅限于结婚前，即患病一方在办理结婚登记手续前所患疾病应有医学诊断或进行过诊疗救治。若一方在婚后才患有重大疾病未如实告知另一方，因婚后患病并不能溯及影响到另一方是否决定结婚的真实意思，所以不符合《民法典》第1053条之规定，另一方不享有撤销权。

需要注意的是，因夫妻一方患有重大疾病未如实告知，另一方诉至法院时应当明确案由为“撤销婚姻纠纷”而非“离婚纠纷”。二者的核心区别在于，离婚是对合法婚姻关系的解除，而被撤销的婚姻自始无效，是对违法婚姻关系的处理和制裁，当事人不具有夫妻的权利和义务，双方共同生活期间的关系定性为同居关系。被撤销的婚姻双方同居期间所得的财产，除有证据证明为当事人一方所有的外，按共同共有处理，所生的子女也适用于《民法典》关于父母子女的规定。

【律师建议】

首先，对于可撤销婚姻中的重大疾病的认定，当事人可以根据以下因素综合判断：第一，该疾病应是婚前形成或者确诊的；第二，该疾病足以影响未患病方决定是否缔结婚姻关系的意愿；第三，该疾病对双方婚后正常生活造成较大影响；第四，该疾病在一定时间内难以通过手术或者药物等治疗手段治愈。当婚姻关系一方患有上述重大疾病的，另一方可以根据《民法典》第1053条之规定请求人民法院撤销婚姻。

其次，关于患有重大疾病告知义务的履行。基于尊重当事人意愿的立法宗旨，患病一方在登记结婚前对自身患病情况应当予以全面、客观、详细的告知，包括发病时间、病史、症状、治疗情况等，以使对方能够根据真实意思作出选择。此外，患病一方原则上应向另一方履行告知义务；向另一方父母、其他亲人等告知时除非能证实已经使另一方本人知悉，否则不应认为其已经履行了“如实告知”义务。

根据司法实践中的相关案例及《民事诉讼法》对于举证责任的规

定，作为告知义务的履行者应当承担在缔结婚姻前对另一方履行了重大疾病告知义务的举证责任；如果不能举证，则要承担不利后果。但是，对于一方婚前隐瞒重大疾病未履行告知义务的举证责任，应由提起撤销婚姻的一方当事人提供证据加以证明；如果不能证明患病一方隐瞒重大疾病这一事实，应该承担不利后果。

再次，关于被隐瞒方请求对方应负担的损害赔偿。其中，物质损害赔偿主要包括撤销婚姻关系的诉讼费、律师代理费、婚前购买嫁妆或者彩礼、装修婚房、置办婚礼以及其他依照当地风俗习惯在缔结婚姻时支付的相关费用。此外，根据《民法典》第1054条以及《最高人民法院关于适用〈中华人民共和国民法典〉婚姻家庭编的解释（一）》第22条之规定，在婚姻被撤销之后，双方财产分为各自所有与共同共有两部分；在能够证明部分财产为个人财产时，该部分财产属于其个人单独所有，在无法证明属于个人所有时，按照共同共有处理。在分割财产时，无过错的被隐瞒方亦可向对方请求相应的损害赔偿。

最后，关于撤销婚姻请求权的行使期限。请求撤销婚姻的，应当自知道或者应当知道撤销事由之日起一年内提出。该期限属于除斥期间，不适用诉讼时效的中止、中断或者延长的规定，该期间届满，撤销权消灭，所缔结的婚姻为合法有效的婚姻，被隐瞒一方婚姻当事人只能通过离婚程序解除婚姻关系。

【法条链接】

《中华人民共和国民法典》

第一千零五十二条 因胁迫结婚的，受胁迫的一方可以向人民法院请求撤销婚姻。

请求撤销婚姻的，应当自胁迫行为终止之日起一年内提出。

被非法限制人身自由的当事人请求撤销婚姻的，应当自恢复人身自由之日起一年内提出。

第一千零五十三条 一方患有重大疾病的，应当在结婚登记前如实告知另一方；不如实告知的，另一方可以向人民法院请求撤销婚姻。

请求撤销婚姻的，应当自知道或者应当知道撤销事由之日起一年内提出。

第一千零五十四条　无效的或者被撤销的婚姻自始没有法律约束力，当事人不具有夫妻的权利和义务。同居期间所得的财产，由当事人协议处理；协议不成的，由人民法院根据照顾无过错方的原则判决。对重婚导致的无效婚姻的财产处理，不得侵害合法婚姻当事人的财产权益。当事人所生的子女，适用本法关于父母子女的规定。

婚姻无效或者被撤销的，无过错方有权请求损害赔偿。

《最高人民法院关于适用〈中华人民共和国民法典〉婚姻家庭编的解释（一）》

第二十二条　被确认无效或者被撤销的婚姻，当事人同居期间所得的财产，除有证据证明为当事人一方所有的以外，按共同共有处理。

三、亲子关系纠纷

亲子关系纠纷是指夫妻一方向人民法院起诉，请求确认或者否认亲子关系的纠纷。亲子关系存在与否是确定父母子女之间权利义务的前提，一般认为，否认亲子关系之诉的诉讼主体限定于父或母，而确认亲子关系之诉的主体还包括成年子女。

这类问题在实践中往往发生在离婚诉讼引发的相关纠纷中，常见于一方当事人为了免除抚养义务或者主张相应赔偿而请求确认与子女不具有亲子关系，或者为了争夺子女抚养权而确认另一方与子女不具有亲子关系。对于其中的具体表现形式以及相关责任的认定，下文将从实际的民事判决出发，以期为婚姻关系当事人提供基于亲子关系纠纷的防范和处理建议。

否认亲子关系之诉的认定及规则适用

刘某甲、张某否认亲子关系纠纷案[①]

【关键词】

否认亲子关系　推定规则　财产返还

【案情简介】

原告刘某甲诉称：其与丈夫张某于2015年2月9日结婚登记，婚后一直没有生育小孩。由于双方之间没有感情基础，经常为了生活琐事吵架，2017年6月其回到娘家居住，2017年7月下旬其在酒吧醉酒时与他人发生一夜情怀孕，于2018年5月22日生育一子。小孩出生后，其希望以小孩为纽带促进夫妻感情，可事与愿违，双方经常闹离婚。张某自2019年12月始将小孩接走藏起来，不让其见小孩，对小孩漠不关心，导致小孩日渐消瘦，对小孩的心理健康及安全造成极大的影响。为此，为了小孩的身心健康，特诉请确认小孩与张某不具有血缘关系并将小孩的监护权判给其所有。刘某甲为支持其诉请提交了一份2021年12月10日的司法鉴定意见书证明该小孩经过司法鉴定与案外人刘某乙具有血缘关系，与张某没有血缘关系。

被告张某辩称：孩子的出生证和户口簿均表明其系小孩的父亲。若小孩与其无血缘关系，刘某甲早就该明示，双方婚后一直共同生活，并未分开。监护权与抚养权是建立在离婚的基础上，原告在未离婚前就请求确定监护权归属有违法律规定，而且就算离婚，父母仍是子女的监护人，何况现在原、被告双方还是夫妻，原告无权请求法院指定

① 参见江西省吉安市中级人民法院（2021）赣08民终2727号民事判决书。

或确认监护权。依照《最高人民法院关于适用〈中华人民共和国民法典〉婚姻家庭编的解释（一）》第 39 条第 1 款的规定，刘某甲主张确认张某与婚生子不具有血缘关系，应提供必要的证据来证明，但刘某甲未能提供必要证据。法律无强制规定要求其必须配合亲子鉴定，其无法定义务配合刘某甲共同来做有损子女成长之事。综上，请求法院从有利于子女健康成长角度驳回刘某甲的诉请。

【判例分析】

一审法院于 2021 年 10 月 26 日作出判决，驳回刘某甲的全部诉讼请求。刘某甲不服原审判决，提起上诉。二审法院于 2021 年 12 月 31 日作出判决：驳回上诉，维持原判。

法院经审理查明：原告刘某甲、被告张某于 2015 年 2 月 9 日办理婚姻登记手续，刘某甲于 2018 年 5 月 22 日生育一男孩。2021 年 1 月，刘某甲向法院起诉离婚，法院驳回其诉讼请求。婚生小孩的出生医学证明和户籍证明均登记张某系小孩的父亲，该小孩曾在被告家中生活，由被告父母照顾抚养，并就读幼儿园。自 2021 年 11 月 22 日起该小孩在刘某甲处抚养。

法院生效裁判认为：亲子关系的确认和否认，对于子女而言，不仅涉及一系列权利义务的产生、消灭，更涉及亲子身份关系的安定、婚姻家庭的和谐稳定，对未成年人的健康成长有重大影响。本案纠纷发生在刘某甲与张某婚姻关系存续期间，刘某甲以双方感情破裂，张某照顾不好小孩，为了小孩的健康成长为由提起本案诉讼，但其并未提供证据证明张某存在虐待小孩及不利于小孩健康成长的行为，且小孩现在在刘某甲处抚养，也不存在剥夺刘某甲抚养小孩权利的情形，其提起本案诉讼目的不具有正当性。《最高人民法院关于适用〈中华人民共和国民法典〉婚姻家庭编的解释（一）》第 39 条第 1 款规定并非对所有的亲子关系异议之诉均“应当”适用。刘某甲虽然提供了亲子鉴定意见书，但该鉴定书真实性无法确认，且无其他证据予以佐证，其不具备提供了必要证据这一推定前提。再者，法律不强制当事人进行亲子鉴定，本案不能以张某不同意做亲子鉴定就当然适用《最高人民法院关于适用〈中华人民共和国民法典〉婚姻家庭编的解释（一）》第39条第1款之规定，故对刘某甲的主张不予支持。

【风险提示】

一般认为，《最高人民法院关于适用〈中华人民共和国民法典〉婚姻家庭编的解释（一）》第39条的推定规则具有严格的适用前提。除要求提出申请的一方已经承担了与其请求相当的证明责任及“另一方没有相反证据又拒绝做亲子鉴定”外，结合最高人民法院此前的审判业务意见、答复意见等，法院一般还须审查是否同时存在其他情形，如非婚生子女本人尚未成年且亟须抚养和教育、法院认为有必要并要求另一方进行亲子鉴定而另一方拒绝、提出申请的一方已经完成了与其请求相当的证明责任、是否已经充分考量未成年人的意愿和权益等。

根据《民法典》第1073条的规定，通常认为有权提起亲子关系否认之诉的主体并不包含成年子女和父母外的第三人，而仅限定于父亲或者母亲。这意味着，为了兼顾亲子关系的安定性，以及体现未成年人最大利益原则的适用，《民法典》不允许子女法律意义上的父母之外的第三人作为原告起诉。当成年子女提起否认亲子关系之诉时，法院通常会根据该条规定，以法律未赋予其原告资格为由驳回成年子女的起诉。

但是，实践中还存在夫妻一方对双方合意委托代孕所生的子女提起亲子关系否认之诉的诉讼主体争议。在代孕语境下，到底以意愿自治、妊娠分娩还是基因来源来确定法律上的父母尚有争论，相关的诉讼主体可能涉及基因上的父亲及母亲、孕育的母亲以及她可能存在的法律上的丈夫、有意愿生育且实际抚养子女的父亲及母亲。

面对这种冲突，有的审理观点认为，夫妻合意代孕后否定亲子关系的权利应受到限制，父母就子女亲子关系享有的人格利益不得滥用。由此可见，在家事案件的审判中，血缘关系的真实性并非亲子关系否认之诉的唯一判定规则，保持婚姻家庭关系稳定，特别是实现未成年人利益最大化都是应当考量的因素。当夫妻共同选择代孕，即意味着双方对代孕子女是否亲生的事实是完全明知且认同的。据此，从诚实信用的民法基本原则及禁止反言的一般法理，以合意委托代孕所生子女欠缺与某人的血缘或基因联系为由单独提起亲子关系否认之诉的，可能因涉嫌权利滥用、不具有诉的利益而被驳回诉讼请求。

【律师建议】

亲子关系诉讼属于身份关系诉讼，根据《民法典》第1073条之规定，当事人提起亲子关系诉讼，必须严格规范诉讼条件，否认亲子关系需要有“正当理由”，即“有正当理由”是提请亲子关系否认之诉的限定条件。该限定条件要求提起诉讼的当事人必须承担与其诉讼请求相适应的举证责任，以证明其提起亲子关系否认诉讼具有必要性和正当性。

请求否认亲子关系，当事人应当提供证据证明存在下列情形之一：一是在妻子受胎期间，有明显证据证明双方不存在同居的事实；二是丈夫有生理缺陷或没有生育能力；三是子女和其他人存在血缘关系，包括子女和其他人亲子鉴定报告等证据，其可以证明子女和其他人存在生物学意义上的亲子关系；四是与该子女不存在血缘关系的亲子鉴定报告。此外，否认亲子关系之诉的必要证据并不限于亲子鉴定报告，通常认为能够据以证明不存在产生亲子关系事实可能性的录音证据、证人证言，以及能在生物学或遗传学角度证明不存在亲子关系的血型检测报告、精液分析报告单等证据，均可成为否认亲子关系之诉的必要证据。需要注意的是，当事人自行委托鉴定亲子关系的，应严格遵守法定程序要求，确保检材来源、送检等环节的程序规范，避免因鉴定程序合法性存疑而不被法院采信的情况。

当亲子关系被否认后，当事人可以根据实际情况选择不同的救济途径。

首先，如果发现配偶所生子女与自己没有血缘关系，则在婚姻关系存续期间，配偶可能存在与他人同居或者其他导致夫妻感情破裂的情形。在无法达成协议离婚的情况下，当事人可以根据《民法典》第1079条之规定提起离婚诉讼。

其次，当事人可以请求返还抚养费或者主张精神损害赔偿。抚养费的支付以存在亲子关系为前提。若在夫妻一方隐瞒真相而使另一方误认为存在亲子关系进而履行抚养义务，可以认定构成欺诈性抚养。该欺诈行为一方面使无过错方无端履行了在法律上并不存在的抚养义务，在经济上遭受损失；另一方面，在无过错方知道事实真相后，其在精神上不可避免遭受痛苦和伤害。据此，当事人可以根据《民法典》第1091条之规定向欺诈方请求返还抚养费并主张精神损害赔偿。

除请求返还抚养费、精神损害抚慰金外，当事人还可以依照实际情况请求对方承担亲子鉴定费用、产检费用等为生产实际支付的费用等。若当事人曾基于血缘关系向子女赠与财产，在亲子关系被否认后，其可以根据《民法典》第147条之规定，请求对基于重大误解实施的赠与行为予以撤销。

【法条链接】

《中华人民共和国民法典》

第一千零七十三条　对亲子关系有异议且有正当理由的，父或者母可以向人民法院提起诉讼，请求确认或者否认亲子关系。

对亲子关系有异议且有正当理由的，成年子女可以向人民法院提起诉讼，请求确认亲子关系。

第一千零七十九条　夫妻一方要求离婚的，可以由有关组织进行调解或者直接向人民法院提起离婚诉讼。

人民法院审理离婚案件，应当进行调解；如果感情确已破裂，调解无效的，应当准予离婚。

有下列情形之一，调解无效的，应当准予离婚：

（一）重婚或者与他人同居；

（二）实施家庭暴力或者虐待、遗弃家庭成员；

（三）有赌博、吸毒等恶习屡教不改；

（四）因感情不和分居满二年；

（五）其他导致夫妻感情破裂的情形。

一方被宣告失踪，另一方提起离婚诉讼的，应当准予离婚。

经人民法院判决不准离婚后，双方又分居满一年，一方再次提起离婚诉讼的，应当准予离婚。

第一千零九十一条 有下列情形之一，导致离婚的，无过错方有权请求损害赔偿：

（一）重婚；

（二）与他人同居；

（三）实施家庭暴力；

（四）虐待、遗弃家庭成员；

（五）有其他重大过错。

《最高人民法院关于适用〈中华人民共和国民法典〉婚姻家庭编的解释（一）》

第三十九条 父或者母向人民法院起诉请求否认亲子关系，并已提供必要证据予以证明，另一方没有相反证据又拒绝做亲子鉴定的，人民法院可以认定否认亲子关系一方的主张成立。

父或者母以及成年子女起诉请求确认亲子关系，并提供必要证据予以证明，另一方没有相反证据又拒绝做亲子鉴定的，人民法院可以认定确认亲子关系一方的主张成立。

四、收养关系纠纷

收养是根据法定的条件和程序领养他人子女为自己子女的民事法律行为，能够引起民事权利、义务的变更。收养关系的变动涉及两类纠纷：一是确认收养关系纠纷，指当事人对收养关系是否成立并有效存在争议而引发的纠纷；二是解除收养关系纠纷，指当事人对收养关系是否解除无法达成一致而引发的纠纷。收养关系的送养人、收养人和被收养人均可以成为收养关系纠纷的相关诉讼主体。

成立有效的收养关系，首先需要收养人具有收养的真实意思表示，其次还需要满足严格的法定要件，并且应当遵循最有利于被收养人的原则。实践中，常见的收养关系纠纷类型包括养父母与成年养子女关系恶化而请求解除收养关系、养父母请求确认收养关系而明确养子女的赡养义务、因养子女不尽赡养义务而起诉解除收养关系等。对于具体表现形式以及相关责任的认定，下文将从实际的民事判决出发，以期为收养关系当事人提供基于收养关系纠纷的处理建议。

公告瑕疵对收养行为效力影响的判定

王某与彭某、第三人某县民政局等收养关系纠纷案①

【关键词】

收养行为　公告瑕疵　效力认定

【案情简介】

原告王某与被告彭某于2006年12月30日登记结婚，因王某不具备生育能力，双方婚后一直未生育子女。2017年8月初，彭某父亲彭某某来电称在自家门口捡拾到一名出生不久的女婴，询问二人是否有收养意愿。王某、彭某经考虑后表示愿意收养，遂于8月13日先行将女婴接至上海的住处共同照顾抚养，并为其取名王某某。彭某某因此前往某县民政局处咨询如何办理收养登记手续。9月6日，彭某某向某县民政局提交捡拾弃婴报案证明，载明了彭某某捡拾弃婴的过程，由证明人签名，并由彭某某所在社区居委会和某公安派出所签章属实。收到该报案证明后，某县民政局于9月10日向彭某某出具了一份收养公告内容模板，让彭某某去某县报社公告。后该局工作人员于12月18日前往某县某区进行实地调查，对彭某某进行调查询问并制作了笔录。12月25日，王某、彭某共同向某县民政局提交书面申请收养王某某，并提交各自身份证件、生育情况证明、体检报告等办理收养登记所需证明材料；该局当场对王某、彭某进行收养意愿调查，并制作了询问笔录，王某、彭某表示愿意共同收养王某某并在笔录上签名确认。同

① 参见江西省景德镇市中级人民法院（2021）赣02民终686号民事判决书。

年 12 月 29 日，某县民政局为收养人王某、彭某与被收养人王某某办理了收养登记证。

2020 年 4 月，彭某以与王某夫妻感情破裂为由向上海市浦东新区人民法院起诉离婚，被判决驳回诉请后，又于 2021 年 1 月再次起诉离婚。在此情形下，王某认为其已不适合继续收养王某某，遂开始寻找王某某生父母。经走访调查，王某获知王某某生父母可能为被告詹某某、宁某某，且经查阅王某某收养登记档案材料，发现公告时间为收养登记证签发之后，故认为民政局在办理收养登记前未依法公告，遂起诉，请求确认其和彭某、王某某于 2017 年 12 月 29 日所形成的收养关系无效，并判令詹某某、宁某某对王某某履行抚养义务和监护职责。

诉讼中，彭某与某县民政局提交了县新闻中心收取彭某某公告费的收据和县融媒体中心出具的证明，显示公告费支付日期为 2018 年 1 月 17 日，发生于办理收养登记之后。

【判例分析】

一审法院于 2021 年 7 月 5 日作出判决，驳回王某的诉讼请求。王某不服原审判决，提起上诉。二审法院于 2021 年 11 月 25 日作出判决：驳回上诉，维持原判。

法院生效裁判认为：本案中王某陈述詹某某、宁某某是王某某的生父母，因公告程序倒置而影响生父母的权益，且王某陈述詹某某、宁某某希望孩子回归身边，但在本案审理过程中，詹某某与宁某某并未到庭参与这个在王某看来本应对其二人有利的诉讼程序。另据王某陈述，詹某某与宁某某已经生育了两个子女。王某并无证据证明王某某并非弃婴，亦不能证明案涉派出所盖章的“报案证明”和县民政局所作“调查询问笔录”的内容虚假。相较于被遗弃或在儿童福利机构生活，王某某能够被王某和彭某收养，得到养父母的关爱，对其成长更为有利，也更有利于社会和谐稳定。《民法典》在对生父母的亲权与未成年人利益的衡量之下，变更了 1998 年《收养法》关于“弃婴”的要求，取消了对生父母遗弃未成年人的主观意愿的限定，允许对确实查找不到生父母的未成年人进行收养，这也是未成年人利益最大化原则的要求。本案中，王某作为完全民事行为能力人，自愿与彭某一起收养王某某并办理收养登记，体现了其对尚处于襁褓之中的王某某的疼惜。王某某现已与养父母生活多年，建立起深厚的难以割舍的感情。如果贸然解除收养关系，王某某该何去何从，这必然会对孩子的身心健康带来不利影响。故为维护未成年人合法权益，应维持王某某的生活现状为宜。

【风险提示】

1998年《收养法》和《民法典》婚姻家庭编“收养”一章均规定，收养应当登记，收养关系自登记之日起成立。其中，收养查找不到生父母的未成年人的，办理登记的民政部门应当在登记前予以公告。收养登记程序包括当事人申请、登记机关审查和办理收养登记三个阶段。在当事人申请阶段，主要是指收养人提交相关申请和证明材料。在登记审查阶段，审查的内容主要有：申请收养人是否符合收养人的条件、申请人真实的收养目的、申请人是否具有完全民事行为能力以及被收养人的情况等。法律规定在收养登记之前进行公告，其目的是最大可能地寻找到被收养人的生父母或其他监护人，维护未成年人及其生父母的利益。

实践中，民政部门在办理收养查找不到生父母的未成年人的登记过程中，因依法行政意识和能力的不足，时有发生未按收养登记相关法规进行公告查找其生父母的情形，如未在规定级别媒体上刊登公告，公告未附查找不到生父母的弃婴、弃儿的照片，以及公告程序倒置、公告期不足等。

一般来讲，若收养人能够为被收养人提供健康舒适的成长环境，对其进行全身心的抚养和教育，养父母与养子女之间关系融洽，双方从内心接受这种法律上拟制的父母子女关系，并遵循正常的伦常秩序生活，是否承认缺少形式要件和实质要件的收养行为的法律效力，对于养父母和养子女之间的关系维持、各自权利义务的享有与履行并不会造成实质影响。但一旦双方发生矛盾，产生利益纠纷，是否认定收养关系的法律效力将会直接影响双方权利义务的合理分担以及纠纷的妥善处理。《民法典》规定了收养关系的成立、收养的效力和收养关系的解除等方面的内容，强调了收养应当遵循法律规定的程序和条件。因此，如果不符合法律规定的收养条件，该关系在法律上可能无法得到完全承认，且无法得到法律的有效保护，还可能会带来一些法律风险，如被收养人无法享受继承权、受教育权等法定收养关系中的权益，或者出现抚养费返还、生父母反对等相关纠纷。

【律师建议】

收养行为无效纠纷不仅涉及收养行为各方当事人的利益平衡，更关系未成年人的保护。在司法实践中，民政机关在办理收养登记公告时可能会存在一些瑕疵，如公告时间、方式不符合法律规定，这种情况下，部分当事人可能会质疑收养行为的合法性。不过，由于收养牵涉利益甚广，故在一些极其特殊的情形下，应例外地不使该瑕疵收养行为无效。例如，被收养人已经融入收养家庭，与收养人形成深厚的情感关系，则从未成年人利益最大化的原则出发，即使未办理收养登记或者存在收养登记瑕疵情形，也不宜依照现行规定全然否定当事人之间的此种合意安排，一概否认当事人之间收养行为的效力。

为了确保收养过程的合法性和保护被收养未成年人的最大利益，收养人和有关机关需要注意以下几点：第一，在收养未能找到生父母的未成年人之前，应按照法律规定进行公告，公告的内容、方式、时间等都应符合相关法律规定。第二，收养人应当证明他们满足法律规定的收养条件，包括但不限于，能够保证被收养人的合法权益，有养育、教育被收养人的能力等。第三，所有收养决策和程序，应始终以未成年人的最大利益为出发点和归宿，确保收养行为真正有利于被收养人的成长与未来。

若收养行为因违反法律的强制性规定被认定无效，当事人不能对其通过承认或共同生活等事实状态予以补正，否则会使法律形同虚设，进而损害法律权威。然而，《民法典》第 1113 条对收养行为无效进行规定，却没有规定受到无效收养行为损害一方的损害赔偿请求权。对此，笔者建议，依照《民法典》第 157 条之规定，对第 1113 条的规定进行补充。当收养行为被确认为无效后，受到无效收养行为损害的一方当事人，应有权向有过错的对方当事人请求损害赔偿。损害赔偿包括财产损害赔偿、人身损害赔偿和精神损害赔偿，可以参照《民法典》第 1179 条、第 1183 条和第 1184 条之规定，确定具体的赔偿数额。双方都有过错的，应当各自承担相应的赔偿责任，造成一方损失的进行过失相抵，各自都造成对方损失的，各自承担对方的损失。这样将使受到收养行为无效损害的一方当事人的合法权益，不会因为《民法典》第 1113 条没有明文规定而得不到有效的法律保护。

综上所述，为了确保收养关系的合法性和稳定性，建议当事人双方应当尽快按照法律规定的条件和程序办理收养手续。在办理手续时，应当遵循《民法典》和其他相关法律法规的规定，提交相关证件和材料，并亲自到收养登记机关办理成立收养关系的登记手续。此外，瑕疵公告的效力审查及其对收养行为的效力影响应全面贯彻未成年人利益最大化原则，如此才能在个案裁判中实现特定情境下的特定儿童的最大利益，并在发生被收养人与收养人或送养人间的利益冲突之时，最大程度优先保护被收养未成年人的利益。尽管在收养程序上可能存在瑕疵，但收养行为本身如果符合法律规定，真正符合被收养未成年人的最大利益，也应得到法律认可和保护。

【法条链接】

《中华人民共和国民法典》

第一千零四十四条 收养应当遵循最有利于被收养人的原则，保障被收养人和收养人的合法权益。

禁止借收养名义买卖未成年人。

第一千零九十三条 下列未成年人，可以被收养：

（一）丧失父母的孤儿；

（二）查找不到生父母的未成年人；

（三）生父母有特殊困难无力抚养的子女。

第一千一百零五条　收养应当向县级以上人民政府民政部门登记。收养关系自登记之日起成立。

收养查找不到生父母的未成年人的，办理登记的民政部门应当在登记前予以公告。

收养关系当事人愿意签订收养协议的，可以签订收养协议。

收养关系当事人各方或者一方要求办理收养公证的，应当办理收养公证。

县级以上人民政府民政部门应当依法进行收养评估。

第一千一百一十三条　有本法第一编关于民事法律行为无效规定情形或者违反本编规定的收养行为无效。

无效的收养行为自始没有法律约束力。

五、监护权纠纷

监护权纠纷是指因行使监护权而发生的民事争议，主要是监护权人认为其依法行使的监护权被他人侵害时所引发的纠纷。这类纠纷在实践中常体现为监护人怠于行使职责而导致被监护人的合法利益受损，或者不具备监护权的人阻碍监护人行使监护权的情形。

《民法典》明确规定，父母对未成年子女负有抚养、教育和保护的权利和义务，其对未成年子女的监护职责和义务亦不因婚姻关系的终止而消灭。一方行使监护权时不应侵害、阻止另一方依法行使权利，然而，基于争夺未成年子女抚养权或其他目的，时常发生离婚诉讼当事人恶意抢夺、隐匿未成年子女的危害行为。下文结合实践案例，围绕上述问题对监护权行使规则及当事人需承担责任的认定进行论述，以期为相关监护权人提供对于监护权纠纷的风险提示和维权建议。

婚姻关系存续期间一方抢夺、藏匿未成年子女的认定

张某与刘某、李某监护权纠纷案[①]

【关键词】

婚姻关系存续　抢夺隐匿子女　最有利于未成年人

【案情简介】

上诉人张某（女）同被上诉人李某（男）于 2019 年 5 月 20 日登记结婚，2020 年某月某日生育一女取名李某某。2021 年 4 月上诉人休完产假开始上班，孩子白天由被上诉人刘某（李某母亲）帮忙看管。2021 年 4 月 18 日，李某称其父在老家晕倒，刘某在未经上诉人同意的情况下私自将孩子带回定州老家，导致孩子身上长了红疹。后被上诉人将孩子还给上诉人。上诉人与被上诉人李某 2021 年 4 月 19 日开始分居，后协议离婚未果，2021 年 7 月 7 日，刘某强行将孩子抱走并藏匿。八个月的孩子尚在哺乳期，又对非母乳性食物过敏，被上诉人二人的做法无疑置孩子于危险境地。上诉人多次要求被上诉人送回孩子，也多次要求探视孩子，均被被上诉人以逃避、藏匿的方式阻碍。上诉人长达近一年的时间无法见到孩子，无法行使母亲的职责和权利。

张某于 2021 年 7 月 20 日向保定市竞秀区人民法院起诉与李某离婚，保定市竞秀区人民法院于 2022 年 1 月 13 日判决双方不准离婚。张某提交了孩子出生证明、与李某聊天截图、通话录音、报警记录等；刘某、李某提交了保定市竞秀区人民法院（2021）冀 0602 民初 4470 号民事判决书、孩子照片 3 张、视频一段，证明孩子身心良好、发育

① 参见河北省保定市中级人民法院（2022）冀 06 民终 3941 号民事判决书。

良好。

【判例分析】

一审法院认为，张某与李某系合法夫妻，且在婚姻关系存续期间。《民法典》第 1058 条规定，夫妻双方平等享有对未成年子女抚养、教育和保护的权利，共同承担对未成年子女抚养、教育和保护的义务。张某没有证据证实李某未抚养保护好孩子，故对张某的诉讼请求不予支持。

首先，关于被上诉人接走婚生女行为的正当性问题，二审法院认为，本案中，李某、刘某擅自将尚在母乳喂养期的婚生女径行接走并拒绝将孩子送回其母亲身边，直接导致孩子被迫中断母乳、张某与孩子母女不得相见。被上诉人的上述行为并未从保护未成年人身心健康发展的角度考虑，而是出于对自己情感需求的满足，以爱之名剥夺了孩子享有母爱的权利。从妇女权益保障角度看，张某与李某作为婚生女李某某的父母，双方的监护权是平等的，即使是在婚姻关系存续期间，一方行使监护权时亦不应当侵害、阻止另一方行使权利。李某未经夫妻双方协商一致擅自将婚生女带走藏匿，此后对张某探望孩子的要求一度持消极态度并隐瞒住所，致使其长期不能探望孩子。被上诉人的行为不仅对未成年子女的身心健康发展造成损害，也是对上诉人张某平等监护权的不当侵害。据此，被上诉人的行为违反了“最有利于未成年人”、保障妇女权益以及平等行使监护权的原则，应对被上诉人的行为给予否定性评价。

其次，关于对婚生女由谁抚养监护的处理依据，二审法院认为，从法律原则分析，无论是《未成年人保护法》还是《民法典》，均将有利于未成年人身心健康发展作为处理原则。现行法律和司法解释对于婚内监护权的行使虽无明确具体规定，但考虑双方当事人正在离婚纠纷期间且处于矛盾较易激化的分居状态，为最大程度保护未成年子女的利益，参照《民法典》第 1084 条的规定，对于该案中婚姻关系存续期间夫妻双方分居后子女抚养争议亦采用该原则作为处理依据。据此，婚生女未满两周岁，以暂由母亲张某直接抚养为宜。

最后，关于婚生女探望权，二审法院认为，在张某直接抚养婚生女期间，应对李某探望婚生女给予协助配合，在保证婚生女正常生活的前提下，具体探望时间、方式、地点也可由双方自行协商。

【风险提示】

从当前司法实践看，抢夺、藏匿未成年子女主要存在以下两种情形：

一是分居或离婚诉讼期间，将未成年子女带离现居住地或藏匿。有的父母基于自身恩怨和情感纠葛，意图通过此种方式泄愤、惩罚对方或者将未成年子女作为其主张分割夫妻共同财产的谈判工具和砝码。因此，一方自己或伙同其近亲属抢夺、藏匿未成年子女，导致对方无法接触未成年子女，造成未成年子女与藏匿方共同生活时间长久的假象。

二是离婚后阻碍另一方探望未成年子女或将未成年子女带离，导致判决无法执行。有些父母不能正确认识协助对方探望未成年子女是其法定义务，基于其已经获得直接抚养子女的权利，而阻挠对方接触孩子，导致探望权执行出现障碍；还有的因其在离婚诉讼中丧失了直接抚养的权利，转而通过暴力方式抢夺、藏匿未成年子女，导致生效判决无法履行，获得直接抚养权的一方当事人不得不长期忍受亲子分离的痛苦。

目前，针对抢夺、藏匿未成年子女问题，实践中虽然在个别案件上有所突破，但尚未形成严密的法律保护机制。首先，违法行为难以得到及时纠正。一方存在抢夺、藏匿行为时，当事人第一时间往往选择的是报警，但是公安机关一般仅将此当作家庭纠纷对待，而不作进一步处理。当事人依靠自身力量往往很难及时查找到未成年子女的下落，即使知道，也很难通过自力救济方式实现对自身权益的保护。其次，当前监护权保护缺乏切实的惩戒机制。抢夺、藏匿未成年子女行为给对方造成了巨大的心理伤害，亦严重损害未成年人的身心健康。

但对该类违法行为惩罚力度较弱，现行法律对抢夺、藏匿子女的侵权责任尚无明确规定。最后，抢夺、藏匿未成年子女的行为还容易造成抚养权纠纷难以处理。根据《最高人民法院关于适用〈中华人民共和国民法典〉婚姻家庭编的解释（一）》第46条规定，未成年子女随哪一方生活时间较长、不改变其生活环境是判断哪方获得直接抚养权优先考虑的因素。虽然该生活状态系非法行为导致，但是，对于未成年子女尤其是低龄未成年子女而言，维持生活环境的稳定有可能更利于保护其身心健康和成长。因此，如果一方仍然采取此种方式，客观上形成孩子生活环境稳定的事实，在涉及抚养权纠纷时，法院可能会基于不改变未成年子女生活环境以及执行便利的考虑，使抢夺、藏匿未成年子女一方更易获得抚养权。

【律师建议】

《最高人民法院关于适用〈中华人民共和国民法典〉婚姻家庭编的解释（二）（征求意见稿）》于2024年4月7日向社会公开征求意见，其中第11条、第12条对于抢夺、藏匿未成年子女的情形作出了约束，规定人身安全保护令或人格权行为禁令可适用抢夺、藏匿未成年子女情形，同时载明了抢夺、藏匿未成年子女的民事责任及抗辩事由处理。目前，江苏、河南及河北等地亦出台了《反家庭暴力条例》，明确了人身安全保护令措施可以包括禁止抢夺、藏匿未成年子女。因此，在实践中可以考虑通过申请人身安全保护令或者提起监护权诉讼、离婚诉讼等多种途径进行维权。

具体而言，当事人拟申请人身安全保护令的，应尽可能收集能够证明遭受家庭暴力或面临暴力威胁的证据，或子女面临的另一方抢夺、藏匿行为，如报警记录、受伤照片、证人证言等。

一方抢夺、隐匿子女行为发生后，另一方可以采取报警或者向妇联、居委会、村委会、街道办、司法所等相关部门请求援助。相关部门虽不能强行要求对方交出孩子，但可以组织双方调解，亦可以对对方进行批评教育、劝诫制止，必要时可以督促其接受家庭教育指导。

同时，相关的来访登记表、调解笔录、调解协议书，批评教育、劝诫制止或者督促其接受家庭教育的相关文件及记录等，均可以作为后续离婚诉讼中无过错方争取抚养权的证据。因此，应及时固定相关证据，如要求公安机关出具报警回执并妥善保管，以便用于后续诉讼。

此外，当事人还可以提起监护权纠纷诉讼。根据《民法典》第27条之规定，父母是未成年子女的监护人。监护人的职责是代理被监护人实施民事法律行为，保护被监护人的人身权利、财产权利以及其他合法权益等。因此，如果离婚诉讼尚未审结，未成年子女的抚养权归属尚未确定，面对婚内一方抢夺、隐匿未成年子女的不法行为，另一方可以考虑从监护权的角度去诉讼维权。

【法条链接】

《中华人民共和国民法典》

第一千零五十八条　夫妻双方平等享有对未成年子女抚养、教育和保护的权利，共同承担对未成年子女抚养、教育和保护的义务。

第一千零八十四条　父母与子女间的关系，不因父母离婚而消除。离婚后，子女无论由父或者母直接抚养，仍是父母双方的子女。

离婚后，父母对于子女仍有抚养、教育、保护的权利和义务。

离婚后，不满两周岁的子女，以由母亲直接抚养为原则。已满两周岁的子女，父母双方对抚养问题协议不成的，由人民法院根据双方的具体情况，按照最有利于未成年子女的原则判决。子女已满八周岁的，应当尊重其真实意愿。

《中华人民共和国未成年人保护法》

第四条　保护未成年人，应当坚持最有利于未成年人的原则。处理涉及未成年人事项，应当符合下列要求：

（一）给予未成年人特殊、优先保护；

（二）尊重未成年人人格尊严；

（三）保护未成年人隐私权和个人信息；

（四）适应未成年人身心健康发展的规律和特点；

（五）听取未成年人的意见；

（六）保护与教育相结合。

第二十四条 未成年人的父母离婚时，应当妥善处理未成年子女的抚养、教育、探望、财产等事宜，听取有表达意愿能力未成年人的意见。不得以抢夺、藏匿未成年子女等方式争夺抚养权。

未成年人的父母离婚后，不直接抚养未成年子女的一方应当依照协议、人民法院判决或者调解确定的时间和方式，在不影响未成年人学习、生活的情况下探望未成年子女，直接抚养的一方应当配合，但被人民法院依法中止探望权的除外。

六、探望权纠纷

探望权通常指夫妻离异后，未直接抚养子女一方探望子女的权利，因行使探望权而引发的纠纷则称为探望权纠纷。探望权的意义主要在于为离婚后不直接抚养子女的一方提供定期与子女见面、联系或者其他短暂共同生活的方式，以实现离异家庭之间的亲子互动，从而尽可能降低父母离异给未成年子女造成的感情伤害，是最有利于未成年人利益原则在实践中的具体体现。

目前，从《民法典》及现行司法解释来看，探望权的主体限于不直接抚养子女的父或母，探望权的行使方式、时间和地点等具体安排则主要取决于当事人的意思自治。实践中引发的较多争议，主要包括不直接抚养子女一方在行使探望权时侵害未成年子女利益或者其他不利于其身心健康的情形，另一方请求中止探望，以及不直接抚养子女一方要求对方提供必要配合与协助的情形。另外，还包括未成年子女的祖父母或外祖父母要求行使探望权的特殊情况。下文结合典型案例，对探望权行使纠纷案件的常见情形进行梳理，并从实务角度分析可能存在的风险，以期为探望权主体提供解决建议。

隔代探望权的适用

沙某、袁某探望权纠纷案[①]

【关键词】

丧子老人　隔代探望　监护人职责

【案情简介】

沙某出生于1963年11月24日，其独生子丁甲与袁某2016年3月28日结婚，于2018年1月3日生育双胞胎男孩丁乙、丁丙。2018年7月28日丁甲因病去世。丁乙、丁丙一直与袁某共同生活。沙某多次联系袁某想见孩子，袁某拒绝。据此，沙某诉至法院，要求每月1日、20日探望孩子2次、每次2小时。

【判例分析】

一审法院于2021年6月18日作出判决，沙某每月第一个星期探望丁乙、丁丙一次，每次不超过2小时，袁某应予配合。袁某不服原审判决，提起上诉。二审法院于2021年9月28日作出判决：驳回上诉，维持原判。

法院生效裁判认为：沙某系丁乙、丁丙祖母，对两个孩子的探望属于隔代探望。虽然我国法律并未对祖父母或外祖父母是否享有隔代探望权作出明确规定，但是探望权系与人身关系密切相关的权利，通常基于血缘关系产生。探望权的履行除满足成年亲属对未成年人的情感需求外，也是使未成年人获得更多来自成年亲属的关爱的一种途径。特别是在本案沙某的独生子丁甲已经去世的情况下，丁乙、丁丙作为

---

① 参见人民法院案例库指导性案例229号。

丁甲的孩子，亦系沙某的孙子，不仅是丁甲和袁某的子女，亦系沙某老年丧子后的精神慰藉。二审中沙某还表态愿意对孩子的抚养尽力，用失独家庭补贴补偿孩子的抚养费，亦可以看作代替丁甲履行抚养义务的延续，有利于为孩子创造更好的生活条件。未成年人的父或母一方死亡，（外）祖父母向人民法院申请隔代探望（外）孙子女的，人民法院应当坚持最有利于未成年人、有利于家庭和谐的原则，在不影响未成年人正常生活和身心健康的情况下，予以支持。因此，一审法院酌情确定沙某每月可探望孩子一次符合本案实际情况，也符合中国传统家庭伦理观念和社会主义核心价值观及公序良俗，应予维持。

【风险提示】

"隔代探望权"并未进入《民法典》正式规定，但是民法典一审稿曾规定"隔代探望权"，指出祖父母、外祖父母可参照适用离婚父母探望子女的有关规定，探望孙子女、外孙子女。后民法典二审稿限缩了"隔代探望权"适用范围，规定祖父母、外祖父母只有在对孙子女、外孙子女尽了抚养义务，或者在孙子女、外孙子女的父母一方死亡的情形下，可参照适用离婚父母探望子女的有关规定，探望孙子女、外孙子女。民法典三审稿则删除了"隔代探望权"。目前，对于与直接抚养子女的一方就探望一事不能协商一致的，可以通过诉讼由人民法院根据具体情况加以解决。

实践中，对于是否支持隔代探望仍存在较大争议。不支持隔代探望的裁判理由主要认为，祖父母的探望权不属于法律调整的范围，没有法律依据。探望权是基于亲权在父母与未成年子女之间产生的，而不是基于亲属权产生的。法律明确规定探望权的主体是离婚后不直接抚养子女的父或母，对于未成年人的隔代长辈祖父母等是否也享有探望权，法律并无规定。故认为祖父母或外祖父母或兄弟姐妹等其他近亲属不是探望权主体，不享有探望权。此外，有的观点认为探望权的行使应当以子女利益为中心，以子女利益最大化为判断标准。若出现频繁的探望，与祖父母等争吵有积怨等情形，可能对未成年人身心健康造成重大伤害。而且，监护人有权决定其他人探望被监护人。当未成年子女的监护人明确表示不同意时，部分法院认为探望权诉请没有法律依据。支持的裁判理由主要认为，虽然现行法律没有明确规定，但基于习惯、善良风俗、社会主义核心价值观以及老年人权益保护等因素，祖父母或外祖父母可以对孙子女或外孙子女进行探望，享有探望的权益。尤其是对于丧子老人而言，通过探望的方式继续参与孩子的成长，某种程度上也是表达对自己孩子的精神寄托，与法律精神并不相悖。

当前，隔代探望权还面临执行难的问题。探望权具有人身专属性、长期持续性等特点，牵涉各方之间的亲情关系。能否顺利执行，与未成年子女的意愿亦存在较强的关联性。

《第八次全国法院民事商事审判工作会议（民事部分）纪要》指出："祖父母、外祖父母对父母已经死亡或父母无力抚养的未成年孙子女、外孙子女尽了抚养义务，其定期探望孙子女、外孙子女的权利应当得到尊重，并有权通过诉讼方式获得司法保护。"部分司法案例体现了上述纪要的精神。

【律师建议】

对于隔代探望纠纷的解决，祖父母、外祖父母可以通过运用监护人职责相关规定来主张权利。

具体而言，根据《民法典》第 26 条第 1 款及第 34 条第 1 款之规定，父母作为未成年子女的监护人，需要履行对未成年子女的监护职责。其职责主要是代理被监护人实施民事法律行为，保护被监护人的人身权利、财产权利以及其他合法权益。其中，被监护人的人身利益保护自然应当保障其与近亲属，尤其是与祖父母或者外祖父母之间的正常会面交往。在一般情况下，这样的会面交往是有利于未成年子女健康发展的。依据《未成年人保护法》第 4 条与第 16 条之规定，处理涉未成年人纠纷时应当关注未成年人的生理、心理状况和情感需求，听取其意见，按照适应未成年人身心健康发展的规律以及最有利于未成年人的原则予以处理。因此，未成年人子女的父母在没有正当理由和合理顾虑的情况下违背未成年子女意愿、妨碍其与祖父母或外祖父母交往会面的，可以被认定构成不履行监护职责的事由。根据《民法典》第 34 条第 3 款的规定，监护人不履行监护职责或者侵害被监护人合法权益的，应当承担法律责任。因此，祖父母或外祖父母可以依据该规定主张孙子女或外孙子女的监护人停止、排除对其隔代探望权的侵害，请求人民法院同意其实施隔代探望。

此外，《老年人权益保障法》第 18 条中规定，“家庭成员应当关心老年人的精神需求，不得忽视、冷落老年人。与老年人分开居住的家庭成员，应当经常看望或者问候老年人”，其通过法律的形式规定了家庭成员，尤其是成年子女，对老年人的探望义务。在司法实践中，一些判决书也以履行精神赡养义务为由，满足老人提出的探望请求。因此，当事人也可以从履行精神赡养义务的角度向法院主张允许其实施隔代探望。需要注意的是，若人民法院认为该探望并不符合未成年人的利益，也可能选择不支持其诉讼请求。这些拒绝探望的理由主要包括关系恶化、矛盾激烈，或者长期没有来往、情感淡薄等。即便是支持老年人的探望请求，人民法院在确定具体的探望频率及方式时，依然会参考双方的关系、子女的工作情况、老年人的身体状况等因素，避免给相关未成年人造成过重的负担。

实践中，在确定隔代探望权行使方式时还应注意地点、频率和方式等问题。首先，对于探望地点的确定，应结合祖父母或外祖父母的居住地点，孙子女或外孙子女的年龄、学习状况，直接抚养人的工作及休息时间等，选择对各方都具有便捷性的地点进行探望。在未成年人居住地与隔代探望人居住地不在一地的情况下，应权衡利弊，协商选择不影响未成年人惯常生活模式的地点作为探望地。其次，对于探望频率的确定，应以实现未成年人最大利益为基本原则，结合祖父母或外祖父母的工作情况、未成年人直接抚养人的工作情况、未成年人的年龄和假期情况等协商确定。最后，对于隔代探望权的行使方式而言，老年探望人的行动能力、身体条件有差异，有的行动不便，实地探望勉为其难。这时，可以积极探索利用现代科技手段，进行线上探望。

就隔代探望纠纷的举证责任而言，对于年幼的未成年子女来说，由于其尚不具备足够的识别能力，因此需要考察的问题是：祖父母或外祖父母与孙子女或外孙子女是否已经存在稳定的、长期的亲密关系。如果存在这种关系，那么法律就应当推定此关系的维系符合未成年子女的最大利益，提出反对意见的父母须证明祖父母或外祖父母的探望不利于未成年子女的健康成长。相反，如果这样的亲密纽带并不存在，那么应当由祖父母或外祖父母一方证明允许其探望有利于未成年孙子女或外孙子女的最大利益。此外，在未成年子女达到一定的年龄，具有理解能力时，其本人的主观真实意愿应当得到人民法院的尊重。在目前的司法实践中，不少人民法院在承认祖父母或外祖父母的探望权时将判决的效力确定至未成年子女 10 周岁时止，其背后的理由在于，对年满 10 周岁的未成年子女而言，是否允许探望需要征求本人的意见。

综上所述，隔代探望权的制度性规定虽未纳入《民法典》的法律规范范畴，但并不意味着祖父母或外祖父母完全处于无法可依的境地。“法无禁止即可为”的私法自治法理、未成年人利益最大化的司法理念、老年人权益保护的规定、公序良俗在司法实践中的运用等，均可以成为当事人权利主张的依据。

【法条链接】

《中华人民共和国民法典》

第十条 处理民事纠纷，应当依照法律；法律没有规定的，可以适用习惯，但是不得违背公序良俗。

第三十四条第三款 监护人不履行监护职责或者侵害被监护人合法权益的，应当承担法律责任。

第一千零四十一条 婚姻家庭受国家保护。

实行婚姻自由、一夫一妻、男女平等的婚姻制度。

保护妇女、未成年人、老年人、残疾人的合法权益。

第一千零四十三条　家庭应当树立优良家风，弘扬家庭美德，重视家庭文明建设。

夫妻应当互相忠实，互相尊重，互相关爱；家庭成员应当敬老爱幼，互相帮助，维护平等、和睦、文明的婚姻家庭关系。

《中华人民共和国老年人权益保障法》

第十八条　家庭成员应当关心老年人的精神需求，不得忽视、冷落老年人。

与老年人分开居住的家庭成员，应当经常看望或者问候老年人。

用人单位应当按照国家有关规定保障赡养人探亲休假的权利。

《最高人民法院关于适用〈中华人民共和国民法典〉婚姻家庭编的解释（一）》

第六十六条　当事人在履行生效判决、裁定或者调解书的过程中，一方请求中止探望的，人民法院在征询双方当事人意见后，认为需要中止探望的，依法作出裁定；中止探望的情形消失后，人民法院应当根据当事人的请求书面通知其恢复探望。

第六十七条　未成年子女、直接抚养子女的父或者母以及其他对未成年子女负担抚养、教育、保护义务的法定监护人，有权向人民法院提出中止探望的请求。

第二章
财产属性为主的婚姻家庭纠纷

共同财产是婚姻家庭中的重要问题。财产属性为主的婚姻家庭纠纷以生活的共同性为前提，主要产生于共同生活的家庭成员之间，相关当事人包括夫妻、父母、兄弟姐妹等家庭成员。财产属性为主的婚姻家庭纠纷包括婚姻财产制度的选择与适用、夫妻共同财产的认定与分割、家庭共有财产的分割等多个方面。笔者选取主要涉及财产属性的婚姻家庭纠纷相关民事案由，以案例分析的形式提炼司法实践中的相关裁判观点。

具体而言，本章内容包括婚约财产纠纷、婚内夫妻财产分割纠纷、夫妻财产约定纠纷、离婚后财产纠纷以及分家析产纠纷五个小节。笔者通过五类案由、十一个案例的具体内容，为婚姻关系当事人针对财产属性为主的婚姻家庭纠纷提供相关风险提示和处理建议。

一、婚约财产纠纷

婚约是男女双方当事人为了缔结婚姻关系而预先达成的协议，而婚约财产主要是指为了促进婚姻关系的达成，订立婚约的一方当事人基于当地习俗而给付另一方当事人及其近亲属的财产，包括金钱、房产、车辆等多类财产形式。当给付婚约财产的目的无法达成时，就容易引发财产损失一方请求另一方返还婚约财产等相关纠纷。

虽然婚约财产纠纷当事人并未正式缔结婚姻关系，但双方曾具有共同生活、组建家庭的一致意思表示，因此应当对其准备进入家庭关系期间的合法权益予以保护。《最高人民法院关于适用〈中华人民共和国民法典〉婚姻家庭编的解释（一）》第5条之规定确立了当事人请求返还婚约财产的基本适用规则，用以应对婚约解除后的财产纠纷问题。

1. 彩礼返还的情形认定

李某、华某婚约财产纠纷案①

【关键词】

婚约财产　共同生活　彩礼返还

【案情简介】

2018 年 11 月 30 日，经朋友介绍，原告李某与被告华某相识并确定恋爱关系，后华某诞下一子。原、被告双方于 2020 年 11 月 30 日订婚，2021 年 1 月 31 日举办婚礼，但并未办理结婚登记手续。2021 年 1 月 2 日，原告母亲武某某通过微信向被告华某转账 2 万元彩礼钱，剩余 14 万元彩礼钱通过证人华某某（媒人）由原告父亲李某某给付被告华某。被告华某在举办婚礼后，经常无故与原告吵架，吵架后便回娘家居住。被告在原告家里居住期间，不仅没有任何工作，也不做任何家务，还对原告父母呼来喝去，毫不尊重。被告与原告同居后，多次与异性朋友出入酒吧等场所。原告在打工时手曾骨折，在住院手术期间，被告华某也不曾看望原告，多次和异性朋友去酒吧玩耍，还发朋友圈炫耀。后被告多次告知原告双方性格不合适，不能共同生活，便回到自己家中，将孩子留给原告不管不问，并且拒绝与原告和原告父母沟通。原告及原告父母多次携带礼物去被告家中安慰和赔礼道歉，被告丝毫不领情并再三拒绝。原告见与被告和好无望，便要求被告退还彩礼，被告拒绝返还。据此，李某将华某及其父母诉至法院。

---

① 参见河南省平顶山市中级人民法院（2022）豫 04 民终 1631 号民事判决书。

【判例分析】

一审法院于2022年3月28日作出判决，认为该案并不符合返还彩礼的条件，因此对原告李某要求被告华某返还彩礼128,000元的诉讼请求依法不予支持。李某不服原审判决，提起上诉。二审法院于2022年6月28日作出判决：驳回上诉，维持原判。

法院生效裁判认为：婚约财产即依婚约产生的彩礼或礼金，其性质是一种附条件的赠与，是双方以赠送现金和财物的形式增强婚约的稳定，从而达到结婚目的，其不是法律规定的结婚条件。《最高人民法院关于适用〈中华人民共和国民法典〉婚姻家庭编的解释（一）》第5条第1款规定，“当事人请求返还按照习俗给付的彩礼的，如果查明属于以下情形，人民法院应当予以支持：（一）双方未办理结婚登记手续的；（二）双方办理结婚登记手续但确未共同生活；（三）婚前给付并导致给付人生活困难”，双方自2019年2月起即共同生活并按民间习俗举行了婚礼，双方在共同生活期间生育一子，现已年满2周岁，且共同生活期间必然因日常消费及生育、抚养孩子产生相关费用，若在以夫妻名义共同生活数年且已共同养育子女2年后仍要求返还彩礼，对华某明显不公平。已经共同生活的双方因未办理结婚登记手续不具有法律上的夫妻权利义务关系，但在审理彩礼返还纠纷时，不应当忽略共同生活的“夫妻之实”。本案原告以结婚为目的向被告支付彩礼，二人虽未办理结婚登记手续，但已按照农村习俗举办结婚仪式，并且双方在共同生活后育有一子，故本案并不符合返还彩礼的条件。

【风险提示】

彩礼是以缔结婚姻为目的、依据习俗给付的财物。作为我国婚嫁领域的传统习俗，这既是男女双方及家庭之间表达感情的一种方式，也蕴含着对婚姻的期盼与祝福。给付彩礼的目的除了办理结婚登记这一法定形式要件外，更重要的是保障双方长期共同生活。因此，共同生活时间长短是司法实践中确定彩礼是否返还以及返还比例的重要考量因素。除此之外，实践中对于双方未办理结婚登记，且共同生活时间不长，但已生育子女的情况，往往会基于孕育子女对女性生理、心理产生较大影响这一因素的考虑，对接受彩礼一方的彩礼返还数额予以酌减。

在彩礼的价值方面，各地法院的认定和风俗习惯不尽相同。例如，江苏省高级人民法院经过调研指出，可以根据当地的城镇居民人均可支配收入及农民人均纯收入情况确定礼金或礼物价值在2000元以上为彩礼，随着当地经济发展，这一数额应相对确定，但适时仍可调整。由此可见，若当事人在彩礼给付时缺乏明确约定，后续在彩礼的内容和数额认定上极可能引起争议。

此外，恋爱期间赠送财物的，在实践中亦难以认定为彩礼。具体而言，在恋爱期间，情侣相互馈赠的小额财物往往不以结婚为目的，互赠财物表情达意实属人之常情。这种表达感情的物质载体并非一概为彩礼，一般认定为赠与物。类似情形还包括日常恋爱交往消费开支，以改口费、选日子费为名义的开支等，均难以认定为彩礼。日常恋爱交往消费开支，通常以宴请或购置生活用品等方式，表达善意、增进感情。此时虽然发生物品或资金的转移交付，但并非以缔结婚姻关系为目的，而更倾向于联系情感。司法实践对于此种铺垫性的开支，往往不予认定为彩礼。改口费等，为基于风俗习惯，恋爱双方的仪式性开支，其金额和数目往往与通常情况下的彩礼有所区别，这种情况下的费用亦很少被定性为彩礼。

如果彩礼以货币形式给付，当给付一方要求返还时，接受一方经常会提出“彩礼已经使用”的抗辩。需要注意的是，即便一方提供证据证实彩礼确实已经使用，也不意味着其价值凭空消失，因为彩礼在使用后往往会转化为其他形式。例如，接受彩礼一方使用彩礼购置家具等，转化为共同财产；使用彩礼举办订婚宴；使用彩礼购置物品作为陪嫁等。据此，对于已经使用的彩礼，给付一方难以一概主张返还，应结合实际情况分析。

【律师建议】

对于彩礼给付方而言，首先，应保留给付彩礼的证据。结合民间习俗来看，彩礼给付是一种自然人之间带有私密性的给付行为，往往不会像借款行为一样要求收款人出具凭证。给付方要求返还彩礼时须证明其给付的彩礼数额，基于彩礼的特殊性，若给付方未能留存相关证明，在产生纠纷时可能因举证不能或者证据不足而承担不利的法律后果。据此，笔者建议，给付方可以一次性转账至对方银行账户，并备注款项性质为彩礼，保留转账记录。为了确保彩礼或者嫁妆的财产归属清晰明确，还可以在给付时进行登记或公证。通过登记或公证，可以明确给付人的意图、财物的种类和数量等情况，从而避免日后因财产归属问题产生纠纷。其次，彩礼给付时应明确表达赠与意图和条件。彩礼的核心要素是以结婚为目的，如果给付人明确表示彩礼是给予新婚夫妇的共同财产，那么这些财物就属于夫妻共同所有。反之，如果其明确表示彩礼是给予某一方个人的财产，那么这些财物就属于该方个人所有。

对于彩礼接受方而言，首先，应避免彩礼与婚后财产混同。如果是表现形式为货币的彩礼，可能与接受方的婚后收入混同。一旦个人财产与共同财产混同，则会全部认定为共同财产。若接受方没有相关证据予以性质证明，那么彩礼将会作为夫妻共同财产分割，不利于个人权益的维护。其次，接受方应尽量留存双方共同消耗彩礼的凭证。彩礼中被男女双方共同消耗的部分可以在返还时予以扣除，如将彩礼用于举办婚庆事宜、用于双方共同生活等。其核心要素是双方共同消耗，即给付方也因此实际受益。否则，如果仅仅是接受方个人使用，返还时亦不会予以扣除。最后，接受方可以保留双方共同生活的证据。认定彩礼是否返还、返还比例的关键要素是双方是否共同生活、共同生活的时间长短。据此，接受方应当注意保留与给付方共同生活的证据，如房屋租赁合同、社区入住登记、物业入住登记等，以便在发生纠纷时能够辅佐证明。

在实际生活中，给付和收受彩礼并不只是男女双方之间的事情，很多时候会涉及两个家庭的往来。实践中，按照一般习俗，存在彩礼不是交付给女方而是交付给女方家庭，并由女方及其重要家庭成员接受进而由女方家庭处分的情形。因此，在婚约财产纠纷中返还彩礼的主体不仅限于女方，还应包括接受彩礼的女方重要家庭成员，而相关人员均可成为返还彩礼诉讼的当事人。在这种情况下，给付方可以把对方当事人的父母或其他利害关系人列为共同被告，要求其就彩礼的返还承担连带责任，以便更好地维护自身合法权益。据此，接受彩礼一方的父母可以由接受方本人以自己名义办理存折自行处理彩礼款项，这样既可证明彩礼的去向，也可避免成为彩礼返还的连带责任者。

需要注意的是，彩礼返还具有诉讼时效限制，应适用三年的普通诉讼时效期间。如果从分手或离婚之日起三年内，给付方都没有向接受方主张返还，行使自己的权利，那么在法律上其已经丧失胜诉权。如果其在此期间主张过，那么应当从最后一次主张的时间起重新计算三年的时效，即“诉讼时效中断”。对此，当事人主张彩礼返还应当把握时机。

【法条链接】

《最高人民法院关于适用〈中华人民共和国民法典〉婚姻家庭编的解释（一）》

第五条 当事人请求返还按照习俗给付的彩礼的，如果查明属于以下情形，人民法院应当予以支持：

（一）双方未办理结婚登记手续；

（二）双方办理结婚登记手续但确未共同生活；

（三）婚前给付并导致给付人生活困难。

适用前款第二项、第三项的规定，应当以双方离婚为条件。

《最高人民法院关于审理涉彩礼纠纷案件适用法律若干问题的规定》

第三条 人民法院在审理涉彩礼纠纷案件中，可以根据一方给付

证书。2012 年 8 月 19 日开始，姚某每月向贷款人还本付息。

另查，王某于 2007 年 12 月 17 日入职位于本市的某会计师事务所，并于 2012 年 6 月 29 日离职，其作为外埠城镇人员社保缴纳截止于 2012 年 6 月，未取得北京市商品房购房资格。

王某认为，2012 年 5 月，其出资 204.55 万元，姚某出资 100 万元，银行贷款 100 万元，共同购买了涉案房屋，以备结婚之用。当时因其不具备北京市购房资格，故该房屋产权登记至姚某一人名下。该房屋交付后，由姚某实际占有使用至今，目前已升值至约 1300 万元。后二人因故未能结婚，现诉至法院，要求姚某按照共同购房的出资比例返还其出资及相应增值收益。

【判例分析】

一审法院认为，姚某应按照王某购房的出资比例返还王某购房出资款及相应的增值收益，本案涉及的法律关系实质为共有纠纷。根据已经查明的事实及生效裁判文书认定王某购买房屋共出资 204.031 万元，可认定上述款项确为王某出资。王某自行支付中介费，应视为其自愿负担。鉴于税费为购房所发生的合理费用，王某、姚某在恋爱期间，出于结婚目的共同出资购买涉案房屋，故购房所需的该笔费用应由双方共担。鉴于税费、中介费均系一次性支出，不因房屋的价值变化而发生变化，故王某主张与上述费用对应的增值收益，应不予支持。鉴于购房款总额为 380 万元，则王某购房出资比例为 49.888%，王某要求姚某按照其出资比例返还其购房出资款及相应的增值收益，于法有据，应予支持。

姚某不服原审判决，提起上诉。二审法院于 2018 年 8 月 22 日作出判决：驳回上诉，维持原判。

最高人民法院提审本案，并于 2023 年 2 月 15 日作出判决，认为一、二审法院认定案由不当，予以纠正，本案应为婚约财产纠纷；对姚某返还数额予以改判。该院认为，一方面，涉案双方系自由恋爱，是以感情为基础，以缔结婚姻、共同生活为目的，而非借婚姻索取财物；另一方面，双方购买涉案房屋的目的是将此作为婚后共同居所，而非房地产投资。订婚虽非法律规定的婚姻成立要件，但目前仍是婚姻缔结过程中一种重要的民间习俗。订婚后的各项财产安排均以缔结婚姻为最终目的。在双方缔结婚姻的目的无法实现的情况下，一方因此给付的财物，接受方予以返还，符合习惯做法。因此，双方以缔结婚姻为目的购房并将房屋登记在一方名下，且对房屋归属无明确约定的情况下，在缔结婚姻的目的无法实现时，不能简单地套用投资收益原则处理以感情为基础、以缔结婚姻为目的的婚约财产纠纷，不能将支付购房款比例或者登记权利人身份与房屋增值收益直接挂钩，应当基于婚约的性质、目的，统筹考虑房款支付情况，房屋增值，房屋登记、使用和维护情况以及房地产限购政策对当事人的实际影响等各种因素，确定返还数额。

【风险提示】

婚前共同购房主要是指以结婚为目的的男女双方共同购买房产的行为。婚前共同购房主要有以下几种常见类型：第一种情形，一方出资，登记于己方名下；第二种情形，一方出资，登记于对方名下；第三种情形，一方出资，登记在双方名下；第四种情形，双方出资，登记于一方名下；第五种情形，双方出资，登记在双方名下。实践中，婚前共同购房往往因出资情况和登记情况的区别而产生不同的法律风险。

从第一种情形来看，在购房款已经全额支付完毕的情况下，该房产系登记方个人所有，且离婚时无须向另一方支付补偿款。若登记方仅支付首付款，婚后每月用个人工资还贷，离婚时仍应就婚后共同还贷的部分向另一方支付房屋补偿款。补偿款金额的计算方式不同地区存在差异。对于出资方而言，若其准备用婚前个人财产偿还剩余贷款，在婚后还款账户与工资账户或者其他日常收支账户混同的情况下，存在被认定用婚后共同财产还贷的可能。对于非出资方而言，因购房时贷款利息较高，在房屋现价涨幅不大甚至贬值的情况下，非出资方在婚内即便承担了高额贷款，离婚时可能获得的房屋补偿款极低。

从第二种情形来看，如本案所述，婚前一方出资，房屋登记在非出资方名下，通常是因为出资方不具备购房条件，而以对方名义购房，若无特殊情况，会视为以结婚为目的的赠与。若购置房产后，双方未办理结婚登记，房产登记一方可自由对房产进行处置不受出资方限制，出资方可能面临购房款无法追回的风险。对于非出资方而言，房产即便登记于其名下，不当然认定为非出资方个人财产，分手或离婚时，均有可能被对方追回部分或者全部购房款。第四种情形与该种情形相似，如双方最终未办理结婚登记，已出资未登记方亦可能面临购房款无法追回的风险。

从第三种情形来看，以该种登记方式购房通常为结婚之目的，且不存在一方没有购房资格、借名买房的情形，如无特别约定，该等房产应为共同共有，离婚时应作为夫妻共同财产进行分割。即使双方最终未能办理结婚登记，则出资方亦可能据此向未出资方支付房屋补偿款。

对于第五种情形而言，如无特别约定，该房产系共同共有，离婚时该房产作为夫妻共同财产予以分割。

综上所述，司法实践中对婚前房产性质的认定，除一方全额或者部分出资且登记于该方名下的房产可直接认定其个人财产外，其余婚前购置房产的情形并不简单基于房产登记情况认定房产归属。

【律师建议】

首先，笔者建议，恋爱同居期间，双方应尽可能明确各自的财产归属，避免产生不必要的纠纷。例如，对于个人财产，双方应确保各自能够清晰地区分和证明其所有权，保留好支付凭证以及双方对房产的所有权约定等证据。而且，双方在同居期间尽量保持财产的独立性和透明度，避免将个人财产与共同财产混同，以及确保在共同开支方面进行清晰的记录。

其次，婚前共同出资购房的，尽量登记双方名字，避免以一方名义购房。我国实行物权公示登记制度，房产一旦登记具有对外公示效力，登记方作为不动产所有人可自行处置房产，此等情况下，出资方并不完全掌握房产状态。一旦双方感情不和分手，登记方自行处置房产，出资方通常无法追回房产，仅能通过婚约财产纠纷诉讼方式追回购房款，且追回难度较大。

再次，尽可能对相关房产的性质及权属进行明确约定。恋爱双方在缔结婚姻关系前达成一致共同购房的，可签署书面协议，作为双方就房产权属或房屋补偿款发生争议时的依据。该书面协议应主要包括以下内容：一是明确双方出资情况及具体金额；二是明确房产的归属和登记方式，若双方没有约定房产为共同共有还是按份共有，最终也没有缔结婚姻关系，则通常会视为按份共有；三是明确房产的债务承担，如果存在贷款或者父母出资等情况，可以约定还款对象、父母出资归属等内容。双方亦可约定房产属于一方的个人财产，另一方婚后参与清偿贷款，不改变该房屋为个人财产的性质。但对婚后共同还贷部分，离婚时取得房屋所有权的一方应对另一方给予合理的补偿，并就补偿的数额及方式作出明确约定。此外，双方也可以就将来房产的分割方式及违约责任作出约定。

最后，双方应注意保护自己的个人财产权益及留存相关证据。恋爱期间共同购买房屋等重大资产时，应当要有一定的证据意识，双方之间的款项往来尽量不要通过现金出资，应用转账形式并备注用途，发生纠纷时可作为出资证据用于确定款项来源。如存在一方父母出资的情形，父母出资时可以明确表明是赠与己方子女或属于借款，避免房产仅登记于另一方名下时认定为对夫妻双方的赠与。

【法条链接】

《中华人民共和国民法典》

第三百零八条 共有人对共有的不动产或者动产没有约定为按份共有或者共同共有，或者约定不明确的，除共有人具有家庭关系等外，视为按份共有。

第一千零六十五条　男女双方可以约定婚姻关系存续期间所得的财产以及婚前财产归各自所有、共同所有或者部分各自所有、部分共同所有。约定应当采用书面形式。没有约定或者约定不明确的，适用本法第一千零六十二条、第一千零六十三条的规定。

夫妻对婚姻关系存续期间所得的财产以及婚前财产的约定，对双方具有法律约束力。

夫妻对婚姻关系存续期间所得的财产约定归各自所有，夫或者妻一方对外所负的债务，相对人知道该约定的，以夫或者妻一方的个人财产清偿。

《最高人民法院关于适用〈中华人民共和国民法典〉婚姻家庭编的解释（一）》

第七十八条　夫妻一方婚前签订不动产买卖合同，以个人财产支付首付款并在银行贷款，婚后用夫妻共同财产还贷，不动产登记于首付款支付方名下的，离婚时该不动产由双方协议处理。

依前款规定不能达成协议的，人民法院可以判决该不动产归登记一方，尚未归还的贷款为不动产登记一方的个人债务。双方婚后共同还贷支付的款项及其相对应财产增值部分，离婚时应根据民法典第一千零八十七条第一款规定的原则，由不动产登记一方对另一方进行补偿。

二、婚内夫妻财产分割纠纷

婚内夫妻财产分割纠纷是指在婚姻关系存续期间对夫妻共同财产就分割问题产生的纠纷。《民法典》第 1066 条列举了允许提起婚内夫妻财产分割之诉的法定情形，正式将婚内夫妻财产分割制度作为基本法律制度予以确立。

婚内夫妻财产分割制度旨在保护婚姻关系中处于弱势一方对夫妻共同财产的合法权益，常见引发情形为婚姻关系一方在离婚诉讼期间内或离婚冷静期内作出隐匿、转移夫妻共同财产或者其他严重损害夫妻共同财产利益的行为，有权提请分割的主体限于婚姻关系双方。下文结合典型案例，对婚内夫妻财产分割纠纷的常见情形进行分析，并从实务角度分析夫妻共同财产利益受损的风险，以期为婚姻关系当事人提供防范意见。

婚内夫妻财产分割的原则

白某、张某婚内夫妻财产分割纠纷案[①]

【关键词】

婚内财产分割　适用规则　举证责任

【案情简介】

白某与张某系夫妻关系，双方于2008年5月30日登记结婚，于2011年7月25日生育一子。2015年4月，白某与张某分居生活至今。2020年11月9日，张某向北京市东城区人民法院提起离婚诉讼，法院作出（2020）京0101民初19749号民事判决书驳回张某的诉讼请求。

分居期间，白某发现张某存在大额取现、购买不明保险及给家人的转款记录，尤其是在2020年下半年起诉离婚前后有多笔数额巨大的取现及购买大额寿险的情形。其认为双方婚后所有家庭支出均由其承担，衣食住行等各项生活需求均已满足，家庭生活不存在大额支出的情形。白某认为，自双方出现感情危机以来，尤其是2015年开始分居后，张某开始转移夫妻共同财产，严重侵害其合法权益，故诉至法院，请求判令被告张某支付3,584,123.34元。

张某辩称，其曾起诉白某及其父母返还财产，因案由不对，被法院驳回起诉。后其变更案由为婚内财产分割纠纷重新起诉，北京市东城区人民法院于2022年2月21日作出（2021）京0101民初24748号民事判决书支持其诉讼请求，目前该案正在二审过程中。其认为，此次白某提起诉讼系虚构事实以挽回损失，并主张其在婚姻关系存续期

① 参见北京市朝阳区人民法院（2022）京0105民初61095号民事判决书。

间从未大额取现、向家人转账或者购买大额寿险，仅是购买理财收益类保险，本金固定到期后续投，原告对此是知情的，故请求法院驳回原告诉讼请求。

庭审中，原告白某表示婚姻关系存续期间一直由其负担房贷及车贷等家庭支出，且自2015年年初至2020年9月经微信及银行转账支付被告生活费1,713,934元，完全覆盖孩子的教育及生活支出。被告自2015年年初至2020年11月存在大额取现、转账及购买保险等行为，金额合计3,584,123.34元，流向不明，被告应就其转移隐匿财产给予原告赔偿，并就此提交被告银行流水明细单、原告公积金账户流水明细单等为证。

【判例分析】

一审法院于2022年8月29日作出判决：被告张某于本判决生效之日起7日内支付原告白某折价款42万元；驳回原告白某的其他诉讼请求。一审宣判后，白某、张某未提出上诉，判决已发生法律效力。

法院生效裁判认为：婚姻关系存续期间，一方有隐藏、转移、变卖、毁损、挥霍夫妻共同财产或者伪造夫妻共同债务等严重损害夫妻共同财产利益的行为，夫妻一方可以向人民法院请求分割共同财产。

本案中，结合双方所述及在案证据可知，白某与张某自2015年起分居生活，其间虽有往来，但各自生活消费支出大多自主决定。夫妻双方对于婚内财产均享有支配及处分的权利，夫妻一方因家庭日常生活需要而实施的民事法律行为，对另一方具有约束力。只有发生严重损害夫妻共同财产利益的行为，才涉及婚内财产分割的判定。婚内生活消费所涉诸多细碎且烦琐事项，难以苛求当事人留存全部凭据，故婚内财产分割应结合家庭正常消费支出、双方消费生活习惯、所涉财产数额等情形综合判断。白某所主张张某购买保险及理财支出属固定且循环投资，购置后本息到期返还，并未损害夫妻共同财产利益；张某招商银行账户自2015年至2020年上半年的取现、消费及两个公积金账户取现，较为规律，支取数额与张某解释相匹配，并无明显不合理之处。且双方于该期间交往平和，不存在转移、隐藏财产的感情基础，亦难以认定为损害夫妻共同财产利益，因而对于白某主张分割均不予支持。张某于2020年11月提起离婚诉讼，相较于此前平稳、规律且标准的转账及取现，同期，张某于2020年11月15日向个人信用卡账户转账20万元、于2020年11月中下旬分三次向个人支付宝账户转账15万元、于2020年8月取现20万元、于2020年9月取现5万元、于2020年10月取现20万元，于2020年10月、11月分别向案外人郭某某转账合计59,900元，上述交易操作金额明显不同于此前交易习惯。张某虽予解释说明，但未就其所述去向予以举证。且双方离婚争议期间，面临财产分割及处分，更应审慎合理处置共有财产，避免挥霍有损共有财产的行为。鉴于上述款项发生于离婚诉讼同期，且金额过高，明显有悖于家庭消费习惯，白某主张分割理由正当，故判处张某给付白某折价款42万元。

【风险提示】

《民法典》第1066条在原《最高人民法院关于适用〈中华人民共和国婚姻法〉若干问题的解释（三）》的基础上正式确立了婚内分割夫妻共同财产的相关规则。当夫妻一方实施了侵害另一方对夫妻共同财产的平等处理权时，另一方配偶可以根据该条款采取婚内保护自身财产权益的救济途径，而无须通过离婚诉讼维权，满足了部分配偶对婚姻关系的存续需求。

婚内分割夫妻共同财产这一制度具有严格的适用条件。

首先，关于适用情形。该条明确规定了可以提起婚内夫妻财产分割诉讼的两种情形：一是一方有隐藏、转移、变卖、毁损、挥霍夫妻共同财产或者伪造夫妻共同债务等严重损害夫妻共同财产利益的行为；二是一方负有法定扶养义务的人患重大疾病需要医治，另一方不同意支付相关医疗费用。允许分割的情形严格限定于法定的两种情形内，在实践中不能类推适用和扩大解释。

其次，关于请求主体。依据该条规定，有权提起婚内夫妻财产分割之诉的当事人仅限于夫妻双方，第三方债权人无此权利。

最后，关于限制条件。对于《民法典》第1066条中“严重损害”的程度判断，需要结合具体行为的性质、损害财产的程度、损害夫妻共同财产的比例、造成的影响程度等因素进行衡量。此外，该条规定的扶养应作广义理解，即一定范围的亲属之间互相供养和扶助的法律关系。广义的扶养包括抚养、赡养和狭义的扶养，既包括长辈对晚辈的抚养义务，也包括晚辈对长辈的赡养义务，还包括同辈之间如夫妻之间、兄弟姐妹之间的扶养义务。

目前，司法实践中对于婚内夫妻财产的分割范围争议较大，主要存在部分分割和全部分割的争议。前者的观点认为，共有人对共同共有财产属于概括性的共有，在满足法定情形时可以让部分共有物脱离出夫妻财产共有的状态，且夫妻一方请求对该财产进行部分分割，亦符合当下民法中的当事人意思自治原则。后者的观点认为，共有人享有的是对物的统一共有权利，在分割时应将共有物全部进行分割，同时避免造成分割的财产与后续财产混淆的情形。对此，笔者认为，从立法目的上看，对于婚内夫妻共同财产分割，以不允许分割为原则，允许分割为例外。夫妻一方仅在满足法定情形时才可以请求婚内分割夫妻共同财产，由此可见，该制度是一种权益严重受损情况下的救济途径，而非赋予夫妻双方任意请求分割的权利。基于维护夫妻关系与共同财产制度稳定性的考虑，结合司法裁判中的审理观点来看，采纳部分分割原则更符合实践需求，即在婚姻关系存续期原则上不可以对全部夫妻的共同财产进行分割，请求婚内分割的财产应限于法定情形所直接涉及的财产范围或者法定情形所必要的财产。

【律师建议】

结合目前婚内分割夫妻共同财产的审判实践，裁判者对婚内请求分割共同财产的认定相对较严，当事人必须就符合婚内请求分割的情形进行充分的举证，必要时可由律师向法院申请调查令调取相关证据，否则，即便提起婚内分割的请求，亦极易因举证不充分而败诉。

举证责任通常是原告的重要任务。提起婚内夫妻财产分割之诉的当事人需要收集、整理和提供足够的证据，以证明存在严重损害夫妻共同财产利益的行为或存在其他法定情形。这可能涉及调查取证，收集相关文件、银行交易记录、证人证言等。如果其无法提供足够的证据来支持其主张，可能会导致法院不予受理或判决不利于原告的结果。

除此之外，原告还需要注意防止被告继续恶意隐匿、转移财产。在婚内分割财产的案件中，有时会出现一方试图隐藏、转移或变卖财产的情况，以避免被分割或减少分割比例。常见的转移、挥霍财产的行为有以下几种情况：第一，通过小额多次取现，存于小金库，隐匿财产。此种情形，行为人通常会把自己名下的现金存款、股票或基金账户的资金分多次小额取现，再存至自己能掌控的亲朋好友名下。第二，通过虚构买卖合同出售房产、车辆转移共同财产。此种情形，行为人通常会签订虚假的买卖合同，把自己名下的房产、车辆过户给信任的朋友或者亲属名下，或者与买受人签订“阴阳合同”，出售房产、车辆，自己私吞差额。第三，任意浪费钱财，将夫妻共同财产用于不必要的高消费。如用于赌博、不合理的奢侈品消费、大额打赏主播等。第四，通过虚构债务转移共同财产。此类型多发生于经商家庭，特别是一方创业经营公司、另一方是家庭主妇的家庭。经营公司的一方可能会找各种借口和理由要求妻子配合用房子作抵押贷款，哄骗妻子在贷款合同上签字并将共有的房子抵押登记。第五，将夫妻共同财产赠与第三者或私生子。如果存在婚外情、婚外生子的情况，行为人还会直接将自己名下的财产直接赠与婚外情对象及非婚生子，或者直接用现金为婚外情对象及非婚生子购置房产、车辆等。为了防止这种行为，财产权益被侵害的一方可以考虑向法院申请财产保全措施，以冻结侵害方的财产，确保案涉夫妻共同财产不会被转移或隐匿，从而保证当事人在案件中的权益得到有效保护。

【法条链接】

《中华人民共和国民法典》

第三百零三条 共有人约定不得分割共有的不动产或者动产，以维持共有关系的，应当按照约定，但是共有人有重大理由需要分割的，可以请求分割；没有约定或者约定不明确的，按份共有人可以随时请求分割，共同共有人在共有的基础丧失或者有重大理由需要分割时可以请求分割。因分割造成其他共有人损害的，应当给予赔偿。

第一千零六十六条 婚姻关系存续期间，有下列情形之一的，夫妻一方可以向人民法院请求分割共同财产：

（一）一方有隐藏、转移、变卖、毁损、挥霍夫妻共同财产或者伪造夫妻共同债务等严重损害夫妻共同财产利益的行为；

（二）一方负有法定扶养义务的人患重大疾病需要医治，另一方不同意支付相关医疗费用。

《最高人民法院关于适用〈中华人民共和国民法典〉婚姻家庭编的解释（一）》

第三十八条 婚姻关系存续期间，除民法典第一千零六十六条规定情形以外，夫妻一方请求分割共同财产的，人民法院不予支持。

三、夫妻财产约定纠纷

当事人意思自治是夫妻财产关系的重要适用原则。夫妻双方在婚姻关系成立之前和成立之后均可以对双方的个人财产及共有财产的归属、处分、分割等进行约定。《民法典》第 1065 条是关于夫妻财产约定的相关规定，在履行该约定时产生的纠纷，称为夫妻财产约定纠纷。

夫妻财产约定的效力包括对内效力和对外效力，前者主要是指夫妻双方应当按照约定享有权利、履行义务，后者则是指对夫妻以外第三人的效力。实践中，因履行夫妻财产约定而引发的纠纷情形多种多样，主要包括夫妻间就房屋签订的财产协议性质认定，以及夫妻财产协议的效力范围等方面。下文结合典型实践案例，对夫妻财产约定纠纷中的具体争议情形及相关责任认定进行梳理和分析，以期为婚姻关系当事人对于夫妻财产约定纠纷提供防范和处理建议。

夫妻财产归属约定的性质认定

范某、徐某夫妻财产约定纠纷案[①]

【关键词】

夫妻财产约定　赠与合同　撤销权

【案情简介】

范某与徐某登记结婚，同日范某与徐某签订《婚内财产约定协议书》。该协议书载明，范某婚前财产有御景苑小区2号楼2单元701室住宅一套，该房屋属于按揭贷款，支付款为27.5万元，共贷款31万元，截至协议签订之日已交按揭款10万元，现双方自愿约定该房产婚后由范某、徐某双方共同所有，剩余贷款由双方共同负担。由于房屋处于按揭抵押状态，无法办理相关登记，范某承诺在房屋剩余贷款交纳完毕之日30日内办理解除抵押以及与徐某去不动产登记部门办理将其姓名加至房产证的相关事宜。若范某违反上述约定，在规定的时间内不协助徐某办理加名事宜，则应当向徐某支付房屋价款的30%作为违约金。此外，协议约定范某在婚姻期间不得擅自处分该房屋，如违反，给徐某造成的损失（双方认可损失为房屋价款的一半），由其赔偿给徐某。

除了涉案房屋以外，双方还约定，婚后双方的收入及其他婚后共同财产归双方共同所有。如需要向外举债，则需要双方共同签字认可才可作为夫妻共同债务。婚姻期间，任何一方对外产生的债务未经另一方签字认可，则由签字方自行承担。未签字方承担后，则可向另一

① 参见山东省泰安市中级人民法院（2021）鲁09民终4166号民事判决书。

方追偿。对于债务问题，则约定双方婚前所欠债务与对方无关，均由各自承担。

后范某就《婚内财产约定协议书》相关内容与徐某发生争议，诉至法院，请求判令撤销其与被告签订的《婚内财产约定协议书》。庭审中，范某将该项诉讼请求明确为依法判令撤销原告与被告签订的《婚内财产约定协议书》中的第1、2、3条。

另查明，2014年5月4日，范某在肥城华建房地产有限公司处购买御景苑小区2号楼2单元701室住宅一套，总房款462,538元，首付款为140,538元，银行贷款322,000元。截至2021年3月20日，尚有贷款本金240,768.86元及利息未偿还。范某庭审中称《婚内财产约定协议书》中第1条约定中的贷款数等都是随便写的。2017年11月6日，该房屋办理了不动产权证，产权登记为范某单独所有。

再查明，2021年4月15日，徐某向肥城市人民法院起诉与范某离婚。2021年5月13日，徐某申请撤诉，该法院于同日作出（2021）鲁0983民初2566号民事裁定书，准予徐某撤回起诉。该裁定书已生效。

【判例分析】

一审法院认为，本案案由应为夫妻财产约定纠纷，而非赠与合同纠纷；原告认为该协议系赠与协议，无事实和法律依据，对其观点，一审法院不予采纳。夫妻间达成的财产约定，通常是基于夫妻这种特殊身份关系，综合考虑各种因素最终达成一致意见的结果，带有很强的感情色彩和伦理色彩。范某与徐某签订的《婚内财产约定协议书》系双方的真实意思表示，且范某未提交证据证实该协议具有可撤销的情形，根据《民法典》第1065条的规定，该协议已对原、被告双方产生了法律上的约束力，故判决：驳回原告范某的诉讼请求。范某不服一审判决，提起上诉。二审法院于2021年11月10日作出判决：驳回上诉，维持原判。

法院生效裁判认为：本案中，《婚内财产约定协议书》虽签订于《民法典》施行前，但协议履行已持续至《民法典》施行后，且双方当事人对该协议书亦于2021年产生争议，故本案应适用《民法典》的相关规定。该协议书的相关约定符合《民法典》第1065条第1款、第2款规定的情形，一审确定本案案由为夫妻财产约定纠纷并无不当。根据《最高人民法院关于适用〈中华人民共和国民法典〉婚姻家庭编的解释（一）》第32条之规定，其适用前提是“一方所有的房产”，而本案中范某婚前贷款所购房产，包括其在购房时支付的首付款以及个人婚前偿还的贷款，同时包括范某、徐某婚姻关系存续期间以夫妻共同财产偿还的贷款部分，因此涉案房屋并不直接等同于范某个人财产，本案不应适用《最高人民法院关于适用〈中华人民共和国民法典〉婚姻家庭编的解释（一）》第32条规定。一审法院未予支持范某关于撤销《婚内财产约定协议书》第1、2、3条的主张，并无不当之处。范某还主张，涉案《婚内财产约定协议书》系受欺骗、胁迫签订，故其有权要求撤销。对此，二审法院认为，因范某并未举证证实其受有欺诈、胁迫的事实，故对其前述主张不予支持。综上所述，范某的上诉请求不能成立，应予驳回；一审判决认定事实虽有瑕疵，但判决结果正确，故判决驳回上诉，维持原判。

【风险提示】

夫妻双方关于房屋达成的财产协议主要包含两种情形：一是一方所有的房屋约定归另一方所有或者共有；二是双方共有的房屋约定归某一方所有或者按份共有。实践中，针对上述两种情形的性质认定一直存在争议，焦点在于双方签订的相关协议属于夫妻间财产赠与行为还是财产约定行为。

对于情形一而言，原《最高人民法院关于适用〈中华人民共和国婚姻法〉若干问题的解释（三）》第6条明确规定，一方将其所有的房屋约定归另一方所有的行为应认定为赠与性质，所签订的协议实质为赠与合同，因此赠与人可在房屋产权变更登记之前依法行使任意撤销权。随着《民法典》及《最高人民法院关于适用〈中华人民共和国民法典〉婚姻家庭编的解释（一）》出台后，一方所有的房屋约定归另一方共有的性质也被确定为赠与性质，在此情形下，赠与人同样可以根据《民法典》第658条之规定，在房屋产权变动之前行使任意撤销权。也就是说，夫妻双方就情形一发生争议时，应适用《民法典》及司法解释关于赠与合同的相关规则。

对于情形二而言，现行法律并没有针对该问题作出明确规定，实践中部分观点认为，应将夫妻双方关于房屋达成的财产协议认定为夫妻财产约定协议。理由在于，该协议是在双方意思表示真实且一致的情形下签订的，是夫妻双方基于民法自治原则对共同财产进行处分，而非单纯的赠与行为，因此应定性为夫妻婚内财产协议，适用《民法典》第1065条之规定，争议时双方应按照协议的约定继续履行。另有观点则认为，无论是约定共有房屋为一方所有，还是对共有份额的变更进行约定，均应认定为赠与而不是夫妻间的财产约定。当夫妻双方就约定房屋的归属或者份额产生争议时，适用《民法典》关于赠与的法律规定。在受赠房屋未办理变更过户登记之前，赠与人亦有权撤销其对共有部分产权的赠与。

综上所述，针对夫妻双方关于房屋归属签订的夫妻财产约定协议，在“约定一方所有的房屋归另一方所有或者共有”的情形下，应适用赠与合同相关法律规定，赠与人可以在赠与财产的权利转移之前撤销赠与。在“约定双方共有的房屋归另一方所有或者按份共有”的情形下，具体适用规则还存在一定争议，个案裁判结果取决于法官的自由裁量权。

【律师建议】

夫妻双方拟订立合法有效的财产协议时，首先，应区分是婚前协议还是婚后协议。若是婚前订立协议约定婚后财产分别所有，双方对相关财产不承担披露义务，若是婚后达成夫妻财产约定，一方故意隐瞒财产真实情况，在协议中以笼统概括的方式将订立协议前已形成的夫妻共同财产约定为分别所有，未履行财产披露义务，则存在被法院认定构成欺诈的可能。因此，夫妻双方婚后签订财产协议的，应如实履行财产披露义务，避免造成隐瞒财产使对方产生错误认识而作出意思表示的情形，以免承担协议被撤销的风险。

其次，协议内容应尽可能严谨。就协议名称而言，命名为“婚前财产协议”“婚后财产协议书”或者“夫妻财产协议书”等均不影响效力认定，但不宜命名为“忠诚协议”，以免造成后续效力争议。就具体内容而言，双方可以就婚前个人财产或者婚后所有的财产进行约定；可以对财产所有权的归属进行约定，也可以对财产的占有、使用、收益和处分进行约定，但是约定应当符合民法基本原则，否则有可能因显失公平或者存在重大误解等情形被撤销或者认定为无效。夫妻双方还可以在协议中明确婚前及婚后的债务数量及偿还规则，以保障无责一方在偿还债务后向另一方追偿的权利。财产协议涉及不动产权属的，双方可以在协议中明确约定办理变更登记手续的具体期限，并增加违约责任条款。同时，双方在订立协议时不宜采取以离婚为条件的约定，否则有可能造成与离婚财产分割协议混淆的情形，导致该协议在双方离婚未成时被人民法院认定不发生效力。确有必要时，夫妻双方可就相关事项另行签订以离婚为条件的财产以及债务处理协议。需要注意的是，双方在财产协议中约定一方违反忠诚义务时全部财产归另一方所有或者其他惩罚性违约责任的，相关条款有可能不被法院赋予强制执行力。因此，夫妻财产协议的内容应避免采取以惩罚性违约责任为条件的约定。

最后，应采取书面形式。在协议订立完成后，动产要及时交付，不动产要及时办理变更登记手续，必要时还可以考虑通过公证的方式加强效力，以避免一方根据《民法典》第658条之规定行使任意撤销权的法律风险。

【法条链接】

《中华人民共和国民法典》

第六百五十八条 赠与人在赠与财产的权利转移之前可以撤销赠与。

经过公证的赠与合同或者依法不得撤销的具有救灾、扶贫、助残等公益、道德义务性质的赠与合同，不适用前款规定。

第一千零六十五条　男女双方可以约定婚姻关系存续期间所得的财产以及婚前财产归各自所有、共同所有或者部分各自所有、部分共同所有。约定应当采用书面形式。没有约定或者约定不明确的，适用本法第一千零六十二条、第一千零六十三条的规定。

夫妻对婚姻关系存续期间所得的财产以及婚前财产的约定，对双方具有法律约束力。

夫妻对婚姻关系存续期间所得的财产约定归各自所有，夫或者妻一方对外所负的债务，相对人知道该约定的，以夫或者妻一方的个人财产清偿。

《最高人民法院关于适用〈中华人民共和国民法典〉婚姻家庭编的解释（一）》

第三十二条　婚前或者婚姻关系存续期间，当事人约定将一方所有的房产赠与另一方或者共有，赠与方在赠与房产变更登记之前撤销赠与，另一方请求判令继续履行的，人民法院可以按照民法典第六百五十八条的规定处理。

第三十七条　民法典第一千零六十五条第三款所称“相对人知道该约定的”，夫妻一方对此负有举证责任。

四、离婚后财产纠纷

离婚后财产纠纷是指已通过判决或协议离婚的夫妻双方在离婚后因财产分割、补偿、离婚协议的履行等问题发生的纠纷。现代婚姻家庭财产状况越发复杂，加之恶意隐藏、转移财产或对离婚协议反悔等情况，离婚后一方要求进一步分割或重新分割夫妻共同财产的纠纷日益多发。

离婚后财产纠纷主要包括两种情形：一是当事人双方离婚时，未对婚姻关系存续期间的夫妻财产进行分割，离婚后对于财产的分配问题发生纠纷；二是当事人协议离婚时达成了财产分割协议，离婚后因履行上述财产分割协议而发生纠纷。下文结合司法实践中的典型案例，对该类案件的审理思路和裁判要点进行梳理、提炼和总结，并从实务角度分析离婚后财产纠纷中存在的风险，以期为婚姻关系当事人提供相关建议。

1. 离婚后财产纠纷的管辖及认定

方某、颜某离婚后财产纠纷案[①]

【关键词】

离婚财产协议　共有财产分割　管辖确定

【案情简介】

方某于2020年9月24日起诉称，2003年8月12日其与颜某在美国登记结婚。2009年2月，其以颜某名义购买了位于浙江省嘉兴市××镇××幢××室房屋，此后该房屋登记在颜某一人名下。2016年5月26日，方某与颜某离婚，但未对本案诉争房屋进行分割。鉴于诉争房屋为夫妻共同财产，故提起本案诉讼，请求判令诉争房屋产权的二分之一归方某所有。2021年1月15日，方某变更诉讼请求为：判令被告支付其诉争房屋价值的二分之一（房屋价值按司法评估确定的房屋市场价值为准）。

【判例分析】

江苏省南京市秦淮区人民法院认为，对于已经离婚的中国公民，双方均定居在国外，如果仅就国内财产分割提起诉讼，应当由主要财产所在地人民法院管辖。本案中，方某与颜某均长期定居在国外，本案所涉房产位于浙江省嘉兴市，故本案应由浙江省嘉兴市南湖区人民法院管辖。2020年12月14日，江苏省南京市秦淮区人民法院作出（2020）苏0104民初10629号民事裁定书，将本案移送浙江省嘉兴市南湖区人民法院审理，南湖区人民法院认为移送不当，遂报请浙江省

① 参见最高人民法院（2022）最高法民辖74号民事裁定书。

高级人民法院审查。

浙江省高级人民法院经审查认为，本案系离婚后财产纠纷。离婚后财产纠纷的基础法律关系是婚姻家庭关系，即使涉及不动产的分割，也不适用不动产专属管辖，而应当由被告住所地人民法院管辖。本案所涉房屋已于2019年出售，且方某已变更诉讼请求为判令支付所涉房屋市场价值的二分之一，目前并无其他证据证明本案主要财产所在地在浙江省嘉兴市南湖区，方某与颜某均不在南湖区，南湖区人民法院对本案无管辖权。经与江苏省高级人民法院协商未果，依照《民事诉讼法》第38条第2款之规定，报请最高人民法院指定管辖。

最高人民法院认为，本案系离婚后财产分割纠纷。《最高人民法院关于适用〈中华人民共和国民事诉讼法〉的解释》第17条规定："已经离婚的中国公民，双方均定居国外，仅就国内财产分割提起诉讼的，由主要财产所在地人民法院管辖。"本案中，方某、颜某已经离婚，双方均居住在国外，方某起诉请求判令诉争房屋的产权的二分之一归方某所有，尽管在诉讼过程中，因案涉房屋已经出售，方某将诉请变更为判令支付所涉房屋市场价值的二分之一，但是本案的审理，涉及该房屋的原所有权取得、交易变更等情况，由案涉房屋所在地人民法院审理更有利于查明事实，故本案应由嘉兴市南湖区人民法院管辖。

【风险提示】

对于离婚后财产纠纷案件的管辖问题，即使涉及不动产，也不普遍适用不动产纠纷专属管辖。此类案件除涉及《最高人民法院关于适用〈中华人民共和国民事诉讼法〉的解释》第17条情形以外的，均按照《民事诉讼法》一般地域管辖原则确定管辖，即在身份关系解除后就发生财产争议约定管辖的，可以适用《民事诉讼法》第35条规定确定管辖；若没有约定管辖，则由被告住所地基层法院管辖；被告住所地与经常居住地不一致的，由经常居住地基层法院管辖。

实践中，对于离婚后财产纠纷案件的处理往往存在以下难点与困境。

首先，对于涉案财产是否属于夫妻共同财产的认定难。离婚后财产纠纷争议财产通常与案外人有牵连。双方或多方关系错综复杂，资金来往频繁，调查取证难度大，给确定涉案财产属夫妻共同财产带来一定的难度。特别是动拆迁房产的分割常常会牵扯案外人的利益，给夫妻共同财产的确定带来较大困难。与此同时，这类纠纷中所涉及的财产类型也较为繁多，既包括有形财产，如房产、车辆、银行存款、有价证券等，也有无形财产，如债权债务、知识产权等，其取证与认定也较为繁杂。

其次，隐藏、转移夫妻共同财产的行为定性难。一方隐匿或者转移夫妻共同财产，离婚后另一方可主张过错方在夫妻共同财产分割上可少分或者不分。离婚后发生财产纠纷案件，一方以此为由主张对方少分得其财产时，应当负举证责任，以证明对方隐匿和转移夫妻共同财产。夫妻生活和财产状况是家庭隐私的一部分，再加上过错方对夫妻共同财产的隐匿和转移常常是精心筹划的，因而加大了收集证据的困难。

最后，离婚协议是否能够变更或撤销在认定上亦存在难点。根据《最高人民法院关于适用〈中华人民共和国民法典〉婚姻家庭编的解释(一)》第70条之规定，变更或撤销离婚协议的理由并不限于欺诈和胁迫，但由于离婚协议不同于一般的民事合同，除纯粹的利益考量外，还包含身份关系和感情因素的变化，因此不能将协议中一方放弃主要或大部分财产认定为显失公平或重大误解，从而认定离婚协议可变更或可撤销。当前司法实践中，基于欺诈或者胁迫的情形签订的离婚协议被认为是可以变更或者撤销的，主张变更或者撤销的当事人应当承担证明责任。但由于对存在欺诈或胁迫较难举证，对于离婚协议是否可变更或可撤销较难认定。

【律师建议】

离婚后财产纠纷是指夫妻之间已经以判决或者协议方式离婚，离婚时由于财产分割、赔偿、执行离婚协议而发生争议。离婚后财产纠纷案件主要包括四种情形：一是离婚时有夫妻共同财产遗漏未分割或难以分割，现要求分割的；二是离婚时财产不具备分割条件的；三是一方隐藏、转移、变卖财产等行为导致部分财产未分割的；四是对离婚协议反悔或履行中存在争议，引发财产纠纷的。

第一，离婚时漏分的夫妻共同财产，起诉离婚后财产纠纷时应当予以分割。民事权利的放弃必须采取明示的意思表示才能发生法律效力。在诉讼离婚或者协议离婚时，双方虽未分割全部夫妻共同财产，但在无明确约定或者法律无特别规定的情况下，不宜推定当事人放弃了对部分财产的分割权利。离婚后，一方当事人以尚有夫妻共同财产未处理为由起诉离婚后财产纠纷，经审查该部分财产确属离婚时未涉及的夫妻共同财产，法院应当依法予以分割。

第二，离婚协议中关于财产分割的内容，具有民事合同性质，对双方均有约束力。但根据《最高人民法院关于适用〈中华人民共和国民法典〉婚姻家庭编的解释（一）》第 70 条之规定，当事人就财产分割问题反悔的，有权申请法院变更或撤销；法院经审查未发现一方存在欺诈、胁迫等情形，使对方在违背真实意愿的情况下订立离婚协议的，则该协议合法有效。

第三，协议离婚的，双方当事人均应当按离婚协议的约定履行各自义务。当事人因履行离婚协议发生纠纷的，可以向法院提起诉讼。是否履行了离婚协议，法院主要审查签订协议时当事人的真实意思表示、该协议各项条款之间的关联性及能否行使抗辩权，以便作出相应的判决。

第四，一方在离婚时以隐藏、转移等手段侵害夫妻共同财产的，另一方发现后可以根据《民法典》第 1092 条之规定起诉请求再次分割夫妻共同财产，隐藏、转移方的过错在分割时应作为考量的因素，可以对其少分或不分财产。

为了更好地在婚姻关系中维护自身合法权益，笔者建议，离婚时，双方应当协商财产清单，将需要分割的财产一一列明并签字确认。即使最终双方未通过协议成功离婚，但之前签订的离婚协议对于夫妻共同财产范围的认定仍能起到证据作用。

此外，在签订离婚协议时双方需认真考虑财产分割问题，建议在协议中写明各项财产的现状和日后归属问题，防止履行协议时发生争议。同时，离婚协议中还可以就一方没有履行义务的惩罚措施作出约定，如逾期不支付房屋对价的惩罚办法、不配合办理产权变更手续的法律后果等，以促使义务人履行义务。离婚协议涉及银行存款的，建议双方在离婚协议中，将截止到离婚协议签订之时双方名下的银行存款情况详细列出，包括开户行、开户名、账号、存款余额、币种等。离婚后一方若发现另一方没有记载在离婚协议上的存款，便可以通过诉讼形式要求分割甚至要求故意隐匿一方予以少分甚至不分。离婚协议涉及子女抚养费的，可以将抚养费拆分成生活费、教育费、医疗费这三项内容进行细化约定，或者在离婚协议中约定按照物价上涨比例和对方收入水平，抚养费也按一定比例逐年增加。还可以约定不及时给付抚养费的违约责任，通过较为灵活的约定方式满足抚养子女的实际需求。

【法条链接】

《中华人民共和国民法典》

第一千零九十二条　夫妻一方隐藏、转移、变卖、毁损、挥霍夫妻共同财产，或者伪造夫妻共同债务企图侵占另一方财产的，在离婚分割夫妻共同财产时，对该方可以少分或者不分。离婚后，另一方发现有上述行为的，可以向人民法院提起诉讼，请求再次分割夫妻共同财产。

《最高人民法院关于适用〈中华人民共和国民法典〉婚姻家庭编的解释（一）》

第七十条　夫妻双方协议离婚后就财产分割问题反悔，请求撤销财产分割协议的，人民法院应当受理。

人民法院审理后，未发现订立财产分割协议时存在欺诈、胁迫等情形的，应当依法驳回当事人的诉讼请求。

第八十三条 离婚后，一方以尚有夫妻共同财产未处理为由向人民法院起诉请求分割的，经审查该财产确属离婚时未涉及的夫妻共同财产，人民法院应当依法予以分割。

《中华人民共和国民事诉讼法》

第二十二条 对公民提起的民事诉讼，由被告住所地人民法院管辖；被告住所地与经常居住地不一致的，由经常居住地人民法院管辖。

对法人或者其他组织提起的民事诉讼，由被告住所地人民法院管辖。

同一诉讼的几个被告住所地、经常居住地在两个以上人民法院辖区的，各该人民法院都有管辖权。

第三十五条 合同或者其他财产权益纠纷的当事人可以书面协议选择被告住所地、合同履行地、合同签订地、原告住所地、标的物所在地等与争议有实际联系的地点的人民法院管辖，但不得违反本法对级别管辖和专属管辖的规定。

《最高人民法院关于适用〈中华人民共和国民事诉讼法〉的解释》

第十七条 已经离婚的中国公民，双方均定居国外，仅就国内财产分割提起诉讼的，由主要财产所在地人民法院管辖。

2. 离婚经济帮助的规则适用

朱某、曾某离婚后财产纠纷案[①]

【关键词】

离婚经济帮助　侵害夫妻财产　离婚财产分割

【案情简介】

朱某、曾某原系夫妻关系，双方于2014年11月6日办理离婚登记手续，同日双方签署了《离婚协议书》并经婚姻登记机关备案。《离婚协议书》主要约定：（1）子女曾某嫣、曾某耀由女方抚养，每月男方支付生活费11,000元，每半年付一次，教育费、医疗费男女方各付一半；（2）位于成都市高新区的房屋归曾某耀所有；（3）住房按揭款由女方还清；（4）由于女方无工作，生活暂困难，男方按照《婚姻法》第42条给予适当帮助费……男方每半年支付给女方84,000元用于偿还住房款，直到女方还清为止；（5）男方每年支付子女保险费50,000元，支付20年为止。按照上述约定，曾某应于每年11月支付该年11月至次年5月的房贷费84,000元，以此类推。此后，曾某逐渐改为按月支付房贷费。但曾某自2020年3月起未足额支付上述费用，尚欠2020年3月至2021年11月的房贷费226,800元。因此，朱某将曾某诉至法院，请求判令被告立即向原告支付2020年3月至2021年11月拖欠的房贷费226,800元。

经审理查明：原、被告离婚后，被告逐渐形成了按照每月给付房贷及子女生活费共25,000元的方式向原告支付费用，直至开始出现拖

---

① 参见四川省成都高新技术产业开发区人民法院（2021）川0191民初21142号民事判决书。

欠情况。在原告主张的2020年3月至2021年11月，若将被告主张的2020年1月23日多支付的5000元、2021年5月22日支付的20,000元两笔争议款项纳入抵扣，与另案抚养费纠纷共同抵扣，则原、被告确认被告尚欠原告2020年3月至2021年11月房贷费144,480元。

另查明：（1）被告于2020年8月3日向原告支付了20,000元，原告陈述系被告归还其之前的借款。2020年5月16日和5月22日，原告分别向被告转款10,000元，合计20,000元。被告认可确实向原告借款20,000元，但后来让子女带20,000元的现金还给了原告，2020年8月3日的20,000元并非归还的借款。（2）原告每月须归还房屋贷款13,000余元。该房屋目前由原告和子女实际居住，登记在原告名下。

以上事实有原、被告的当庭陈述及原、被告提交的离婚证、《离婚协议书》、银行流水、微信流水等证据在卷佐证。

【判例分析】

一审法院于2022年2月10日作出判决，判令被告曾某于本判决生效之日起10日内向原告朱某支付144,480元。判决送达之日起15日内，原、被告均未提起上诉，现判决已生效。

法院生效裁判认为：涉法律事实持续至《民法典》生效后，故适用《民法典》相关规定。根据《民法典》第1087条、第1089条及第1090条之规定，原、被告离婚时约定了被告应当每月向原告支付14,000元房贷费用直至该房贷还清为止，该协议系双方真实意思表示，不违反法律和行政法规禁止性规定，应属合法有效，被告应严格遵守。尽管被告抗辩该费用属于赠与，可以任意撤销，但离婚协议中的此类约定不同于一般的赠与，往往与离婚、子女抚养、财产分割等问题一并整体考虑并约定，故不能按照普通赠与协议随意撤销，被告的抗辩意见，法院不予采纳。值得注意的是，尽管案涉费用约定为离异夫妻间的经济帮助费，但考虑到案涉房屋约定归子女所有，实质案涉费用包括被告负担其与原告共同赠与子女房屋上的债务以及对原告的经济帮助的双重性质，与单纯的离异配偶经济帮助费存在一定差别，调整相关约定应更加谨慎。关于原、被告争议的三笔款项性质，法院认为对于2020年1月23日多支付的5000元以及2021年5月22日支付的20,000元，原告未提供充分证据证明相应款项存在其他法律关系且与被告支付的子女生活费和房贷费无关，故纳入本案费用抵扣与另案抚养费纠纷共同抵扣；对于被告于2020年8月3日向原告支付的20,000元，法院认为原告陈述较之被告陈述更有可信度，故酌情认定系归还的借款，不纳入本案抵扣。关于被告抗辩的应抵扣其支付的教育费，法院认为原、被告对是否系必须支出的教育费存在较大争议，不具备在本案中一并处理的条件，故本案不予处理，被告可另案主张。

【风险提示】

离婚经济帮助主要是针对婚姻关系生活陷入困难一方而设置的救济措施，是在特定情形下夫妻扶养义务的延伸，其性质已由夫妻之间无条件扶养转化为有条件帮助。

根据《民法典》第1090条之规定，离婚经济帮助制度在适用条件、适用时间和范围上具有严格的限制。就适用条件而言，请求离婚经济帮助的一方须认定为客观上处于生活困难状态。这一法定条件使其区别于《民法典》第1088条中的家务经济补偿和第1091条中的离婚损害赔偿。离婚经济帮助具有救济性质，故在适用时不附加其他限制，即不以一方在婚姻存续期间的过错程度或者对家庭的实际贡献为前提。就适用时间而言，离婚经济帮助仅限于婚姻关系双方在离婚时提出，针对“一方生活困难”的认定也应限于离婚时的事实情况。对于一方在离婚时不存在生活困难情形，离婚后陷入生活困难的，另一方不再负有法定给予经济帮助的义务。就适用范围而言，离婚经济帮助的成立还须以提供帮助的一方具有负担能力为前提。离婚经济帮助不等同于夫妻之间的扶养义务，该制度的根本目的是保障因离婚而生活困难的弱势方的基本生存利益，因此，承担义务一方应具备相当的负担能力，既能以其个人财产及分得的财产维持其日常生活所需，也能在此基础上给另一方提供金钱、实物或者居住上的帮助。如其并无经济负担能力，或若其提供经济帮助会导致自身陷入生活困难，不必然需要承担履行离婚经济帮助的义务。

经济帮助的具体方式由离婚双方协商确定，协商不成的，由人民法院根据具体情况予以确定。目前，在不少司法实践中，较多争议在于离婚经济帮助能否体现为为生活困难一方设立居住权。对于当事人就该问题已单独书面约定的，一般在裁判中基于双方关于设立居住权的合意予以支持。对于当事人事先并没有就离婚经济帮助的方式进行约定，法院能否通过裁判为生活困难一方设立居住权仍存在争议。一种观点认为，根据《民法典》第1090条之规定，经济帮助的形式可以依据当事人实际情况的不同采取现金帮助、劳务帮助或者住房帮助等形式。虽然《民法典》尚未明文规定可以通过诉讼途径设立居住权，但从其第229条之规定可以推知生效裁判文书能够成为设立居住权的依据，因此对于当事人没有事先约定通过居住权实现离婚经济帮助的，应认为可以通过法院判决为一方设立居住权。另一种观点认为，居住权问题因涉及家庭共同财产的处置和家庭生活等，须由当事人协商处理，法院无权通过裁判设立居住权。由此可见，在没有协商一致的情况下，离婚时一方主张请求设立居住权以实现离婚经济帮助的，在实践中面临被驳回诉求的风险。

【律师建议】

根据《民法典》第1090条之规定，当事人协议离婚的，可以在离婚协议中对离婚经济帮助作出明确约定。就协议内容而言，在当事人自行协商的情况下，只要双方意思表示真实且达成合意，可以自行约定离婚经济帮助的实现方式和具体内容，如支付金钱、给付实物、安排就业等，但不能违反法律的强制性规定及公序良俗。其中，当事人拟通过订立协议约定以设立居住权的方式实现离婚经济帮助的，应尽可能明确房屋范围、居住期限等内容。就居住权的房屋范围而言，设立居住权的房屋可能涉及与其他居住权人共同居住的问题，因此，建议以书面协议的形式明确约定个人居住空间范围及公共空间适用范围等事项，以规避因理解不同而发生的争议。就居住期限而言，实践中常见的有固定期限和无固定期限两种约定方式，后者通常表现为以一方再婚或者子女年满 18 周岁等。建议设立居住权的期限，以获得帮助的一方脱离生活困难、拥有其他可供居住的住房为限；若一方经一段时间能够脱离生活困难，则可约定此时居住权归于消灭，以避免提供房屋一方负担过重导致不公平。

对于事先未能就离婚经济帮助相关事项订立协议，但在离婚时陷入生活困难处境的当事人而言，其可以考虑采取诉讼方式要求另一方履行经济帮助的义务。另外，《最高人民法院关于适用〈中华人民共和国民法典〉婚姻家庭编的解释（二）（征求意见稿）》第 20 条拟定了离婚经济帮助的处理规则，其中第 2 款规定："一方因经济困难无房居住的，人民法院可以根据当事人请求，判决有负担能力的另一方采用下列方式予以帮助：（一）一定期限的房屋无偿使用权；（二）适当数额的房屋租金；（三）通过判决设立一定期限的居住权；（四）其他符合实际的方式。"由此可见，当事人提请实现离婚经济帮助的方式丰富，具有较多的选择空间，不仅仅限于主张给付金钱的救助。

生活困难一方拟主张请求离婚经济帮助的，应提供收入证明、就医记录、病历诊断等证据证明其生活困难状态，包括但不限于缺乏或丧失劳动能力且无生活来源、患病未愈或病愈后暂无法恢复劳动能力、没有住处或者离婚时其个人的财产和离婚分得的财产无法维持当地基本生活水平等。另一方当事人有能力收集对方具备负担能力证据的，也可以在诉讼中一并举证。

【法条链接】

《中华人民共和国民法典》

第二百二十九条　因人民法院、仲裁机构的法律文书或者人民政府的征收决定等，导致物权设立、变更、转让或者消灭的，自法律文书或者征收决定等生效时发生效力。

第三百六十六条 居住权人有权按照合同约定，对他人的住宅享有占有、使用的用益物权，以满足生活居住的需要。

第三百六十七条 设立居住权，当事人应当采用书面形式订立居住权合同。

居住权合同一般包括下列条款：

（一）当事人的姓名或者名称和住所；

（二）住宅的位置；

（三）居住的条件和要求；

（四）居住权期限；

（五）解决争议的方法。

第三百六十八条 居住权无偿设立，但是当事人另有约定的除外。设立居住权的，应当向登记机构申请居住权登记。居住权自登记时设立。

第一千零八十七条 离婚时，夫妻的共同财产由双方协议处理；协议不成的，由人民法院根据财产的具体情况，按照照顾子女、女方和无过错方权益的原则判决。

对夫或者妻在家庭土地承包经营中享有的权益等，应当依法予以保护。

第一千零八十九条 离婚时，夫妻共同债务应当共同偿还。共同财产不足清偿或者财产归各自所有的，由双方协议清偿；协议不成的，由人民法院判决。

第一千零九十条 离婚时，如果一方生活困难，有负担能力的另一方应当给予适当帮助。具体办法由双方协议；协议不成的，由人民法院判决。

3. 家务补偿规则的适用

陈某甲、陈某乙离婚后财产纠纷案①

【关键词】

离婚经济补偿　家务劳动　协议约定

【案情简介】

陈某甲与陈某乙在缔结婚姻关系后，育有 3 个子女。在婚姻关系存续期间，陈某甲与第三者共同生活并生育子女，据此陈某甲提起离婚诉讼，现已判决离婚。

陈某乙与陈某甲离婚后，认为其独自抚育 3 个子女十多年，家庭事务也独自承担，在婚姻关系存续期间亦在生活经济上为陈某甲父亲提供帮助，在婚姻中尽了大量义务。陈某甲自 2005 年离开家庭以后对家庭事务不管不顾，对陈某乙的家庭生活和精神方面造成了严重影响。陈某乙诉至广东省广州市天河区人民法院，请求判令陈某甲赔偿其离婚损害赔偿金 10 万元及家务补偿金 20 万元。

被告陈某甲辩称，首先，原告陈某乙已经掌控全部夫妻共同财产，陈某乙所说的家务补偿依据是承担照顾家庭、辅导小孩的学业，但他亦需要照顾年近八旬的患病父亲。且陈某甲主张多年来不论是经济义务还是精神义务，都是其一人承担，陈某乙并未就照顾其父亲而付出。虽然陈某乙没有直接义务，但有协助照顾的责任。其次，陈某乙在离婚诉讼后，又提起的抚养费诉讼或者赔偿诉讼，没有事实和法律依据。在（2023）粤 0106 民初 2609 号、（2023）粤 01 民终 26244 号民事判

① 参见广东省广州市中级人民法院（2024）粤 01 民终 109 号民事判决书。

决书中提及的《离婚协议书》，已经被部分履行，即陈某乙取得了绝大部分夫妻共同财产，该笔财产完全可以承担所有抚养费、赔偿费等费用，其不应再另行支付相关费用。

另查明，2020 年 11 月，陈某乙曾以确认婚姻无效为由提起离婚诉讼，一审法院进行审理，认为不存在婚姻无效的情形，驳回陈某乙的诉讼请求。

再查明，2021 年 6 月，陈某甲提起离婚诉讼，并要求分割三处房屋。一审法院于 2022 年 7 月 1 日作出（2021）粤 0106 民初 18890 号民事判决，判决准予双方离婚。

【判例分析】

一审法院认为，双方在一审法院已有离婚纠纷，案号为（2021）粤 0106 民初 18890 号，该案已作出判决并生效。在该案判决中，陈某甲自认与陈某乙分居多年，近十年来与案外人生育两个孩子。在该案中陈某甲并未主张本案的相关诉请。陈某甲的过错，一审法院生效法律文书已予以证实。陈某乙主张过错赔偿金，一审法院予以支持，但金额调整为 5 万元为宜。本案中陈某乙虽未提交家务完全由其承担的证据，但考虑到陈某甲已与案外人生育两个孩子，可以推定陈某甲早已与第三人同居至少十年，家中事务显然只能由陈某乙承担，故酌情支持离婚损害赔偿金 5 万元及家务补偿金 15 万元。

二审法院认为，本案争议的焦点问题为陈某甲是否应当向陈某乙支付损害赔偿金和家务补偿金。首先，关于陈某乙要求陈某甲支付离婚损害赔偿金是否成立的问题，根据《最高人民法院关于适用〈中华人民共和国民法典〉婚姻家庭编的解释（一）》第 88 条规定，由于陈某甲作为离婚诉讼的原告，陈某乙作为无过错方的被告，依然可以在离婚后单独提起损害赔偿请求。陈某甲在婚姻存续期间与案外人共同生育子女，存在明显过错。根据双方的婚姻实际情况，结合前几个关联案件已认定的事实，一审酌情判令陈某甲赔偿陈某乙 5 万元并无不当，予以认可。其次，关于陈某乙离婚后提起诉讼要求陈某甲支付家务补偿金是否成立的问题。《民法典》第1088条规定："夫妻一方因抚育子女、照料老年人、协助另一方工作等负担较多义务的，离婚时有权向另一方请求补偿，另一方应当给予补偿。具体办法由双方协议；协议不成的，由人民法院判决。"根据该条规定，陈某乙有权在离婚时向陈某甲请求补偿，但其在离婚诉讼中未提出请求。现双方已经离婚，陈某乙离婚后再单独提出该经济补偿的诉请，二审法院不予支持。一审法院对此未有细致审查，直接支持陈某乙的诉讼请求，确有不当，应依法予以纠正。故判决撤销广东省广州市天河区人民法院（2023）粤0106民初9506号民事判决第二项，变更广东省广州市天河区人民法院（2023）粤0106民初9506号民事判决第一项为：在本判决书发生法律效力之日起10日内，陈某甲应向陈某乙支付离婚损害赔偿金5万元。

【风险提示】

家务补偿是对家务贡献者遗失利益的补偿，指夫妻中负担较多家庭义务的一方，离婚时有权请求经济补偿，有的审判实践中也会称为"家务劳动补偿"或"离婚经济补偿"。《民法典》关于家务补偿的规定扩大了2001年《婚姻法》第40条规定中的适用范围，删去了夫妻采取分别财产制才适用家务补偿的前提条件，增加了家务补偿获得司法支持的可能性。

根据《民法典》第1088条及司法裁判的主流观点，夫妻一方主张适用家务补偿规则应满足以下几个条件：第一，请求方对家庭共同生活承担了较多义务，包括但不限于抚育子女、照顾老人、协助另一方工作等。若夫妻双方平等分担家务劳动，不存在一方贡献显著较多的情形，则双方都不享有家务补偿请求权。第二，家务补偿请求权的行使限定于离婚时提出，若当事人处于婚姻关系存续期间，或者双方已经协议或经判决离婚，则无法再就该权利提起诉讼。第三，第1088条对家务补偿适用的规定不排除当事人约定适用的情形。该条文仅是对家务补偿作原则性规定，实践中允许当事人协商约定家务补偿具体费用和履行方式等内容。

需要注意的是，家务补偿与离婚经济帮助、抚养费等可以在诉讼中一并主张。就前者而言，《民法典》第1090条规定，离婚时，如果一方生活困难，有负担能力的另一方应当给予适当帮助。家务补偿是对承担家庭义务较多一方的经济补偿，离婚经济帮助是针对一方离婚后的生活困难进行的帮扶，二者并不冲突，可以在诉讼中一同主张。同理，离婚后直接抚养子女一方根据《民法典》第1085条向另一方主张给付抚养费的，在满足负担家庭义务较多的情形下，可以一并就家务补偿和抚养费提出主张。

目前，实践中关于家务补偿纠纷的争议主要围绕补偿金数额认定和“负担较多义务”举证问题展开。在涉及家务补偿的离婚纠纷案件中，由于现行法律及其司法解释并未明确规定补偿金数额的认定方法，因此对于事先就家务补偿并无约定的当事人而言，提出家务补偿请求的一方在诉讼中提出的数额通常不被另一方认可或者仅部分认可，请求方难以按照其诉讼请求获得全部补偿。此外，《民法典》第1088条对家务补偿的适用基础作出了明确规定，请求方主张家务补偿时应举证证明自己在家庭生活中承担了较多的义务，否则将面临举证不能而被驳回诉请的风险。但由于法律并没有规定对家庭义务履行的认定标准，且由于家务劳动具有内部性、长期性、琐碎性等特征，当事人在婚姻关系存续期间往往不会留存证据，也很难收集证据，家庭成员以外的人也难以了解到具体情况，这些都有可能导致请求方因举证不能而败诉。

【律师建议】

如前文所述，当前法律没有就家务补偿的补偿金数额及认定标准作出明确规定，故夫妻双方在订立婚前或者婚内财产相关协议时，可以基于当事人意思自治自由协商家务补偿金的具体数额和履行方式，以书面形式确定于协议中，为将来可能面临的纠纷提供认定依据。

当事人此前未就家务补偿相关事项达成合意的，主张补偿一方应尽可能收集证据以证明其对家庭的付出和贡献。家务补偿中的家务劳动不仅包含《民法典》第1088条中规定的抚养子女、照料老人、协助另一方工作这几种劳动形式，还包括情感上的付出、对家庭状况的改善等方面；只要是为家庭利益而负担的义务，均应认定为“负担较多义务”。笔者建议，当事人可以收集以下几类证据：一是与抚育子女有关的证据，如提交与子女老师、培训机构相关人员的微信聊天记录，接送子女上学来回的记录，家庭监控录像，网购平台记录等证据对抚育子女义务较多予以证明；二是证明另一方受益于请求方承担家务劳动的证据，如另一方长期就医、离家在外地工作等无法照顾家庭、处理家庭事务，由请求方长期处理家庭事务的证明，此时由于另一方客观上的限制，可以推定在家一方负担较多义务；三是与照料老人有关的证据，如提交相关门诊记录、住院病人共同生活的家庭成员出具的证人证言等材料，证明请求家务补偿的一方履行了相关义务；四是承担家庭义务的间接效益证据，如家庭财产的增值、共同债务的减少等，以体现请求方对家庭事务的付出和贡献。另外，最高人民法院就《民法典》第1088条的适用规则指出，婚姻中，负担较多家务义务的一方出于对婚姻前景的信赖，付出较多精力从事家务劳动，带来的就是其自我发展空间的压缩，无形中付出了个人工作选择、收入能力等方面的机会成本。因此，可以在认定家庭义务负担程度中考虑负担较多一方的信赖利益，请求方可以就另一方在婚姻期间获得的学历学位、工作前景等财产利益和可期待利益进行举证，以间接证明其在家庭中负担更多义务。

家务补偿应当从承担支付义务一方的个人财产或分得的夫妻共同财产中支出，而不是直接在夫妻共同财产中予以划分，因此请求方在离婚时应核算清楚夫妻共同财产明细，一并主张家务补偿，以避免出现财产混同或者漏算的情形。

需要注意的是，目前对家务补偿的请求主要存在于婚姻关系中，对于非婚同居当事人而言暂无明确规定。不过，2024年4月发布的

《最高人民法院关于适用〈中华人民共和国民法典〉婚姻家庭编的解释（二）（征求意见稿）》第3条中规定，“同居生活期间，一方因抚育子女、照料老年人、协助另一方工作等负担较多义务而请求另一方给予补偿，双方对此无协议约定且协商不成的，人民法院可以根据同居生活时间、负担相应义务投入的精力及对双方的影响、同居析产情况、双方经济状况以及给付方负担能力、当地收入水平等事实，确定补偿数额。”根据该条规定，对于非婚同居当事人而言，家务补偿制度有可能在非婚同居关系中扩张适用，因此相关当事人亦可以参照婚姻关系中对家务付出较多的认定进行举证，或者事先就同居生活期间就抚育子女、照料老年人、协助另一方工作等相关家务事项签订协议，明确具体的补偿数额。

【法条链接】

《中华人民共和国民法典》

第一千零八十五条　离婚后，子女由一方直接抚养的，另一方应当负担部分或者全部抚养费。负担费用的多少和期限的长短，由双方协议；协议不成的，由人民法院判决。

前款规定的协议或者判决，不妨碍子女在必要时向父母任何一方提出超过协议或者判决原定数额的合理要求。

第一千零八十八条　夫妻一方因抚育子女、照料老年人、协助另一方工作等负担较多义务的，离婚时有权向另一方请求补偿，另一方应当给予补偿。具体办法由双方协议；协议不成的，由人民法院判决。

第一千零九十条　离婚时，如果一方生活困难，有负担能力的另一方应当给予适当帮助。具体办法由双方协议；协议不成的，由人民法院判决。

4. 夫妻一方侵害夫妻共同财产的救济

雷某某、宋某某离婚纠纷案[①]

【关键词】

离婚纠纷　侵害夫妻财产　离婚财产分割

【案情简介】

原告雷某某（女）和被告宋某某于2003年5月19日登记结婚，双方均系再婚，婚后未生育子女。双方婚后因琐事感情失和，于2013年上半年产生矛盾，并于2014年2月分居。雷某某曾于2014年3月起诉要求与宋某某离婚，经法院驳回后，双方感情未见好转。2015年1月，雷某某再次诉至法院要求离婚，并要求依法分割夫妻共同财产。宋某某认为夫妻感情并未破裂，不同意离婚。

雷某某称宋某某名下中国邮政储蓄银行的账户内有共同存款37万元，并提交个人结算账户开户申请书、存取款凭单及转账凭单作为证据。宋某某称该37万元来源于其婚前房屋拆迁补偿款及养老金，现尚剩余20万元左右，并提交账户记录、判决书、案款收据等证据。

宋某某称雷某某名下有共同存款25万元，要求依法分割。雷某某对此不予认可，并于一审庭审时提交其在中国工商银行账户自2014年1月26日起的交易明细，显示至2014年12月21日该账户余额为262.37元。二审审理期间，应宋某某的申请，法院调取了雷某某上述中国工商银行账号自2012年11月26日开户后的银行流水明细，显示雷某某于2013年4月30日通过自动取款机转账及卡取的方式将该账户

① 参见北京市第三中级人民法院（2015）三中民终字第08205号民事判决书。

内的195,000元转至案外人雷某齐名下。宋某某认为该存款是其婚前房屋出租所得，应归双方共同所有，雷某某在离婚之前即将夫妻共同存款转移。雷某某提出该笔存款是其经营饭店所得收益，解释称该笔款已用于夫妻共同开销，后又称用于偿还其外甥女的借款，但雷某某对其主张均未提供相应证据证明。另，雷某某在庭审中曾同意各自名下存款归各自所有，其另行支付宋某某10万元存款，后雷某某反悔，不同意支付。

宋某某主张：双方有债权人谭某的共同债务38,000元，用于申请摩托车专利；债权人李某的共同债务85万元，用于专利开发；债权人张某的共同债务146,823.4元，用于做摩托车配件，并就此提交欠条及民事调解书。雷某某不认可欠条的真实性，亦不认可上述债务为夫妻共同债务。

【判例分析】

一审法院认为，婚姻关系以夫妻感情为基础。宋某某、雷某某婚后因琐事而感情失和，雷某某曾诉至法院要求和宋某某离婚，经法院驳回后，双方感情未见好转，经法院调解不能和好，双方夫妻感情确已破裂，应当判决准予双方离婚。关于双方名下的存款，根据宋某某提交的证据，可以认定其存款中包含其原房屋拆迁所得款项。根据双方的实际情况，法院判决双方各自名下的存款归各自所有，互不向对方支付折价款。关于宋某某所主张债权人为谭某的共同债务38,000元和债权人为张某的共同债务146,823.4元，仅有欠条为证，且雷某某对此不予认可，故难以查明该债务的真实性，双方可就此债务另行解决。关于债权人为李某的共同债务85万元，宋某某未能举证证明该借款系基于夫妻双方的合意或用于家庭共同生产生活，难以认定系夫妻共同债务，应当由宋某某个人承担。

二审法院认为，案涉债务难以认定为夫妻共同债务。宋某某未提供证据证明其主张的85万元借款系基于夫妻双方的合意或该笔借款用于夫妻共同生活，故该笔借款难以认定为夫妻共同债务。且宋某某主张雷某某承担一半，无事实基础，不予支持。关于宋某某主张的其余共同债务，仅提供欠条为证，难以认定债务的真实性，且雷某某对此不予认可，故双方可就此债务问题另行解决。

关于双方名下存款的分割，结合相关证据，认定宋某某婚前房屋拆迁款转化的存款，应归宋某某个人所有，宋某某婚后所得养老保险金，应属夫妻共同财产。雷某某名下中国工商银行账户内的存款为夫妻关系存续期间的收入，应作为夫妻共同财产予以分割。雷某某于2013年4月30日通过自动取款机转账及卡取的方式，将其名下中国工商银行账户内的195,000元转至案外人名下。雷某某始称该款用于家庭开销，后又称用于偿还外债，前后陈述明显矛盾，对其主张亦未提供证据证明，对钱款的去向不能作出合理的解释和说明。结合案件事实及相关证据，应认定雷某某存在转移、隐藏夫妻共同财产的情节。宋某某主张对雷某某名下存款进行分割，符合法律规定。

【风险提示】

实践中，侵害夫妻共同财产行为表现形式多样，包括未经配偶同意转移存款、虚假过户或者私赠他人等致使夫妻共同财产减少的行为，一般情况下很难查到隐藏、转移财产或伪造债务的事实。《妇女权益保障法》第67条之规定回应了实践中长期存在的夫妻共同财产举证难问题，意在解决夫妻一方隐藏、转移、变卖、毁损、挥霍夫妻共同财产以及伪造夫妻共同债务的现实问题，保护离婚诉讼中处于弱势地位一方的财产权。在婚姻关系存续期间，夫妻婚内共同财产也以不同的形式存在。该规定仅是一般的义务性规定，对夫妻共同财产申报的适用范围、内容以及对不如实申报情形的约束尚未明确，受害方在请求分割夫妻共同财产时仍可能面临较大的举证难度。

本案件所涉及的主要法条为2001年《婚姻法》第47条（即《民法典》第1092条），其是关于一方侵害夫妻共同财产法律后果的规定。

从时间上看，该条删去了2001年《婚姻法》第47条中以“离婚时”为前提的规定，即无论在婚姻关系存续期间，还是双方已经进入离婚诉讼阶段，在分割夫妻共同财产时均可以对侵权方少分或不分。夫妻共同财产是重要的家庭资产组成部分，夫妻双方是否能够本着诚实守信的原则进行处理，既事关对彼此合法权利的尊重，也事关家庭关系的和谐稳定。夫妻双方对夫妻共同财产共同享有所有权，这种权利并不因夫妻双方之间的感情状况发生改变。一方未征得另一方同意，在超出家庭代理权限范围的情况下，擅自对夫妻共同财产进行处理，既违背民法基本的诚实信用原则，也侵犯了配偶对共同财产享有的合法权利，实施违法行为的一方应当承担相应的法律后果，即对其可以少分或不分夫妻共同财产，且不因发生时间不同而作出不同的法律评价。

从行为上看，该条列举了几种侵害夫妻共同财产的情形，即夫妻一方隐藏、转移、变卖、毁损、挥霍夫妻共同财产或者伪造夫妻共同债务企图侵占另一方财产。其中，挥霍夫妻共同财产这一行为属于《民法典》新增的行为模式。挥霍行为主要体现为夫妻一方进行不合理的高消费行为，其消费数额明显超过日常家事代理的合理开支范围。具体而言，可以从消费的必要性和合理性、数额大小、是否符合当事人的消费能力与消费习惯、受益人等方面综合判断，是否严重损害夫妻共同财产利益并且实质上影响家庭共同生活。

【律师建议】

夫妻双方对婚姻关系存续期间形成的夫妻共同财产，平等享有所有权，自然也平等享有对共同财产进行处分的权利。夫妻共同财产的处分应当在诚实、互信、协商一致的基础上进行。隐藏、转移、变卖、毁损、挥霍夫妻共同财产，或者伪造夫妻共同债务的行为具有一定的隐蔽性，如果一方刻意隐瞒，另一方一般难以及时发现。因此，笔者认为，可以从事前预防和事后救济两个方面去维护自身合法权益。

从事前预防的角度来看，在婚姻关系存续期间，应当尽可能了解、掌握家庭大额财产及对方财产基本状况。比如，购置奢侈物品后要保留好购物票据等；对家庭大额财产进行拍照记录并留存发票等凭证；

留意家庭及对方的财产及相关银行账号等。如果发现对方转移夫妻共同财产的行为，要及时收集对方有处分夫妻共同财产的行为证据，如银行流水单、涉及资金转移的合同、微信聊天记录等。常见的转移、隐匿等侵害夫妻共同财产的行为包括无合理理由的大额存款异动、擅自售卖共同资产并转入第三人账户等。

从事后救济的角度来看，关于一方侵害夫妻共同财产的救济方式可以根据婚姻状况的不同分别讨论。

对于婚姻关系存续期间发生该类侵害行为的，当事人可以根据《民法典》第 1066 条的规定请求分割共同财产。一方隐藏、转移、变卖、毁损、挥霍夫妻共同财产，不意味着双方婚姻关系必然走向终结。对于受害者而言，在婚姻关系存续期间发现一方存在侵犯夫妻共同财产行为的，婚内请求分割共同财产是效率更高的救济方式。需要注意的是，该行为必须达到“严重损害夫妻共同利益”的程度，具体如何认定则应结合行为的性质、夫妻共同财产的数额、造成的影响程度等因素综合考虑。

对于离婚时及离婚后发现夫妻一方隐藏、转移、变卖、毁损、挥霍夫妻共同财产，或者伪造夫妻共同债务企图侵占另一方财产的，可以根据《民法典》第 1092 条的规定请求对方不分或者少分夫妻共同财产。这意味着，无论是在婚姻关系存续期间，还是双方已进入离婚诉讼程序中，只要一方存在法律规定的侵害夫妻共同财产的行为，另一方在离婚分割夫妻共同财产时，都可以主张对侵权方少分或者不分。可以少分或者不分的财产范围，一般认为，主要是指被隐藏、转移、变卖、毁损、挥霍，或者伪造的夫妻共同债务范围内的夫妻共同财产；并非全部夫妻共同财产均可少分或不分。

此外，在部分财产已经被对方转移、变卖、挥霍后，要注意留存好相关证据。提起离婚诉讼的，可以对其他夫妻共同财产申请保全。

【法条链接】

《中华人民共和国民法典》

第一千零六十二条 夫妻在婚姻关系存续期间所得的下列财产，为夫妻的共同财产，归夫妻共同所有：

（一）工资、奖金、劳务报酬；

（二）生产、经营、投资的收益；

（三）知识产权的收益；

（四）继承或者受赠的财产，但是本法第一千零六十三条第三项规定的除外；

（五）其他应当归共同所有的财产。

夫妻对共同财产，有平等的处理权。

第一千零六十三条 下列财产为夫妻一方的个人财产：

（一）一方的婚前财产；

（二）一方因受到人身损害获得的赔偿或者补偿；

（三）遗嘱或者赠与合同中确定只归一方的财产；

（四）一方专用的生活用品；

（五）其他应当归一方的财产。

第一千零六十六条 婚姻关系存续期间，有下列情形之一的，夫妻一方可以向人民法院请求分割共同财产：

（一）一方有隐藏、转移、变卖、毁损、挥霍夫妻共同财产或者伪造夫妻共同债务等严重损害夫妻共同财产利益的行为；

（二）一方负有法定扶养义务的人患重大疾病需要医治，另一方不同意支付相关医疗费用。

第一千零九十二条 夫妻一方隐藏、转移、变卖、毁损、挥霍夫妻共同财产，或者伪造夫妻共同债务企图侵占另一方财产的，在离婚分割夫妻共同财产时，对该方可以少分或者不分。离婚后，另一方发现有上述行为的，可以向人民法院提起诉讼，请求再次分割夫妻共同财产。

《中华人民共和国妇女权益保障法》

第六十七条　离婚诉讼期间，夫妻一方申请查询登记在对方名下财产状况且确因客观原因不能自行收集的，人民法院应当进行调查取证，有关部门和单位应当予以协助。

离婚诉讼期间，夫妻双方均有向人民法院申报全部夫妻共同财产的义务。一方隐藏、转移、变卖、损毁、挥霍夫妻共同财产，或者伪造夫妻共同债务企图侵占另一方财产的，在离婚分割夫妻共同财产时，对该方可以少分或者不分财产。

5. 离婚时夫妻共有虚拟财产的分割问题

张某甲、吴某等婚后财产纠纷案[①]

【关键词】

夫妻共同财产　虚拟财产　离婚财产分割

【案情简介】

吴某以其身份于2006年7月注册淘宝账户“品味夏雪”。张某甲与吴某经人介绍后登记结婚，婚姻存续期间，吴某于2010年5月10日以淘宝账户“品味夏雪”在淘宝开店。后因感情不和，吴某于2019年3月12日向福建省泉州市丰泽区人民法院提起离婚诉讼；福建省泉州市中级人民法院于2022年5月6日作出（2022）闽05民终885号民事判决，判决张某甲、吴某离婚，该判决于2022年5月14日发生法律效力。

张某甲认为，吴某私下与他人串通，于2019年2月19日擅自修改密码，造成张某甲无法正常经营该店铺，这属于损害夫妻共同财产。张某甲提起诉讼，请求确认淘宝店铺名为“专柜代购正品实货”、淘宝旺旺名为“品味夏雪”的经营权归张某甲所有，主张平均分配淘宝店铺2019年2月19日至2022年5月13日共同经营营利利润。

张某甲主张，第三人张某乙并未参与“品味夏雪”店铺的经营及管理，与该店铺经营权及营利利润没有任何关系；如果吴某认为张某乙参与经营“品味夏雪”店铺，张某甲同意张某乙共同分配所有经营利润。

---

① 参见福建省泉州市丰泽区人民法院（2022）闽0503民初7506号民事判决书。

庭审中，张某甲、吴某、张某乙共同确认，三人共同经营包括“品味夏雪”在内的七家淘宝店铺，店铺分红按张某甲50%、吴某25%、张某乙25%进行分配，分红至2018年。吴某于2019年2月19日更改“品味夏雪”店铺密码后，案涉店铺由吴某独自经营，吴某亦未参与其余六家淘宝店铺的经营。

另查明，张某甲提供的银行转账明细可见2016年2月、2017年1月、2018年2月，张某甲转给吴某淘宝店铺分红分别为122,854元、370,865元、50,000元，该证据与吴某提供的《2019圣诺账目》记载的内容一致。吴某向法院提供的2013—2019年《各店铺销售额统计总表》，可体现“品味夏雪”淘宝店铺2016年、2017年、2018年的销售额分别占七家淘宝总销售额的21.02%、26.02%、34.14%，平均占比27.06%。

本案审理过程中，张某甲申请对“品味夏雪”淘宝店铺的价值及该店铺2019年2月19日起至2022年4月30日止的利润进行评估。但张某甲、吴某无法提供评估所需完整的资料，故无法评估。

【判例分析】

一审法院于2022年10月25日作出判决，“品味夏雪”淘宝店铺的经营权归吴某所有，吴某补偿张某甲25,000元。吴某应于该判决生效之日起10日内支付张某甲“品味夏雪”淘宝店铺2019年2月19日至2022年5月13日的利润317,147.68元。判决书送达之日起15日内，原、被告均未提起上诉，一审判决生效。

法院生效裁判认为：本案诉争“品味夏雪”淘宝账户系吴某婚前注册，婚后以该账号在淘宝开店并由双方共同经营，主要经营行为发生在婚姻存续期间，诉争淘宝店铺及其经营收入属于夫妻共同财产，依法应予以分割。双方均主张诉争淘宝店铺由自己经营，因诉争淘宝店铺系以吴某身份实名注册，具有一定的人身依附性，且目前由吴某控制及经营，考虑到经营的连贯性、稳定性，发挥网店最大效能并结合张某甲参与经营他人网店等因素，诉争淘宝店铺的经营权应归吴某所有更为适宜。诉争淘宝店铺有较为稳定的收入，多年经营亦积累了一定的客户、信誉，具有一定的价值。在评估机构无法评估且双方当事人未能对其价值协商一致情况下，应结合案涉淘宝店铺的经营状况，酌定吴某向张某甲补偿25,000元。关于诉争淘宝店铺2019年2月19日至2022年5月13日的经营利润分配问题，张某甲主张诉争淘宝店铺的利润虽无法评估，但从2016年至2018年的收入分析，该店铺纯收入在100,000元以上。吴某辩称店铺基本处于停滞状态，且部分利润已用于其本人及女儿的日常消费。因“品味夏雪”店铺密码由吴某掌握，其未能提供前述期间的经营资料致使无法评估，应承担不利后果。根据张某甲、吴某提供的2016年至2018年吴某的分红情况，结合三方均认可的店铺分红比例，可核算“品味夏雪”等七家淘宝店铺三年分红合计2,174,876元，年平均分红724,958.67元；“品味夏雪”淘宝店铺近三年年销售额占案涉七家淘宝店铺年销售额的平均占比为27.06%，故根据前述比例酌定“品味夏雪”淘宝店铺年平均利润为196,173.82元。2019年2月19日至2022年5月13日，诉争淘宝店铺的利润为634,295.35元。双方对该共有财产无分割协议，应当根据等分原则处理。综上，吴某应向张某甲支付诉争淘宝店铺2019年2月19日至2022年5月13日的利润为634,295.35元×50%=317,147.68元。

【风险提示】

随着互联网产业的快速发展，虚拟财产的种类越来越多样化和复杂化。日常生活中常见的虚拟财产大致分为四类：第一类是身份认证信息类，如微信、QQ等通信账号，抖音、微博、小红书等社交账号，以及淘宝、京东等网络店铺。第二类是虚拟空间类，如域名、QQ空间等。第三类是虚拟物类，如网络游戏中的装备、道具等。第四类是虚拟货币类，如Q币、比特币等。离婚案件中，基于分割夫妻共同财产的现实需要，涉及网络店铺、虚拟货币及互联网账号等虚拟财产的分割纠纷日渐增多，但在司法实践中对涉案虚拟财产如何认定及分割，还存在较大争议。

对于虚拟财产是否归属夫妻共同财产，有裁判观点认为，双方离婚前因经营相关互联网账号或者网络店铺所产生的收入归属婚姻关系存续期间产生的劳动报酬，应认定为夫妻共同财产，能够在离婚时分割。但案涉虚拟财产并非注册人具有所有权的财产，而是与平台签订服务协议后拥有经营与使用的权利，故不能将虚拟财产本身视为夫妻共同财产。另有裁判观点认为，自媒体账号、网络店铺等虚拟财产具有特定性、排他性、支配性等民法上的物权属性，且因夫妻一方或者双方的经营管理活动而产生一定价值，故认定为《民法典》第1062条第2项所规定的生产、经营的收益，虚拟财产归属夫妻共同财产。

对于认定为夫妻共同财产的虚拟财产如何在实践中予以分割，目前立法尚未作出明确规定，法院主要基于公平原则和实现最大经营利益进行处理。以本案中淘宝店铺分割为例，在确定分割时注重对淘宝店铺未来经济效益的保护，避免因离婚时分割夫妻共同财产导致原来经济效益良好的淘宝店铺出现经济亏损的隐患。故在充分考虑夫妻双方的实际投入和对淘宝店铺收益的实际贡献的情形下，亦注重保护主要经营者多年对于淘宝店铺的投入，以延续淘宝店铺本身的价值和信用，维护消费者的信赖利益，倾向于判决案涉虚拟财产归属主要经营者或者经营效果较好的一方。

综上所述，夫妻共有虚拟财产的权属确认和分割方式均缺乏具体标准，在当事人未能协商一致的情形下，主要依赖法院自由裁量判定。

【律师建议】

首先，建议当事人在婚姻关系存续期间就虚拟财产的归属、经营收入分配规则等进行协商并签订书面协议。一般而言，自媒体账号、网络店铺等虚拟财产只有持有人通过个人信息注册才能进行使用和经营，具有较强的人身依附性，在分割时容易发生纠纷。故对于可能具有一定经济价值的虚拟财产，夫妻双方可以在其设立之初即订立书面协议，明确彼此权利及义务，在不违反法律强制性规定及虚拟财产所在平台规定的前提下，确定注册主体及运营收入的分配规则。对于后续加入、退出经营等变更的情形，亦可以一并约定，就相关虚拟财产的分割约定明确的解决方式，以降低未来的分割成本。例如，通过对虚拟财产价值的评估，协商由夫妻一方获得虚拟财产的使用、经营权，并向另一方配偶支付一定的补偿金。另外，协议中还可以约定持有方的配合交付义务及相应的违约责任。需要注意的是，自媒体账号、网络店铺等具有一定人身属性的虚拟财产能否转赠或者受让，应以虚拟财产权利人与具体的网络服务提供者所签订网络许可及服务协议中的约定为准。

其次，当事人在经营、管理夫妻共有虚拟财产时，应做好相应财务账册的留存和保管，保留能够证明运营支出与收入的证据，以便在发生纠纷时对虚拟财产的价值有明确评估依据。虚拟财产的价值可通过协商定价、买入价、官方平台回收价或交易价、第三方平台交易价、评估机构估价等方式来确定。此外，夫妻双方在分割时对案涉虚拟财产的价值产生争议的，亦可以通过第三方评估机构进行核算。

就虚拟货币的分割方式而言，当事人可以约定采取分割数额或者支付对价的方式。就前者而言，对虚拟货币进行量化划分不会影响其交易和估值，夫妻双方可以通过直接交易的形式分割虚拟货币；就后者而言，可以约定以最终持有虚拟货币的一方支付另一方对价的方式对虚拟货币予以分割。

若夫妻双方都不愿意再持有并管理案涉虚拟财产，可以通过转让、拍卖等方式转化为有形财产，再根据双方协商的规则予以分割。

综上所述，对于婚前注册取得的虚拟财产，应视为注册方的婚前个人财产，婚后双方共同经营管理的，应认为该部分产生的收益属于夫妻共同财产。对于婚姻关系存续期间取得的，且主要经营管理行为发生在婚后的，应认为该虚拟财产属于夫妻共同财产，双方享有平等的处理权，由此产生的收益亦属于夫妻共同财产，可以由当事人协商约定离婚时的权属和分割方式。

【法条链接】

《中华人民共和国民法典》

第一百二十七条　法律对数据、网络虚拟财产的保护有规定的，依照其规定。

第一千零六十二条　夫妻在婚姻关系存续期间所得的下列财产，为夫妻的共同财产，归夫妻共同所有：

（一）工资、奖金、劳务报酬；

（二）生产、经营、投资的收益；

（三）知识产权的收益；

（四）继承或者受赠的财产，但是本法第一千零六十三条第三项规定的除外；

（五）其他应当归共同所有的财产。

夫妻对共同财产，有平等的处理权。

第一千零六十三条　下列财产为夫妻一方的个人财产：

（一）一方的婚前财产；

（二）一方因受到人身损害获得的赔偿或者补偿；

（三）遗嘱或者赠与合同中确定只归一方的财产；

（四）一方专用的生活用品；

（五）其他应当归一方的财产。

第一千零八十七条　离婚时，夫妻的共同财产由双方协议处理；协议不成的，由人民法院根据财产的具体情况，按照照顾子女、女方和无过错方权益的原则判决。

对夫或者妻在家庭土地承包经营中享有的权益等，应当依法予以保护。

6. 父母为子女婚后购房出资的认定

刘某、曹某夏等民间借贷纠纷案[①]

【关键词】

父母出资　婚后购房　离婚财产分割

【案情简介】

曹某夏系曹某明父亲。曹某明与刘某原系夫妻关系。2014 年 12 月 5 日，曹某明、刘某与民申公司签订《商品房买卖合同》，约定：曹某明、刘某购买长江国际泓园 23 幢 501 室，房屋价款为 1,045,280 元。付款方式为签订合同时付款 20 万元，2014 年 12 月 30 日付款 115,280 元，2014 年 12 月 12 日前按揭到账 73 万元。后曹某明、刘某为案涉房屋办理贷款，与中国建设银行无锡分行签订的《个人住房（商业用房）借款合同》载明首付款金额为 315,280 元，贷款金额为 73 万元。曹某明于 2018 年 11 月 13 日起诉刘某，形成（2018）苏 0214 民初 6811 号离婚纠纷案件，江苏省无锡市新吴区人民法院于 2019 年 12 月 31 日判决双方离婚，但对刘某主张的母亲周某芹因购房出借 25 万元及曹某明主张的父亲曹某夏因购房出借 31 万元的情况均不予处理。

曹某夏认为，曹某明和刘某购置房产因资金紧张，其出借给曹某明、刘某 31 万元用于购置房屋。其出借的款项中 5 万元是现金交给曹某明支付的定金，另有约 26 万元是直接将其银行卡交给曹某明刷卡。后曹某明向无锡市新吴区人民法院提起离婚诉讼，其有权就上述 31 万元借款主张返还，并要求曹某明、刘某支付相应利息，故将曹某明、

① 参见江苏省无锡市中级人民法院（2021）苏 02 民终 1979 号民事判决书。

刘某一并诉至法院，请求判令曹某明、刘某共同支付欠款 31 万元及利息。

诉讼中，曹某夏提供借条一份，该借条载明：今向父亲曹某夏借人民币 31 万元整，用于购房。曹某明在落款处签字确认。借条并无落款日期。曹某夏指出，曹某明向其借款 31 万元并在其家中出具借条一份，是 2014 年买房子付定金之前两三天在家写的。其中 5 万元为现金交付，26 万元为通过银行转账交付。

另查明，2014 年 12 月 5 日曹某明、刘某与无锡民申房地产开发有限公司签订《商品房买卖合同》，约定该二人购买长江国际泓园 23 幢 501 室，价款为 1, 045, 280 元，付款方式为签订合同时付款 20 万元，2014 年 12 月 30 日付款 115, 280 元，2014 年 12 月 12 日前按揭到账 73 万元。后曹某明、刘某为案涉房屋办理贷款，与中国建设银行无锡分行签订的借款合同载明首付款金额为 315, 280 元，借款金额为 73 万元。诉讼中，曹某明及刘某一致确认案涉房屋系精装修房，除合同约定的房屋价款 1, 045, 280 元外，另需要支付装修款约 20 万元，故房屋总价实际约 130 万元。

【判例分析】

一审法院认为，曹某夏主张案涉款项性质为借款，依法应予支持。案涉款项 265, 280 元系曹某夏银行卡中直接划出，曹某夏对款项来源亦能作出合理解释。从款项流转情况来看，曹某夏银行账户支出的 265, 280 元的确用于购买案涉房屋，且案涉房屋原登记在曹某明、刘某名下，曹某明虽与刘某离婚，但双方亦就案涉房屋归并在刘某名下达成一致，故案涉款项争议产生的背景是父母出资为曹某明、刘某在婚姻关系存续期间购买房屋。结合当今社会现状，年轻子女婚后一般处于资金相对困难、购房压力较大的生活阶段，有条件的父母给予儿子儿媳或女儿女婿一定的资助也属正常，在父母出资未明确表示出资系赠与的情况下，应认定购房出资款为对下一代的临时性资金出借，目的在于帮助下一代渡过经济困窘期，儿子儿媳或女儿女婿理应负有偿还义务。刘某虽以未在案涉借条上签字且不知晓曹某夏的出借经过为由辩称不应承担还款责任，但购房是家庭重大支出项目，刘某应知晓购房款的实际支付情况，且刘某作为购房的受益者之一，在享有权利的同时亦应承担相应义务，故曹某明、刘某应共同归还曹某夏265,280元。

二审法院认为，曹某夏虽然提供了曹某明出具的借条，但该借条无落款日期，无法证明该借条形成时间，且曹某明、曹某夏对借条形成过程陈述前后不一，无法排除该借款系曹某明与刘某离婚纠纷期间后补形成的可能，不足以证明购买案涉房屋时该款已约定为借款。另外，刘某母亲向曹某明出借25万元，曹某明出具借条、刘某认可系借款，该25万元明确约定为借款，但是，曹某明向曹某夏出具借条31万元，曹某夏没有提供证据证明刘某对此是认可的，故不能以此佐证本案所涉借条项下款项已约定为借款。综上，曹某夏未提供证据证明上述265,280元款项约定为借款，应当承担举证不能的后果，法院认定该款性质约定不明确，在此情况下该款性质应当按赠与款处理。一审判决认定该款性质为借款，依据不足，法院予以纠正。曹某明自愿将赠与款性质转为借款，对一审判决其向曹某夏归还也未提起上诉，故曹某明应当向曹某夏归还该款。但是，刘某未同意归还该款，法院对曹某夏要求刘某归还该款的诉请不予支持。

【风险提示】

实践中，关于父母为子女婚后购置房屋出资的定性问题一直存在较大争议。《最高人民法院关于适用〈中华人民共和国民法典〉婚姻家庭编的解释（一）》第29条规定："当事人结婚前，父母为双方购置房屋出资的，该出资应当认定为对自己子女个人的赠与，但父母明确表示赠与双方的除外。当事人结婚后，父母为双方购置房屋出资的，依照约定处理；没有约定或者约定不明确的，按照民法典第一千零六十二条第一款第四项规定的原则处理。"但是，父母为子女购置房屋部分或者全部出资时往往没有事先就出资性质、房产归属作出明确约定。当夫妻双方感情破裂后，在离婚纠纷或者离婚后财产纠纷中不可避免地涉及房产分割问题，除了在离婚案件中对该出资是属于对子女一方的赠与还是对夫妻的赠与容易发生争议外，还有可能将该出资主张为夫妻共同债务，或以父母名义以民间借贷纠纷为由另案主张该出资属于借贷债务而非赠与的财产。

认定父母出资系赠与的裁判观点主要认为，父母出资为婚后子女购房通常是基于双方之间的血缘关系和传统亲情观念的影响，并且一般不期待子女日后返还其出资，在父母没有明确意思表示的情况下赠与的可能性高于借贷。除此之外，由于当事人之间身份关系的特殊性，个案中往往缺乏借据、欠条等证据，或者仅有父母与一方子女的签字借条，难以认定夫妻双方就该笔出资的借贷达成合意。因此没有明示是赠与单方的，视为对夫妻双方的赠与。

认定父母出资系借贷的裁判观点主要认为，父母向子女支付资金不能理所当然认定为赠与，在父母支付资金时未明确表示该款系赠与的情况下，参照《最高人民法院关于审理民间借贷案件适用法律若干问题的规定》第16条之规定，被告在抗辩款项性质为赠与的情况下，其应就该抗辩提交充分证据，否则将承担举证不能的不利后果，认定支付资金为对子女的临时性资金出借。由此可见，在当事人之间未就出资购房相关事项事先约定或者约定不明确的，主要考虑父母一方能否充分举证证明双方存在借贷的合意，否则其出资很有可能被认定为赠与，难以主张返还。

【律师建议】

为了尽可能避免日后因婚姻关系破裂而可能产生的纠纷，笔者建议，父母为子女购置房屋出资时，应通过书面方式就出资方式、购房时间、首付款金额等相关问题进行协商，并签订相应的借贷或者赠与协议，其中出资性质与房屋归属是主要内容。

就出资性质而言，父母为子女购房出资时应书面约定该笔出资是借贷还是赠与；若约定为赠与，还应明确赠与对象是仅限于子女一方还是夫妻双方。在出资时双方已作出书面约定的情况下，如有合同、借条、收据、聊天记录、转账记录等证据表明双方就出资性质达成合意，即使未来夫妻一方否认合意情况，仍可以提供充分证据认定父母及其子女与子女之配偶之间的借贷关系或赠与关系成立。若父母基于借贷意愿出资但未能及时订立书面协议，还可以考虑在汇款转账时注明用途为借款。此时应认为接受款项的一方对于该笔出资的用途是知情的，主观上不应认定为这是父母赠与的款项。若想否认此借贷事实，则须对双方之间存在赠与的明确意思表示承担举证责任，否则难以推翻汇款性质为借款的认定。父母作为借款方在事后亦应尽可能与子女及其配偶补签协议或者出具借条，并留存催促对方还款或者对方已转还部分借款的相关证据。需要注意的是，若出资时双方并未对该笔出资的性质进行协商并书面约定，事后再以书面形式补签合同或进行确认，应尽可能写明补签事由、订立时间，保证各利益相关人均签名、盖章或者按指印。有条件的，还可以就协商及签订过程进行录音、录像，以判断双方出资时的真实意思表示，避免补签的协议被认定为子女与父母串通追认的方式，加重配偶一方对夫妻共同债务的责任承担。

就房屋归属而言，双方应明确约定房屋产权归属子女一方还是夫妻共有；如属于夫妻共有，还应确定是共同共有还是按份共有，明确子女配偶的具体份额或者比例，并按照实际情况及时办理登记。

综上所述，父母基于借贷意愿为子女婚后购房出资的，建议以书面形式约定形成借贷关系，并注明款项用途、还款时间等，由子女及其配偶共同签字确认，证明双方之间存在借贷合意和借贷关系实际发生的直接证据。若父母基于赠与意愿出资，则应及时订立赠与协议，明确受赠人及房屋归属，必要时还可以办理公证，以规避父母出资性质不明时带来的诉讼风险。

【法条链接】

《中华人民共和国民法典》

第一千零六十二条 夫妻在婚姻关系存续期间所得的下列财产，为夫妻的共同财产，归夫妻共同所有：

（一）工资、奖金、劳务报酬；

（二）生产、经营、投资的收益；

（三）知识产权的收益；

（四）继承或者受赠的财产，但是本法第一千零六十三条第三项规定的除外；

（五）其他应当归共同所有的财产。

夫妻对共同财产，有平等的处理权。

第一千零六十三条　下列财产为夫妻一方的个人财产：

（一）一方的婚前财产；

（二）一方因受到人身损害获得的赔偿或者补偿；

（三）遗嘱或者赠与合同中确定只归一方的财产；

（四）一方专用的生活用品；

（五）其他应当归一方的财产。

《最高人民法院关于适用〈中华人民共和国民法典〉婚姻家庭编的解释（一）》

第二十九条　当事人结婚前，父母为双方购置房屋出资的，该出资应当认定为对自己子女个人的赠与，但父母明确表示赠与双方的除外。

当事人结婚后，父母为双方购置房屋出资的，依照约定处理；没有约定或者约定不明确的，按照民法典第一千零六十二条第一款第四项规定的原则处理。

《最高人民法院关于审理民间借贷案件适用法律若干问题的规定》

第十六条　原告仅依据金融机构的转账凭证提起民间借贷诉讼，被告抗辩转账系偿还双方之前借款或者其他债务的，被告应当对其主张提供证据证明。被告提供相应证据证明其主张后，原告仍应就借贷关系的成立承担举证责任。

五、分家析产纠纷

分家析产协议是指各家庭成员基于合意达成的，对家庭共有财产进行分割，并确定家庭成员各自财产份额的协议。履行该协议引发的纠纷，称为分家析产纠纷。

家庭共有财产是由家庭成员共同创造、共同所得的财产，其存在与家庭共同生活关系的维持紧密相连，一旦这种关系解体，家庭共有财产就要重新划分。由于分家析产协议通常涉及财产归属及分割等问题，实践中常见将分家析产协议与赠与合同、遗嘱相混淆而引发的协议履行及效力认定上的争议，如未成年子女及已出嫁的女性家庭成员是否享有对家庭共有财产的共有权、分家析产协议与其他类型协议的适用顺序以及订立程序存在瑕疵的分家析产协议效力认定等问题。下文结合典型实践案例，从实务角度分析家庭成员利益受损害存在的风险，以期为分家析产纠纷相关主体提供防范意见。

分家析产协议的效力认定

王某甲、王某乙等分家析产纠纷案[①]

【关键词】

分家析产协议 合同订立要件 家庭财产分割

【案情简介】

王某庚与赵某为夫妻，二人育有四名子女，即长子王某乙、长女王某丙、次子王某甲、次女王某丁。王某庚于1987年12月5日因去世注销户口，赵某于1983年3月25日因去世注销户口。王某甲系北京市居民，经查，其户口于1979年1月20日由××镇××村生产队迁入师范大学第一学校。王某乙系顺义区××镇××村村民。

1984年11月14日，在王某戊、王某己、韩某的见证下，由王某智代笔，原告王某甲、被告王某乙订立分家单如下："因父亲年迈不能管理家业，经协商愿意哥俩各立家业，王某乙分得后边瓦房五间和其他零用物件，王某甲分得前边瓦房四间。从即日开始哥俩每人每月付给父亲生活费用15元，到生活不能自理时，王某乙在身边服侍，30元的生活费用由王某甲一人承担。遇到天灾病业或百年之后，一切费用都由二人均摊。空口无凭，立字为证。"分家单订立后，王某甲、王某乙二人便依此履行，至今已有近40年。两家一直共用一块电表，后王某乙次子要求以10万元的价格购买王某甲所有的房屋，王某甲不同意，后王某乙未经王某甲同意修改了涉案房屋的电表、电路，致使王某甲在该房屋居住时无法正常用电。

① 参见北京市顺义区人民法院（2022）京0113民初12680号民事判决书。

双方就涉案房屋归属问题协商不成，故王某甲将王某乙、王某丙及王某丁诉至法院，主张确认其与被告王某乙于 1984 年 11 月 14 日达成的分家单有效，并判令位于北京市顺义区××镇××村××号宅院内南数第一、二排共十间房屋归其所有，案件受理费由被告方负担。

庭审中，被告王某乙认可分家事实，但称原告王某甲所分四间房已被拆，分家单应属无效。另，王某乙称王某甲盖房时向后错了，相较原来老房的位置向后错了 2 米；如果王某甲承认该事实，王某乙就承认分家单有效。王某甲对此不予认可。王某丙、王某丁称不清楚分家一事，分家时没人告诉她们。

【判例分析】

一审法院于2023 年 3 月 15 日作出判决，确认原告王某甲与被告王某乙达成的分家单有效，位于北京市顺义区宅院内南数第一、二排共十间房屋归原告王某甲所有。王某乙不服，提起上诉，但其收到催缴案件受理费的通知后仍不予缴纳二审案件受理费，二审法院于 2023 年 5 月 22 日作出裁定：本案按上诉人王某乙自动撤回上诉处理。

法院生效裁判认为：（1）关于分家单效力问题。首先，分家析产的家庭各方当事人在分家单上签字或捺印并不是分家行为生效的必要条件，关键在于各方当事人意思表示真实并实际履行。涉诉分家单形成于 1984 年，根据当地风俗，由王某戊、王杲已、韩某为见证人，王某甲、王某乙在分家单上签名，故该分家单具有客观真实性。在当地农村地区，在女儿外嫁的情况下，分家时父母将家庭内的房屋作为主要财产分给儿子，同时约定儿子承担赡养义务，分家单中仅有儿子签字而无女儿签字甚为常见。因现行法律中对分家单如何签订并无明确规定，在此情况下应尊重当地的习惯，故王某丙、王某丁所提意见依据不足。其次，涉诉分家单形成于多年前，符合当时分家单的诸多特点和风俗习惯。结合各方按分家单对涉诉宅院使用多年之情形，综合考虑农村民俗习惯，可以认定该分家单系各方当事人真实意思表示。最后，结合各方当事人陈述、在案证据并考虑农村传统风俗习惯，涉诉分家单订立后即按照该分家单进行了财产的分割，考虑到分家单已实际履行多年，此后近四十年内各方对于涉诉宅院及房屋的分配方案并未提出异议，基于以上特定的事实，应对依照传统习俗订立的分家单予以尊重。另经审查，现有证据不足以证明涉诉分家单存在其他导致无效的情形，故对王某甲主张确认分家单有效的诉请予以支持。

（2）关于房屋所有权问题，因农村宅基地以家庭为单位，确权时家庭成员作为土地使用权人，并不代表宅院内房屋归属该人，故王某乙所提相关意见依据不足。另外，王某甲户口虽不在本村，但分家时已将涉诉宅院内前边原四间房屋分给王某甲，后王某甲即为原四间房屋的所有权人，宅基地确认登记在王某乙名下等情况不能推翻此前分家单确认的房屋分配方式，亦不产生原四间房屋发生物权变动的法律效果。按照诚信原则，考虑到分家和继承等实质相关因素，同时鉴于当时顺义区农村房屋翻建新建管理的实际情况，由王某甲出资将原四间房屋翻建成现有十间房屋，因此认定王某甲主张相关房屋的所有权并无不当，故对王某甲的该项诉请亦予以支持。

【风险提示】

所谓分家，即子女成家后与父母在居住、生活、消费以及财产归属上进行约定，亦指老人关于财产分配及赡养等一系列问题进行的确认和安排。分家析产协议是通过其记载的内容证明分家事实的具有法律意义的文书，在不违反法律的强制性或者禁止性规定的情况下，不仅具有权属的证明效力，而且对当事人具有民事法律上的约束力。分家析产协议不是要式法律行为，目前亦无法定形式要件，故在实践中形式不一，通常会涉及赡养、分家析产、继承、赠与等多个方面的内容。

常见的分家析产协议争议主要涉及以下几个问题：一是分家析产协议是否有效；二是分家析产协议的性质，主要是与赠与合同的区分，以确认该协议是否可以变更或者撤销；三是分家析产协议与遗嘱内容冲突时如何处理。

对于分家析产协议的效力而言，一般情况下，只要协议满足《民法典》第143条之规定，就会基于对当事人意思自治的尊重而认可其效力，并根据协议约定而处理纠纷财产的归属。审判实践中，当事人若主张分家析产协议无效，须举证证明签订时意思表示不真实，或者受欺诈、胁迫等情形，否则将面临因举证不能而承担不利后果的风险。

对于分家析产协议的性质而言，笔者认为，不能将其简单等同于赠与合同或者遗嘱等其他协议。分家析产协议作为家庭成员协商一致的对家庭共同共有财产进行分割的协议，应具有整体性，不可将部分条款割裂认定。分家析产协议与赠与合同具有明显区别，前者处分的标的主要是家庭共有财产，后者则是赠与人单方所有的财产；前者是多方家庭成员基于共同意思表示形成合意而达成的协议，撤销或者变更都需要经全体成员协商一致，后者则属于单务合同，在满足条件时赠与人可以行使任意撤销权；前者除了涉及家庭共有财产分配，通常还包括债务承担、老人赡养、子女抚养等义务分配，后者则是无偿合同。据此，不宜将分家析产协议简单等同于赠与合同。

对于分家析产协议与遗嘱内容冲突的处理而言，笔者认为，应首先认定该分家析产协议是否有效，并结合二者订立时间先后顺序确定效力。若分家析产协议有效，对于协议参与人而言，自签字确认后家庭共同财产即发生分割。分家析产协议生效后当事人另立遗嘱或者遗赠协议的，若涉及处分其个人财产且不违反法定要件，该遗嘱或者遗赠协议有效；若后续的遗嘱或者遗赠协议处分的财产分家后为他人所有，则该遗嘱或者遗赠协议不具备效力。

【律师建议】

当事人订立分家析产协议时，应确保其形式上符合相关合同的形式要件。为了便于保留并明确财产权利所属的相关证据，建议采取书面形式签订分家析产协议，必要时还可以根据当地习俗邀请家族长辈、村委会成员等第三人担任见证人。家庭成员协商一致对共有财产进行分割的，应尽可能确保各参与人及时签名、盖章或者按指印，以书面形式留存当事人对协议内容认可的证明。在条件允许的情况下，也可以考虑对分家析产协议的商定及签字过程进行录音、录像或者对协议申请公证，并及时保留、备份相关影像资料。涉及动产交付或者不动产登记等产权转移手续的，亦可以约定履行期限，并督促当事人及时履行相关义务。

一般认为，分家析产协议应包含立约人基本情况、分割财产细目、份额及所有人信息、债务安排、违约责任、签订具体时间及履约期限等内容。各当事人对分家的内容达成合意后，应尽可能将分家原因、分配原则、父母赡养及子女抚养等内容以书面形式完整体现于协议中。由于分家析产协议通常不仅仅涉及财产分配，还有可能包括债务清偿、赠与等内容，因此当事人要将家庭共有财产和家庭成员的个人财产区分清楚，以规避出现名为分家析产协议、实为赠与合同等情形，避免承担协议被撤销的风险。涉及财产份额放弃的，应尽可能明确、具体，否则不能当然推定当事人对现有财产的放弃。

有效的分家析产协议应由家庭成员共同参与并协商一致，故在确定协议内容时应尽可能不遗漏必要家庭成员，如缺乏劳动能力和生活来源的家庭成员，或者在家庭建房时出资或贡献较多的家庭成员等。在分家析产时，对于年老、年幼、患病或者其他没有独立生活能力的家庭成员，应作出妥善的安置，依法为其保留财产份额并商定其监护方案。无民事行为能力或者限制民事行为能力的家庭成员，应由其监护人代为行使权利，参与协议签订。对于已外嫁的家庭成员，也应当根据所有权归属的情形以及家庭建房时的具体贡献或出资份额确定有关财产份额。

【法条链接】

《中华人民共和国民法典》

第一百三十五条　民事法律行为可以采用书面形式、口头形式或者其他形式；法律、行政法规规定或者当事人约定采用特定形式的，应当采用特定形式。

第一百三十六条 民事法律行为自成立时生效，但是法律另有规定或者当事人另有约定的除外。

行为人非依法律规定或者未经对方同意，不得擅自变更或者解除民事法律行为。

第一百四十三条 具备下列条件的民事法律行为有效：

（一）行为人具有相应的民事行为能力；

（二）意思表示真实；

（三）不违反法律、行政法规的强制性规定，不违背公序良俗。

第三百零一条 处分共有的不动产或者动产以及对共有的不动产或者动产作重大修缮、变更性质或者用途的，应当经占份额三分之二以上的按份共有人或者全体共同共有人同意，但是共有人之间另有约定的除外。

第四百七十条 合同的内容由当事人约定，一般包括下列条款：

（一）当事人的姓名或者名称和住所；

（二）标的；

（三）数量；

（四）质量；

（五）价款或者报酬；

（六）履行期限、地点和方式；

（七）违约责任；

（八）解决争议的方法。

当事人可以参照各类合同的示范文本订立合同。

第三章
兼具人身属性与财产属性的婚姻家庭纠纷

兼具人身属性与财产属性的婚姻家庭纠纷的实质是因身份关系而产生的财产争议，如婚姻关系存续期间，夫妻双方达成的共同财产分割协议是带有身份属性的财产契约，一经订立即对夫妻双方产生法律约束力。这种财产属性的法律行为并非独立存在，通常与子女抚养、婚姻关系解除等问题组成有机整体。因此，兼具人身属性与财产属性的婚姻家庭纠纷在规则适用上常区别于一般的民事法律行为，笔者通过选取涉及人身属性与财产属性的婚姻家庭纠纷相关民事案由，以案例分析的形式提炼司法实践中的相关裁判观点。

具体而言，本章内容包括离婚纠纷、同居关系纠纷、抚养纠纷、扶养纠纷、赡养纠纷及离婚后损害责任纠纷六个小节。笔者通过六类案由、十二个案例的具体内容，为婚姻关系当事人针对兼具人身属性与财产属性的婚姻家庭纠纷提供相关风险提示和处理建议。

一、离婚纠纷

离婚是指夫妻双方通过履行法律规定的程序和条件解除婚姻关系，终止夫妻间权利和义务的法律行为。作为典型的复合之诉，离婚纠纷案件具有法律关系的复合性、财产分割的复杂性、子女抚养问题的多样性等特点。

引起离婚纠纷的原因有很多，主要包括夫妻双方订立的离婚协议的履行存在争议，离婚时夫妻一方对另一方处分夫妻共同财产的行为存在异议。离婚纠纷中对于财产的处置以及人身关系的处理不仅涉及婚姻关系内部的变动，还会涉及婚姻关系外部债权人等第三人利益的保护。下文将从实际的民事判决出发，基于离婚纠纷的特点和常见风险，为婚姻关系当事人提供风险防范与处理建议。

1. 夫妻单方网络直播打赏行为的认定

俞某梅、程某英等不当得利纠纷案[①]

【关键词】

夫妻共同财产处分　直播打赏行为　日常家事代理权

【案情简介】

俞某梅与柴某怠于2007年1月25日结婚，生有一子，现年10周岁。2020年2月1日，柴某怠因患癌症不治去世。程某英系某直播平台主播。柴某怠自2017年9月开始在俞某梅不知情的情况下，通过某直播平台对被告程某英持续打赏赠与，并私下保持不正当男女关系。经查，在2017年9月至2019年2月，柴某怠对被告打赏合计人民币404,513.3元。柴某怠于2019年2月被确诊晚期肠癌，在花费巨额救治费用后于2020年2月1日死亡，现俞某梅承担巨额债务。俞某梅在整理柴某怠遗物时发现其银行记录及手机微信中存在大量的打赏赠与及转账记录，其向程某英说明情况，要求归还打赏赠与款项，但程某英拒不退还。

俞某梅提起诉讼，请求判令被告程某英、被告北京某科技有限公司共同返还原告404,513.3元；其认为，柴某怠通过北京某科技有限公司平台对被告程某英充值打赏赠与行为，非法处置其夫妻共同财产，并且未经原告同意，将共同财产用于充值打赏，侵害了其合法权利。柴某怠的行为实际上导致家庭生活在其生病后陷入重大困难境地，更导致原告在其死后负债在身，事实上也侵害了年老父母赡养及未成年

① 参见浙江省金华市中级人民法院（2020）浙07民终4515号民事判决书。

子女抚养的权益。且基于柴某怠打赏赠与目的系出于与程某英保持不正当男女关系的积极追求，有违道德及善良风俗。从持续不断的打赏赠与次数和远超平常人的收入及正常打赏金额均可以看出，其打赏并非普通平台打赏。被告程某英、被告北京某科技有限公司通过被告程某英与柴某怠保持不正当男女关系，让柴某怠不断充值打赏赠与，以获取远超正常消费及打赏赠与金额的目的，都可以说明被告程某英、被告北京某科技有限公司的行为并非善意。因此，柴某怠未经原告同意处置大额夫妻共同财产的充值打赏赠与行为系无效行为，被告程某英、被告北京某科技有限公司取得该打赏款项的金额没有合法依据，系不当得利，应当依法返还原告。

【判例分析】

一审法院认为，案外人柴某怠使用夫妻共同财产购买北京某科技有限公司平台的虚拟货币，再使用该虚拟货币在程某英直播间购买虚拟的礼物进行打赏，其购买行为仅仅是对财产存在形式的转换，并未发生实质上的减损；处分夫妻共同财产并发生财产减损的行为应该是在程某英直播间赠送礼物的行为。用户赠送礼物的行为与主播的表演行为或者平台的运营行为均非对待给付义务，故不能视其为消费行为，应认定为赠与行为，柴某怠与程某英、北京某科技有限公司之间形成赠与合同关系。柴某怠与俞某梅在婚姻存续期间，其未经俞某梅同意，擅自处分夫妻共有财产计人民币402,391元，属于非法处置，且金额巨大，超出柴某怠的正常收入及合理的打赏金额；同时该行为系出于对不正当男女关系的追求，违反了公序良俗，应属无效，程某英、北京某科技有限公司理应返还该部分财产。程某英对柴某怠与俞某梅的夫妻关系是明知的，因此，程某英不属于善意第三人。柴某怠非法处置夫妻共有财产的行为无效，程某英、北京某科技有限公司基于该无效行为获取的利益，应予返还。

二审法院认为，本案实为网络服务合同纠纷。案外人柴某怠通过充值取得虚拟道具对程某英进行打赏并非无所得，不具备赠与合同所具有的单务性、无偿性，应为网络消费行为，而非赠与行为。柴某怠作为具有完全民事行为能力的成年人，有权选择消费的方式和种类，既应理性安排、管理自己的支出和消费，也应遵守其与该平台签订的用户协议。柴某怠在该网络平台的充值、打赏行为持续两年多的时间，充值数额以百元、千元为主，网络服务提供者在接受服务购买人支付的充值款时并无义务审查购买者的婚姻状况及是否已取得配偶同意，且网络服务提供者也无从推断柴某怠是否侵害他人的财产处分权。同时，夫妻双方对家庭财产具有平等的管理和使用权。俞某梅与柴某怠系共同生活的夫妻，对家庭的共同积蓄情况应进行了解和管理，但其在两年多时间内，对柴某怠任意使用夫妻家庭财产的行为并未有所管理和阻止，事实上对柴某怠在某平台的充值和打赏行为予以一定程度的放任。另外，俞某梅提供的证据尚不能证明柴某怠与程某英存在不正当男女关系或程某英的直播内容有违公序良俗，亦无程某英明知柴某怠已婚仍与柴某怠发生婚外不正当关系的确凿证据。据上，俞某梅认为本案应基于柴某怠赠与无效并按不当得利诉请程某英、北京某科技有限公司返还财产，缺乏事实和法律依据。

【风险提示】

当前我国司法实践中，与网络直播打赏相关的法律纠纷主要是夫妻一方申请退款造成的，争议焦点主要包括夫妻一方实施的网络直播打赏行为的法律性质，以及夫妻另一方能否对打赏主张返还。本案为夫妻一方未经配偶同意使用夫妻共同财产进行直播打赏的典型案件，两审法院对打赏行为的性质及效力持相反的观点，具有代表性。

就网络直播打赏行为法律性质的认定而言，有裁判观点认为，用户对主播的打赏行为是对主播表演内容的消费行为，其通过观看直播获得了精神上的满足，符合服务合同中以劳务作为给付内容的性质，主播并非单纯获利。也有裁判观点则认为，网络直播打赏具有单务性、无偿性特征，用户和主播都没有受到服务合同拘束的意思，用户进行打赏没有赋予主播相应的义务，故打赏应认定为赠与行为。

对于夫妻一方擅自打赏的款项，另一方是否有权主张返还的问题，实质为判断其打赏行为的效力问题。有裁判观点认为，根据《民法典》第1062条的规定，夫妻对共同财产有平等的处理权，因日常生活需要而处理夫妻共同财产的，任何一方均有权决定，但不能超过日常生活的必要限度。夫妻一方擅自处置夫妻共同财产，数额巨大且超过日常生活正常所需的，应认定为处分无效。此外，夫妻应当互相忠实、互相尊重，合法的婚姻关系受法律保护。打赏方与被打赏方存在不正当关系的，属于对合法婚姻关系的破坏，违反公序良俗，被打赏方取得款项不符合善意取得之要件，因此不足以对抗夫妻一方无权处分的法律后果，夫妻另一方有权就打赏款项主张返还。也有裁判观点认为，打赏方作为完全民事行为能力人，应遵守网络服务合同的约定。夫妻一方实施的充值、打赏行为往往呈现出小额、多次、长期的特征，其每次充值金额不必然侵害夫妻共同财产的处分权，且一般的充值、打赏等消费行为也属于居民日常生活所需，并未超出夫妻一方对共同财产的处分权范围。故夫妻另一方对打赏行为不具备撤销请求权。

由此可见，目前生效判决中对夫妻一方擅自使用夫妻共同财产充值并进行直播打赏行为的性质以及有关法律关系的认定存在分歧。

【律师建议】

对于夫妻一方未经配偶同意使用夫妻共同财产进行直播打赏的行为，配偶方可以根据该行为是否为日常生活所需，以及该行为是否超出夫妻共同财产处分权来选择不同的救济途径。

对于夫妻一方打赏行为是否为日常生活所需的问题，若打赏方观看的直播节目属于违反法律强制性规定或者公序良俗的不合规节目，配偶方可以根据《民法典》第153条及第157条之规定，请求直播平台或主播返还打赏款项；若打赏方观看的为正常、合规的直播项目，则应进一步判断该打赏行为是否超出夫妻共同财产处分权。对于交易所涉标的金额大小与家庭收入间的比例关系严重失衡、超出日常家庭生活所需的，打赏方使用夫妻共同财产进行巨额打赏的行为应认定为无权处分，属于侵害配偶的夫妻共同共有财产权益，接受打赏方取得打赏财产便不具有合法依据，构成不当得利。因此，配偶方可以行使不当得利请求权，对打赏款项主张返还。需要注意的是，接受打赏方属于善意得利人的，其返还义务范围以《民法典》第986条规定为限。

打赏方构成挥霍夫妻共同财产的，其配偶可以主张在婚姻关系存续期间分割夫妻共同财产。根据《民法典》第1066条之规定，婚姻存续期间，一方有隐藏、转移、变卖、毁损、挥霍夫妻共同财产或者伪造夫妻共同债务等严重损害夫妻共同财产利益的行为，夫妻另一方可以向人民法院请求分割共同财产。挥霍夫妻共同财产，通常指对夫妻共有的财产没有目的的、不符合常理的耗费致使其不存在或者价值减损，故当事人可以收集打赏方具体消费金额、消费次数、持续周期等证据，对于短期内远超过普通人的正常消费水平的打赏应认定为挥霍夫妻共同财产行为，当事人在充分举证证明的基础上可以请求对夫妻共同财产进行分割。若打赏方的配偶选择离婚，可以在离婚时根据《民法典》第1091条之规定请求相应的损害赔偿。另外，打赏方存在上述行为的，配偶方还可以在离婚分割夫妻共同财产时，根据《民法典》第1092条之规定请求对该方少分或者不分。即使已经离婚，对于尚未完成分割的、夫妻共同财产权利受侵害的一方依旧有权再次提起诉讼。

此外，基于民法意思自治原则的规定，当事人有权就夫妻双方之间的日常家事代理权限范围订立协议，将某些事项排除在外。需要注意的是，该协议仅在夫妻内部关系中具有约束力，对外不得对抗善意相对人。

【法条链接】

《中华人民共和国民法典》

第九百八十六条 得利人不知道且不应当知道取得的利益没有法律根据，取得的利益已经不存在的，不承担返还该利益的义务。

第一千零六十条 夫妻一方因家庭日常生活需要而实施的民事法

律行为，对夫妻双方发生效力，但是夫妻一方与相对人另有约定的除外。

夫妻之间对一方可以实施的民事法律行为范围的限制，不得对抗善意相对人。

第一千零六十二条 夫妻在婚姻关系存续期间所得的下列财产，为夫妻的共同财产，归夫妻共同所有：

（一）工资、奖金、劳务报酬；

（二）生产、经营、投资的收益；

（三）知识产权的收益；

（四）继承或者受赠的财产，但是本法第一千零六十三条第三项规定的除外；

（五）其他应当归共同所有的财产。

夫妻对共同财产，有平等的处理权。

第一千零六十六条 婚姻关系存续期间，有下列情形之一的，夫妻一方可以向人民法院请求分割共同财产：

（一）一方有隐藏、转移、变卖、毁损、挥霍夫妻共同财产或者伪造夫妻共同债务等严重损害夫妻共同财产利益的行为；

（二）一方负有法定扶养义务的人患重大疾病需要医治，另一方不同意支付相关医疗费用。

第一千零九十一条 有下列情形之一，导致离婚的，无过错方有权请求损害赔偿：

（一）重婚；

（二）与他人同居；

（三）实施家庭暴力；

（四）虐待、遗弃家庭成员；

（五）有其他重大过错。

第一千零九十二条 夫妻一方隐藏、转移、变卖、毁损、挥霍夫妻共同财产，或者伪造夫妻共同债务企图侵占另一方财产的，在离婚分割夫妻共同财产时，对该方可以少分或者不分。离婚后，另一方发现有上述行为的，可以向人民法院提起诉讼，请求再次分割夫妻共同财产。

2. 夫妻单方处分共有股权的效力问题

裴某安、刘某等股权转让纠纷案[1]

【关键词】

夫妻共有股权　处分行为　离婚财产分割

【案情简介】

深圳市和致汽车销售服务有限公司（以下简称和致公司）于2004年2月20日成立，企业类型为有限责任公司，成立时的注册资本为500万元。根据形成于2006年12月25日的《股东会决议》及2007年1月23日的《股权转让协议》，此时和致公司的股权情况为裴某安持股90%，姜某勃持股10%。2007年2月2日，和致公司变更法定代表人为裴某安。根据形成于2013年4月16日的《股东会决议》，和致公司将原注册资本500万元变更为800万元，裴某安持股93.75%，姜某勃持股6.25%，并办理了工商变更手续。根据形成于2016年12月13日的《股东会决议》及形成于2016年12月20日的《股权转让合同》，裴某安将其持有的和致公司55%的股份以1000元的价格转让给关某进。后根据形成于2017年1月12日的《股权转让合同》，姜某勃将其持有的和致公司6.25%的股份以50万元的价格转让给裴某安，关某进将其持有的和致公司15%的股份以120万元的价格转让给裴某安。此时和致公司的股权情况为裴某安持股60%，关某进持股40%。根据形成于2018年3月22日的《股东会决议》及《股权转让协议书》，裴某安将其持有的和致公司60%的股份以480万元的价格转让给刘某。

① 参见广东省深圳市中级人民法院（2020）粤03民终29074号民事判决书。

王某与裴某安于1986年10月7日登记结婚，后于2018年2月9日起诉裴某安，要求离婚。在离婚诉讼过程中，王某发现，裴某安在婚姻关系存续期间，先后向关某进、刘某恶意转让股权来达到转移婚内财产的目的。为了能够在离婚财产分割时分割相应股权，王某对于裴某安于2016年12月20日向关某进转让和致公司15%的股权的行为另案起诉，人民法院以（2020）粤03民终7159号判决书认定裴某安与关某进恶意转让股权行为无效。

王某再次提起诉讼，请求确认裴某安与刘某于2018年3月22日签订的《深圳市和致汽车销售服务有限公司股权转让合同书》无效，刘某将持有的和致公司60%的股份返还到裴某安名下。

另查明，公示的工商登记信息显示，和致公司的法定代表人仍为裴某安。

【判例分析】

一审法院作出（2019）粤0305民初26984号民事判决，确认裴某安将和致公司60%股权转让给被告刘某的《深圳市和致汽车销售服务有限公司股权转让合同书》无效，刘某应于判决生效之日起30日内将其名下的和致公司60%的股权变更工商登记至裴某安名下。裴某安、刘某不服原审判决，提起上诉。二审法院于2021年12月24日作出判决：驳回上诉，维持原判。

法院生效裁判认为：首先，裴某安转让的和致公司的股份属于其与王某的夫妻共同财产，其转让行为并未取得王某的同意。虽然法律没有明文规定股权转让必须征得登记股东配偶的同意，但股权所对应的价值确实属于夫妻共同财产。王某2018年2月9日起诉离婚，裴某安于2018年3月22日向刘某转让和致公司60%的股权，在该情形下，对涉案股权转让是否真实、合理，应作出更为严格的审查，以防止夫妻一方转移或者以明显不合理低价转让财产，造成另一方损失。

其次，涉案股权转让存在诸多疑点和不合常理之处，裴某安、刘某未能作出合理解释。一是刘某支付转让款的480万元来源于案外人盛某。根据另案查明的事实，裴某安、盛某和刘某均为深圳市腾达恒升科技有限公司的股东，刘某虽自称相应款项属于合作项目收益的结算及借款，但缺乏证据证实，且与其在一审第一次庭审时自称的“自有资金”不符。二是裴某安与刘某于2018年3月22日签订涉案《股权转让协议书》，在刘某尚未收到盛某的转款且未将相应款项支付给和致公司的情况下，裴某安与刘某二人已办理工商变更登记手续。三是股权转让时，双方未对股权价格进行市场评估，裴某安提交的和致公司2016年、2017年所有者权益远远超过和致公司的注册资本800万元，但双方却以注册资本计算出60%的股权价值，股权对价明显不合理。四是涉案股权转让后，裴某安至今还是和致公司总经理兼法定代表人，仍参与和致公司的经营管理，其个人账户仍用于公司资金的流转，而刘某未能提交证据证明其受让股权后，参与了和致公司的经营管理。

最后，王某虽未能提交直接证据证明刘某主观恶意的存在，但根据上述对涉案股权转让背景、合同订立主体的关联关系、合同约定的内容以及合同的实际履行等因素的分析，本案现有间接证据所形成的证据链亦能达到排除合理怀疑的证明标准，因此一审认定并无不当。

【风险提示】

随着时代发展，家庭财富形式已不仅局限于存款、房产等家庭内部的财产形式，而呈现多样化特征，如股权等兼具人身权和财产权属性的权利。婚姻关系存续期间，夫妻一方以个人名义与他人设立公司，在双方因感情破裂而离婚时，常出现持股配偶未经非持股方同意而擅自处分名下股权的情形。此时股权是否属于夫妻共同财产、持股配偶单方处分股权是否有效等问题，是实践中较为常见的纠纷类型。

在没有明确法律条文对上述问题盖棺定论的情形下，司法实践中对此存在较大争议。就夫妻股权归属的认定而言，有裁判观点认为，夫妻在婚姻关系存续期间，一方投资取得股权的，无论是否登记在一人名下，在夫妻双方未约定其他特别财产制的情况下，都应当认定为夫妻共同财产，对股权形成共同共有。也有裁判观点认为，股权转让的主体是股东本人而不是其所在的家庭。夫妻关系存续期间，并没有登记股东转让股权需要经过未持股配偶同意的规定。对于自然人股东而言，在权利外观上，其各项具体权能应由股东本人独立行使，不受他人干涉。在对夫妻股权归属作出认定后，对于持股配偶单方处分股权的效力认定亦未能达成一致裁判规则。一种裁判观点认为，股权为夫妻共有财产，夫妻双方在婚姻关系存续期间对股权享有平等的处分权。如果婚姻关系中持有股权一方在配偶不知情的情况下擅自转让股权，则股权转让效力需结合股权转让行为是否存在恶意串通、受让人是否善意、股权转让过程有无损害未持股配偶利益作出判断。另一种裁判观点认为，在认定股权转让不具有双方意思表示不真实、违反法律强制性规定等无效情形后，持股配偶进行股权转让无须经另一方配偶同意，对于未持股配偶以股权转让未经其同意而无效的主张不予支持。

值得注意的是，《最高人民法院关于适用〈中华人民共和国民法典〉婚姻家庭编的解释（二）（征求意见稿）》第8条规定："夫妻一方转让登记在自己名下的有限责任公司股权，另一方以未经其同意侵犯夫妻共同财产权为由请求确认转让合同无效的，人民法院不予支持，但有证据证明转让人与受让人恶意串通损害另一方合法权益的除外。"该条拟确立夫妻一方转让自己名下有限责任公司股权的效力认定规则，即以股权转让有效为原则，以股权转让无效为例外。如无恶意串通损害另一方利益等导致合同无效的情形，登记为股东的一方应按约定履行股权转让义务，但因转让该股权而取得的收益属于夫妻共同财产。

【律师建议】

婚姻关系中持股一方单方处分共有股权的，股权未登记一方可以通过以下途径维护权益。

在夫妻共有股权存续期间，当事人可以约定设置明确的股权处分权属范围。对于股权未登记配偶的保护不仅仅限于其知情权，还包括相应的处分参与权，因此当事人可以就共有股权的处分方式、具体价格等事项进行磋商，并通过书面形式做好规定，既保护未登记一方配偶的参与权，也防止其恶意干扰正常的股权处分交易，避免影响股权正常流转。此外，当事人也可以通过协议约定夫妻间相互的财产告知义务，并约定相应的违约责任。夫妻一方以共同财产出资成立公司的，可以约定持股方每年制作书面财产清单，告知共同财产情况，以保障夫妻各自财产的利益。

非持股方配偶有证据证明股权转让行为是夫妻一方与第三人的恶意串通，其目的是转移夫妻婚内共同财产、损害己方利益的，可以根据《民法典》第 154 条之规定主张转让合同无效。在此情况下，建议非持股方配偶围绕股权转让款的来源、是否实际支付、款项去向以及股权转让时间与离婚诉讼时间的间隔、转让价格与市场价值的差异、出让方后续是否参与公司经营等，尽早收集和整理与股权相关的资料，如股权证明、公司章程、股东协议、股权转让合同等文件，以降低因证据不足而可能导致的风险。

持股方非经同意的擅自处分共有股权行为，构成隐藏、变卖甚至毁损、挥霍夫妻共同财产之不法行为，严重损害夫妻共同财产利益的，非持股方配偶可以根据《民法典》第 1066 条第 1 项之规定，在婚姻关系存续期间主张分割夫妻共同财产。因持股方处分行为造成经济损失的，非持股方配偶亦可以在离婚时向持股方请求赔偿，或者根据《民法典》第 1092 条之规定要求在离婚分割夫妻共同财产时，持股方少分或者不分。

在认定婚姻关系中持股一方单方处分共有股权为有权处分的情况下，另一方配偶在离婚分割夫妻共同财产时，可以主张对股权转让款进行分割，以获得金钱补偿。

【法条链接】

《中华人民共和国民法典》

第一百五十四条　行为人与相对人恶意串通，损害他人合法权益的民事法律行为无效。

第一百五十七条 民事法律行为无效、被撤销或者确定不发生效力后，行为人因该行为取得的财产，应当予以返还；不能返还或者没有必要返还的，应当折价补偿。有过错的一方应当赔偿对方由此所受到的损失；各方都有过错的，应当各自承担相应的责任。法律另有规定的，依照其规定。

第一千零六十二条 夫妻在婚姻关系存续期间所得的下列财产，为夫妻的共同财产，归夫妻共同所有：

（一）工资、奖金、劳务报酬；

（二）生产、经营、投资的收益；

（三）知识产权的收益；

（四）继承或者受赠的财产，但是本法第一千零六十三条第三项规定的除外；

（五）其他应当归共同所有的财产。

夫妻对共同财产，有平等的处理权。

第一千零六十六条 婚姻关系存续期间，有下列情形之一的，夫妻一方可以向人民法院请求分割共同财产：

（一）一方有隐藏、转移、变卖、毁损、挥霍夫妻共同财产或者伪造夫妻共同债务等严重损害夫妻共同财产利益的行为；

（二）一方负有法定扶养义务的人患重大疾病需要医治，另一方不同意支付相关医疗费用。

第一千零九十二条 夫妻一方隐藏、转移、变卖、毁损、挥霍夫妻共同财产，或者伪造夫妻共同债务企图侵占另一方财产的，在离婚分割夫妻共同财产时，对该方可以少分或者不分。离婚后，另一方发现有上述行为的，可以向人民法院提起诉讼，请求再次分割夫妻共同财产。

《最高人民法院关于适用〈中华人民共和国民法典〉婚姻家庭编的解释（一)》

第七十二条 夫妻双方分割共同财产中的股票、债券、投资基金份额等有价证券以及未上市股份有限公司股份时，协商不成或者按市价分配有困难的，人民法院可以根据数量按比例分配。

3. 夫妻忠诚协议的认定及适用

赵某、胡某离婚纠纷案①

【关键词】

夫妻忠诚协议 效力认定 损害赔偿

【案情简介】

原告赵某、被告胡某系再婚，双方在原盘县人民政府婚姻登记机关登记结婚，取得结婚证。在登记结婚前，被告曾于2015年3月19日向原告出具一份婚前协议，内容为："我胡某：如果有一天不要赵某。和背叛赵某。我所有财产都归她所有。我有一辆车和房子都归赵某所有。如果我胡某违反哪一条，我都净身出户。"原、被告双方婚后未生育子女。2018年4月18日，原告向法院提起诉讼，请求判决与被告离婚，法院经审理后作出（2018）黔0222民初2650号民事判决书，判决驳回原告的诉讼请求。后原告又于2019年5月29日向法院提起诉讼，请求判决与被告离婚。法院经审理后作出（2019）黔0222民初4736号民事判决书，准许原、被告离婚。现原告以法院未对夫妻共同财产分割，且被告向其出具一份协议为由向法院提起诉讼。

被告胡某辩称，原、被告在婚姻关系存续期间没有共同财产，原告所主张的房屋和车辆属于被告婚前财产，原告无权请求分割。原、被告所签的协议，该协议违反法律的强制性规定，属于无效协议。被告在婚姻存续期间有借款20,000元，系借给原告治病，请求原告与被告共同承担。

---

① 参见贵州省六盘水市中级人民法院（2021）黔02民终2179号民事判决书。

【判例分析】

法院生效裁判认为：该案首先应当明确被告向原告出具的婚前协议的性质。双方在协议中约定，如果被告不要原告和背叛原告，则被告的财产都归原告所有。该协议应是双方为维护婚姻关系的稳定所作的“忠诚协议”，该忠诚协议对维护婚姻关系稳定具有积极作用。但是夫妻之间是否忠诚属于情感道德领域的范畴，夫妻双方之间订立的忠诚协议应当本着诚信自觉自愿履行，不应赋予其强制执行效力。法律不阻止夫妻之间在结婚前后签订此类协议，但是不应由法律赋予其强制执行力。同时，2001 年《婚姻法》第 4 条的本质在于提倡夫妻之间互相忠实，但并不以此来将该义务强加给公民。法律允许夫妻对财产关系及婚后所取得财产的分配等进行约定，但是不允许通过协议来设定人身关系。人身权系法定权，不能通过合同来调整。本案中，原、被告之间所签订的忠诚协议的内容，应属道德情感领域的范畴，不宜由法律干预调整赋予其强制执行力，该协议的履行应是被告方本着诚信原则自愿自觉履行。原告依照该协议向法院提起诉讼要求确认案涉房屋及车辆归原告所有，于法无据，不予支持。

【风险提示】

所谓夫妻忠诚协议，是指夫妻双方在平等自愿的基础上，通过协商，在婚前或者婚后围绕忠诚义务的履行与责任订立的协议。《民法典》第 1043 条第 2 款规定，夫妻应当互相忠实，互相尊重，互相关爱；家庭成员应当敬老爱幼，互相帮助，维护平等、和睦、文明的婚姻家庭关系。该款是现行法律中对夫妻忠诚义务的原则性规定，当事人往往选择订立夫妻忠诚协议对该义务予以扩大适用。一般来说，夫妻忠诚协议主要有三种类型：一是财产型夫妻忠诚协议，常表现为夫妻双方约定违反忠诚义务一方向另一方给付一定数额的赔偿金，或者放弃在离婚时分割夫妻共同财产的权利。二是人身型夫妻忠诚协议，主要是围绕子女抚养权与探望权，对违反忠诚义务一方提出离婚的权利进行约定，如一方违反夫妻忠诚义务后不得提出终止婚姻关系，或者直接视之为双方婚姻关系终止。三是混合型夫妻忠诚协议，即在忠诚协议中同时约定违反忠诚义务方的财产责任和人身后果。

就夫妻忠诚协议的适用条件来看，应以合法有效的婚姻为前提。同居关系下双方当事人订立的忠诚协议，应认为不具有法律效力。夫妻之间有相互忠诚的义务，同居关系的当事人仅为恋人关系，在恋爱期间有选择保持或者终止恋爱关系的权利，其对感情的忠诚义务应区别于夫妻之间的义务，故同居关系的当事人通过订立忠诚协议创设义务的，很有可能不获得司法支持。

目前，司法实践对于夫妻忠诚协议是否有效的认定仍有争议，主要有无效、有效和不作效力认定这三种情形，其中判决协议有效的还存在部分有效和全部有效的差异。就不承认夫妻忠诚协议效力的裁判观点而言，主要是认为忠诚协议的内容违反了法律强制性规定和平等原则，如剥夺一方的法定探望权、取得子女抚养权等法定权利或者限制一方离婚自由等，因此该种协议应认定无效。就认定夫妻忠诚协议有效的裁判观点而言，主要依据《民法典》第 143 条对协议效力进行认定，认为双方订立夫妻忠诚协议时不存在受胁迫、受欺诈或者显失公平等情形，且夫妻忠诚协议内容不违反法律强制性规定、不损害他人及社会公共利益，基于对当事人意思自治的尊重，对双方达成合意订立的协议效力应予以认可。就对于夫妻忠诚协议不作效力认定的裁判观点而言，主要是根据《最高人民法院关于适用〈中华人民共和国民法典〉婚姻家庭编的解释（一）》第 4 条之规定，认为夫妻之间签订忠诚协议属于情感道德范畴，应由当事人基于诚实信用原则自觉履行，法律虽不禁止双方签订忠诚协议，但也不赋予此类协议以强制执行力。因此，当事人就夫妻忠诚协议的履行单独提起诉讼的，法院将不予受理；在其他相关诉讼中一并主张夫妻一方根据忠诚协议的约定履行义务的，亦存在法院不予支持请求的风险。

【律师建议】

夫妻忠诚协议作为一种原则上有效的身份协议，因涉人身属性无法强制履行。当事人拟订立夫妻忠诚协议的，也应满足一定的要件。

第一，夫妻忠诚协议的签署应以双方自愿为前提。根据《民法典》对民事法律行为的效力规定，夫妻双方签订忠诚协议必须基于真实意思表示达成合意，若一方以另一方重婚、与他人同居等违反忠诚义务的事实要求其签订忠诚协议，以期在日后维权中获得相应经济赔偿，很可能被认为存在当事人受胁迫而订立协议的情形，导致夫妻忠诚协议效力存疑，增加守约方维权风险和负担。

第二，夫妻忠诚协议约定财产性惩罚责任时应当合理。双方约定的赔偿金额和方案应符合实际收入情况和预设的过错程度，类似“净身出户”这种完全剥夺违反忠诚义务一方财产权利的约定容易在司法实践中认定为严苛的惩罚性规定，难以获得司法支持。建议协商赔偿金额时参照当地生活水平、当事人财产情况及支付能力等因素予以确定，涉及财产分割的应指明某一特定财产权利的分配，并注重平等原则的体现，避免对一方设置过重的义务或者责任而显失公平。

第三，夫妻忠诚协议不应包含限制违反忠诚义务方人身自由及涉及亲子关系的条款。根据《民法典》第 1086 条第 1 款之规定，离婚后，不直接抚养子女的父或者母，有探望子女的权利，另一方有协助的义务。子女抚养权、探望权等人身权利由法律明文规定，父母对子女的抚养、教育权利和义务不因婚姻感情状态的改变而丧失，当事人订立协议对一方人身权利予以限制或者剥夺的，属无效条款。此外，若夫妻在忠诚协议中约定，一方违反忠诚义务则视为满足法定离婚条件或构成离婚事由，亦因违反法律强制性规定而归于无效。婚姻关系的终止须满足法定要件，当事人通过协议的方式限制夫妻一方选择婚姻状态自由的，因违反强制性规定而无效。

第四，夫妻忠诚协议的内容应当明确具体、具有可操作性。若仅在协议中作原则性表述，无翔实的行为界定和违约后果，如约定“一旦发生违反忠诚义务的事实即承担不利后果”等，则其难以作为当事人主张分割夫妻共同财产或者其他赔偿的依据。

基于夫妻忠诚协议在实践适用中针对效力认定仍有较大争议，笔者建议，当事人可以利用夫妻忠诚协议固定有利事实，以争取在出现其他维权情形时将该协议转化为证据使用。例如，通过书面形式在协议中载明对方重婚、与他人同居等违反忠诚义务的具体行为和明确事实，为日后追索夫妻共同财产或者请求离婚补偿时提供证据支持。

需要注意的是，夫妻之间签订忠诚协议的，并不能免除相应的举证责任，在诉讼中仍要对一方违反义务的事实进行举证。在诉讼中仅提供忠诚协议而没有录音录像、照片、转账记录等其他证据的，不足以证明一方违背夫妻忠诚义务，亦不能按照该协议履行。

综上，夫妻双方拟订立忠诚协议的，应在双方自愿的前提下协商，避免出现显失公平、权利义务不平等的情形，不得违反法律强制性规定，如约定限制另一方离婚权利、孩子抚养权以及探望权。另外，建议当事人尽可能签署合法有效的夫妻财产约定等协议，以避免夫妻忠诚协议不被法院认可的风险。

【法条链接】

《中华人民共和国民法典》

第一百四十三条　具备下列条件的民事法律行为有效：

（一）行为人具有相应的民事行为能力；

（二）意思表示真实；

（三）不违反法律、行政法规的强制性规定，不违背公序良俗。

第四百六十四条　合同是民事主体之间设立、变更、终止民事法律关系的协议。

婚姻、收养、监护等有关身份关系的协议，适用有关该身份关系的法律规定；没有规定的，可以根据其性质参照适用本编规定。

第一千零四十三条　家庭应当树立优良家风，弘扬家庭美德，重视家庭文明建设。

夫妻应当互相忠实，互相尊重，互相关爱；家庭成员应当敬老爱幼，互相帮助，维护平等、和睦、文明的婚姻家庭关系。

第一千零八十六条 离婚后，不直接抚养子女的父或者母，有探望子女的权利，另一方有协助的义务。

行使探望权利的方式、时间由当事人协议；协议不成的，由人民法院判决。

父或者母探望子女，不利于子女身心健康的，由人民法院依法中止探望；中止的事由消失后，应当恢复探望。

《最高人民法院关于适用〈中华人民共和国民法典〉婚姻家庭编的解释（一）》

第四条 当事人仅以民法典第一千零四十三条为依据提起诉讼的，人民法院不予受理；已经受理的，裁定驳回起诉。

4. 离婚协议中给予子女财产条款的效力认定

马某甲、孟某赠与合同纠纷案[①]

【关键词】

离婚协议　财产约定条款　子女履行请求权

【案情简介】

马某甲与孟某于1988年10月8日登记结婚，婚后生育长女马某方、长子马某乙（离婚时未成年）。2014年7月21日，双方因感情不和在抚松县民政局协议离婚。双方约定，婚生子马某乙由马某甲抚养；位于万良镇的门市房和仁义村的个人二层楼房产权都归儿子马某乙所有，迈腾家用轿车归男方所有，男方另外给女方10万元。该协议书中涉及的门市房位于万良镇万福村，建筑面积为266平方米，所有权登记在马某甲名下，并由马某甲实际居住。位于万良镇仁义村的二层楼房，现由孟某居住，该楼房建筑面积379.79平方米，已办理建设工程规划许可证，但尚未办理不动产登记手续，该房屋因孟某所欠案外人单某债务，2021年7月6日经单某申请，抚松县人民法院对该房屋采取了保全措施。马某乙于2021年6月高中毕业，现正在读大学。

马某甲向吉林省抚松县人民法院起诉，请求判令孟某履行离婚协议书第2条，孟某协助更名过户至马某乙名下，并确认诉争房屋归马某乙所有。

【判例分析】

一审法院认为，马某甲与孟某离婚时，对子女及财产达成的协议，

---

① 参见吉林省白山市中级人民法院（2022）吉06民终371号民事判决书。

系双方当事人的真实意思表示，双方现有证据不能证实存在胁迫、欺诈等行为，故该协议合法有效，应予确认，双方应当按照约定履行各自的权利义务。关于双方约定将财产赠与婚生子能否反悔的问题，根据《民法典》第657条的规定，赠与合同是赠与人将自己的财产无偿给予受赠人，受赠人表示接受赠与的合同。马某甲与孟某虽然约定将房屋赠与子女，但根据《民法典》第658条及第663条的规定，赠与人依然享有对所赠与财产进行撤销的权利，即任意撤销权及法定撤销权。从本案来看，受赠人马某乙未出现以上所列情形，孟某不具备行使法定撤销权的理由。但孟某行使任意撤销权，符合上述法律规定，对其反悔赠与的辩解主张应予以采信。由于双方行使的是对房屋的赠与权，根据《民法典》第209条之规定，不动产物权经过依法登记才能发生物权效力，未经登记不发生效力。案涉房屋中位于万良镇万福村的门市房已登记在马某甲名下，虽然未登记在孟某名下，但该房屋依然是双方离婚时的共同财产，现马某甲同意将该房屋赠与马某乙，孟某负有协助过户登记的义务。孟某居住使用的位于万良镇仁义村的房屋，既没有办理物权登记手续，且孟某不同意将房产赠与马某乙，因此，马某甲要求孟某将该房屋一并过户至马某乙名下的诉讼请求缺乏法律依据，一审法院不予以支持。

二审法院认为，关于马某甲是否系本案适格原告问题，根据《最高人民法院关于适用〈中华人民共和国民法典〉婚姻家庭编的解释(一)》第69条第2款之规定，马某甲作为离婚协议的一方当事人要求孟某履行离婚协议中约定的房产赠与内容，主体适格。关于离婚协议中约定的房产赠与内容的性质问题，本案中，马某甲与孟某离婚协议中约定“位于万良镇的门市房和仁义村的个人二层楼房产权都归儿子马某乙所有”，此协议究竟属于离婚协议的一个组成部分还是单独的民事赠与合同，这是本案定性的关键。离婚协议包括三项基本内容，即双方离婚的意思表示、夫妻共同财产的分配问题及未成年子女的抚养问题。离婚协议约定房屋赠与子女是一种以解除双方身份关系为目的的赠与行为，具有一定的道德义务性质。本案中，双方在离婚时约定将诉争房产赠与马某乙作为离婚给未成年子女马某乙的补偿，系双方为了解除婚姻关系而对财产进行的特殊约定，是离婚协议的组成部分，并非单纯的民事赠与合同。马某甲与孟某的夫妻关系已因离婚协议而解除，且离婚协议的其他内容也已履行，故离婚协议中房产赠与的内容对马某甲与孟某当然发生法律效力。根据《民法典》第658条的规定，本案所涉离婚协议中约定赠与房产份额行为是建立在解除原有婚姻关系这一特定身份关系的基础之上，具有一定的道德义务性质，因此不能任意撤销。一审法院认定孟某可以行使任意撤销权属适用法律不当，二审法院予以纠正。

【风险提示】

双方当事人共同签署的离婚协议书是办理离婚登记的必备材料。夫妻双方在协议离婚时，常常基于给予婚生子女经济保障、平衡双方的财产利益等目的，在离婚协议中约定房屋或其他财产在离婚后归属子女所有。因离婚协议中给予子女财产条款引发的纠纷主要分为三种类型：一是子女或父母一方基于离婚协议，起诉要求一方或双方根据离婚协议的约定交付财产并配合办理相关手续。二是父母一方起诉要求解除或撤销离婚协议中给予子女财产的条款。三是子女在执行案件中提出执行异议，以其对系争财产享有请求权为由要求排除强制执行。

这类纠纷的核心争议为如何认定离婚协议中给予子女财产条款的性质与效力，对此审判实践中存在不同的处理方式。有裁判观点认为，当事人通过离婚协议约定给予子女财产条款合乎《民法典》关于赠与合同的规定。根据《民法典》第658条之规定，如未办理权属变更登记、未交付或者未经过公证，该财产的权属亦未发生实际转移，赠与人可随时撤销赠与行为。有的意见认为，给予子女财产的条款虽具有赠与性质，但不应适用《民法典》第658条关于任意撤销权的规定，理由在于离婚协议不同于一般意义上的合同，其中关于财产分割的内容系对婚姻存续期间共同财产的处分约定，具有强烈的人身属性。离婚协议中约定给予子女的财产实际上是夫妻对各自享有份额的处分达成一致，不仅对当事人具有法律约束力，而且具有保护、照顾未成年子女权益的更高目的，故不应适用任意撤销权条款。也有裁判观点认为，离婚协议中给予子女财产的约定并非在父母与子女之间形成赠与合同关系，其实质应为第三人利益条款。根据《民法典》第657条之规定，离婚协议的主体为夫妻双方，二者达成将财产给予子女的约定，往往欠缺子女的意思表示，父母与子女据此建立赠与合同关系，有违合同相对性。而且，夫妻将特定财产给予子女，通常以对方在其他方面作出让步为前提，这种财产处理的安排并不具有赠与合同无偿性的本质特征。故离婚协议中给予子女财产的约定，自始即以子女取得特定财产为目的，应定性为《民法典》第522条中的第三人利益条款，排除了《民法典》赠与合同规则的适用。

【律师建议】

首先，就约定内容而言，当事人可在离婚协议中详细约定交付动产或者办理不动产过户登记的日期、双方配合义务等条款，并约定一方未按约定履行协议的违约责任，如未及时足额履行的一方应承担相应的违约金，以增加违约成本，约束协议双方当事人。需要注意的是，夫妻在离婚协议中约定财产归子女所有的，若订立协议后夫或妻一方后悔约定而拒绝履行义务，根据合同的相对性，法院可能对子女请求父或母履行协议约定义务的权利不予支持。根据《民法典》第522条之规定，当事人约定由债务人向第三人履行债务，债务人未向第三人履行债务或者履行债务不符合约定的，应当向债权人承担违约责任；当事人约定第三人可以直接请求债务人向其履行债务，第三人未在合理期限内明确拒绝，债务人未向第三人履行债务或者履行债务不符合约定的，第三人可以请求债务人承担违约责任。据此，建议当事人在离婚协议中明确约定子女可以直接请求财产所有人履行给付义务或者办理过户登记的权利，通过赋予子女直接请求权的方式降低未来权利落空的风险。

其次，建议当事人及时就离婚协议办理公证，证明双方为解除婚姻关系而就离婚的合意、子女抚养、财产分割等问题签订协议行为的真实性、合法性。当事人约定离婚后房产归属子女的，若涉案房产因贷款尚未结清等原因暂时无法完成过户，即使该约定在后续诉讼中被认定为赠与性质，当事人亦可根据《民法典》第658条第2款之规定排除另一方任意撤销权的适用，以保障离婚协议内容的实现。

最后，当事人应督促财产所有人及时完成权利转移程序。涉及动产给付的，应及时依照约定完成交付；涉及债权转让的，债权人应及时告知债务人相关事项，并且及时留存与债务人沟通的聊天记录、录音录像等材料，便于后续在纠纷中举证；涉及不动产给付的，当事人应督促不动产所有人配合办理变更登记手续。一方不履行离婚协议约定的财产给付义务的，另一方有权请求其承担继续履行或者因无法履行而赔偿损失等民事责任。

此外，当事人还可以选择与子女另行签订财产赠与合同，依照赠与合同的订立规则明确赠与人与受赠人的基础身份信息、赠与财产范围、违约责任及争议解决方式等内容，涉及房产类的赠与还应在协议中说明相关税费由哪一方负担。赠与合同订立后，建议及时办理公证手续，以避免夫妻一方主张行使任意撤销权。

综上所述，夫妻双方基于合意拟通过离婚协议给予子女财产的，可以在离婚协议中约定子女享有请求房屋所有人将房屋过户给自己的请求权，并在协议订立后及时办理公证，以尽可能避免子女无法获得财产的风险。夫妻双方亦可共同与子女另行签订赠与合同，明确约定赠与财产范围，以避免离婚协议中给予子女财产条款因性质争议而无法实现子女获得财产的目的。

【法条链接】

《中华人民共和国民法典》

第五百二十二条　当事人约定由债务人向第三人履行债务，债务人未向第三人履行债务或者履行债务不符合约定的，应当向债权人承担违约责任。

法律规定或者当事人约定第三人可以直接请求债务人向其履行债务，第三人未在合理期限内明确拒绝，债务人未向第三人履行债务或者履行债务不符合约定的，第三人可以请求债务人承担违约责任；债务人对债权人的抗辩，可以向第三人主张。

第六百五十七条 赠与合同是赠与人将自己的财产无偿给予受赠人，受赠人表示接受赠与的合同。

第六百五十八条 赠与人在赠与财产的权利转移之前可以撤销赠与。

经过公证的赠与合同或者依法不得撤销的具有救灾、扶贫、助残等公益、道德义务性质的赠与合同，不适用前款规定。

第六百六十三条 受赠人有下列情形之一的，赠与人可以撤销赠与：

（一）严重侵害赠与人或者赠与人近亲属的合法权益；

（二）对赠与人有扶养义务而不履行；

（三）不履行赠与合同约定的义务。

赠与人的撤销权，自知道或者应当知道撤销事由之日起一年内行使。

《最高人民法院关于适用〈中华人民共和国民法典〉婚姻家庭编的解释（一）》

第六十九条 当事人达成的以协议离婚或者到人民法院调解离婚为条件的财产以及债务处理协议，如果双方离婚未成，一方在离婚诉讼中反悔的，人民法院应当认定该财产以及债务处理协议没有生效，并根据实际情况依照民法典第一千零八十七条和第一千零八十九条的规定判决。

当事人依照民法典第一千零七十六条签订的离婚协议中关于财产以及债务处理的条款，对男女双方具有法律约束力。登记离婚后当事人因履行上述协议发生纠纷提起诉讼的，人民法院应当受理。

第七十条　夫妻双方协议离婚后就财产分割问题反悔，请求撤销财产分割协议的，人民法院应当受理。

人民法院审理后，未发现订立财产分割协议时存在欺诈、胁迫等情形的，应当依法驳回当事人的诉讼请求。

5. 离婚协议中约定违约金条款的认定

邓某、刘某甲离婚纠纷案①

【关键词】

离婚协议 违约金条款 公平原则

【案情简介】

邓某与刘某甲在湖南省益阳市资阳区民政局登记结婚，婚后生育女孩刘某乙，男孩刘某丙。2018 年 1 月 19 日原、被告在民政局协议离婚。双方签订的离婚协议约定："一、子女抚养，婚生两小孩归女方抚养，男方每月 5 日前付抚养费 10,000 元整，共交 5 年，5 年后双方再行协商。男方可在合理情况下事先约定探望子女，女方不得拒绝。二、财产处理：1. 电脑店归男方所有，该店的欠款及收益归男方所有。2. 709房产归男方所有，该房欠款及收益归男方所有。3. 5 – 2 商品房归男方所有，该房欠款及收益归男方所有。4. 科雷傲 SUV 汽车归男方所有。5. 104 铺归女方所有，该铺欠款及收益归女方所有。6. 103 铺归女方所有，该铺欠款及收益归女方所有。7. 男方于 2018 年 3 月 15 日前补偿女方 15 万元整。若超出日期按每月补偿女方 3000 元。8. 男方于 2018 年至 2022 年每年补偿女方 4 万元整（共计 20 万元整）。超出日期按每月 3000 元补偿女方。三、债权债务处理：男方负责偿还女方 12. 5 万元债务。各自债权债务各自处理。"

【判例分析】

一审法院认为，原、被告已经自愿离婚，离婚协议中关于财产分

① 参见湖南省桃江县人民法院（2019）湘 0922 民初 1444 号民事判决书。

割、抚养权归属的条款，只有语句不通等瑕疵，基本内容清楚，没有违反法律强制性规定，且经有权机关盖章认可，应认定有效，对原、被告双方均具有法律约束力。被告主张签订离婚协议时存在欺诈情形，但未提交证据证明，对辩解意见不予采纳。原告主张依照离婚协议要求被告于 2018 年 3 月 15 日前补偿原告 15 万元，迟延履行金按每月 3000 元支付至实际偿还之日；要求被告支付 2018 年度补偿款 4 万元，迟延履行金按每月 3000 元支付至实际偿还之日的诉讼请求于法有据，予以支持。对于原告要求被告每月 5 日前支付两小孩的抚养费 10,000 元，自 2018 年 1 月 19 日至今的诉讼请求，于法有据，予以支持。但原告主张被告支付 2017 年 4 月至 2018 年 1 月 18 日该时间段内两小孩的抚养费；要求被告在未及时支付抚养费时，将产生迟延履行金的诉讼请求，因离婚协议中未约定，诉讼请求于法无据，故对该项诉讼请求不予支持。

二审法院认为，本案中，原审原告邓某主张依照离婚协议要求被告刘某甲按离婚协议支付原告 15 万元，迟延履行金按每月 3000 元支付至实际偿还之日（自 2018 年 3 月 15 日起至实际给付之日止）；要求被告支付 2018 年度补偿款 4 万元，迟延履行金按每月 3000 元支付至实际偿还之日（自 2018 年 12 月 31 日至实际给付之日止）。离婚协议不同于经济、金融类交易合同，违约金的约定系担保交易的信用、挽回交易损失，由于合同生产性或经营性目的，违约造成的经济损失较大，故违约金能达到其损失补偿性目的。合同订立有欺诈、胁迫行为的，违约金具有惩罚性功能。离婚协议中系对夫妻双方之间财产的分割、债权债务的分摊，合同本身具有可予申请强制履行的法律效力，根据生活习惯和一般经验常识，离婚协议迟延履行的损失通常为利息损失，约定高额的违约金条款有悖诚实信用原则与善良风俗。同时，该违约金的约定系依附于协议一方没有对价的单务赠与行为（协议中的“补偿”），当事人权利义务不对等，综合公平原则、诚实信用原则和离婚协议的非财产性特征，予以综合权衡，对该离婚协议的违约金条款不予支持，按一年期贷款同期贷款利率4.35%计算“补偿金”的利息损失。

【风险提示】

2001年《婚姻法》第39条（对应《民法典》第1087条）规定，离婚时，夫妻的共同财产由双方协议处理；协议不成的，由人民法院根据财产的具体情况，按照照顾子女、女方和无过错方权益的原则判决。为维护己方利益，夫妻双方在协商订立离婚协议时常约定有违约金条款，主要包括三类：一是概括型违约金条款，即不区分违约程度以及违约行为的类型，直接约定一方违反该协议的各项义务应当承担相应的违约金，常附于整个离婚协议的最后。二是涉财型违约金条款，约定在具体某项财产性给付义务或者债务清偿条款，因未及时足额履行，应承担相应的违约金。三是身份型违约金条款，针对违反给付子女抚养费、协助探望权行使等身份性义务应承担相应的违约金。关于违约金金额主要有两种约定方式：一是约定具体固定金额的违约金，二是约定违约金的计算方式。其中，有的按应支付而未支付款项的一定比例计算，有的按应支付款项总额的一定比例计算，还有的按逾期天数的违约金额计算。

实践中，针对离婚协议能否约定违约金条款存在裁判观点的分歧。在《民法典》实施之前，多数法院根据原《合同法》第2条第2款之规定对此持否定态度。例如，江苏省高级人民法院2019年7月发布的《家事纠纷案件审理指南（婚姻家庭部分）》第26条规定，“离婚协议属于有关身份关系的协议，不属于普通民商事合同。离婚后夫妻一方以夫妻另一方未履行离婚协议为由主张按照离婚协议约定支付违约金的，不予支持”。《民法典》实施之后，其第464条第2款规定区别于原《合同法》的相关规定，被视为允许当事人就离婚协议中非身份关系的内容参照《民法典》合同编的规定进行自由协商及约定。

但是，由于离婚协议是兼具身份属性和财产属性的复合型协议，在离婚协议中能否约定违约金条款及其效力认定和能否参照适用《民法典》合同编的相关规定，仍存有一定的争议，其中较大分歧主要在于有关身份性内容所约定的违约金条款是否有效。与身份性内容相关的违约金条款主要涉及抚养费支付、探望权协助履行、精神抚慰金或离婚损害赔偿金的支付、协助变更未成年子女姓氏等方面。一种裁判观点认为，基于身份关系产生的义务不应适用违约金规则。该义务的产生并非基于双方当事人的协议，而是基于身份关系的法定义务。此类法定义务的履行只能依据法律法规，不宜以夫妻双方约定的违约金条款予以约束。另一种裁判观点认为，离婚协议系双方真实意思表示，且并不违反公序良俗及法律强制性规定，那么相关的违约金条款对双方均存在约束力。由此可见，当事人在离婚协议中就财产性条款或者抚养费、探望权等法定义务约定违约金的，仍然存在被认定为无效的风险。

【律师建议】

尽管实践中对于离婚协议的违约金条款效力认定存在一定争议，但是，笔者仍建议当事人在协商订立离婚协议时约定违约金条款。即使违约金条款不能在诉讼中获得法院的全部支持，该条款的订立本身也可以增加当事人违约的成本，有助于促使双方恪守承诺，按时履行离婚协议中约定的义务。

夫妻双方就离婚协议中违约金条款的内容进行协商时，可以约定违约方要承担守约方因此支付的经济成本，如诉讼费、律师费、差旅费等。违约金条款可以覆盖不动产变更过户登记、偿还夫妻共同债务等财产性给付义务，以及子女扶养费的给付、协助一方行使探望权等身份性义务。在约定违约金的计算方式时，可以基于公平原则和预期损失价值约定固定数额的违约金，或者约定按照应付而未付金额的一定比例计算。需要注意的是，不宜约定过高的违约金条款，否则有可能被法院认定为有悖于诚实信用原则与善良风俗不予支持，或者被判令予以调整。另外，违约金条款的约定亦不能与法律法规的强制性规定相违背。

关于违约金和利息能否同时适用的问题，实践中一般认为，当事人在协议中一并约定违约金和利息的，原则上基于当事人自治原则予以支持。不过，在条款订立时，当事人应注意违约金与逾期利息之和是否超过法律规定的年利率，以避免约定总额过高而不被支持，致使协议目的无法实现的风险。另外，主张违约金和利息的一方要及时就己方实际损失收集证据，否则在诉讼中可能因举证不能而承担不利后果。

实践中还存在当事人在离婚协议中约定放弃调整违约金金额权利的情形。对于离婚协议中对违约金调整请求权进行事前弃权的约定之效力，目前尚未有明确统一的处理规则。故当事人拟订立事先约定放弃调整违约金权利的相关条款的，尽可能留存双方关于一方的弃权行为协商的聊天记录、通话录音或者录像材料，以在发生纠纷时能够充分举证说明当事人意思表示真实，增加被法院认可的可能性。

综上，为了最大限度地保护己方的合法权益，建议夫妻双方在签订离婚协议时，就财产性义务与身份性义务一并约定违约金条款。其中，约定内容应遵守法律强制性规定和公序良俗原则，并且尽可能以违约可能造成的实际损失为计算标准，不宜约定高额违约金。

【法条链接】

《中华人民共和国民法典》

第四百六十四条 合同是民事主体之间设立、变更、终止民事法律关系的协议。

婚姻、收养、监护等有关身份关系的协议，适用有关该身份关系的法律规定；没有规定的，可以根据其性质参照适用本编规定。

第五百八十五条 当事人可以约定一方违约时应当根据违约情况向对方支付一定数额的违约金，也可以约定因违约产生的损失赔偿额的计算方法。

约定的违约金低于造成的损失的，人民法院或者仲裁机构可以根据当事人的请求予以增加；约定的违约金过分高于造成的损失的，人民法院或者仲裁机构可以根据当事人的请求予以适当减少。

当事人就迟延履行约定违约金的，违约方支付违约金后，还应当履行债务。

第一千零八十七条　离婚时，夫妻的共同财产由双方协议处理；协议不成的，由人民法院根据财产的具体情况，按照照顾子女、女方和无过错方权益的原则判决。

对夫或者妻在家庭土地承包经营中享有的权益等，应当依法予以保护。

6. “假离婚”相关协议效力的认定

高某、马某离婚后财产纠纷案[①]

【关键词】

离婚协议　虚假意思表示　婚后财产纠纷

【案情简介】

2007 年 12 月 28 日，高某与马某登记结婚，婚后育一子马某甲。2016 年 12 月 7 日，高某与马某协议离婚，并于当日就子女抚养、财产及债务处理等问题签署了《离婚协议书》，备案于北京市西城区民政局婚姻登记处。同日，双方签订《离婚协议书之补充协议》（以下简称《离婚补充协议》），该补充协议第 3 条约定，该次离婚只是为了短暂的体验，离婚不是双方的真实目的，故双方该次离婚备案于民政局的离婚协议以及双方该次离婚期间及复婚后的实际财产划分均不是双方财产分割真实的意思表示，均不成立，不影响双方婚姻财产原本合法的界定，且双方均承诺，该次短暂离婚在财产方面应视为双方没有离婚，应按照双方婚姻关系继续存续处理。高某、马某在《离婚补充协议》中约定双方同意在办理离婚手续后一个月内无条件办理复婚手续，并且就该协议效力约定：“虽然本补充协议在双方于民政局备案的离婚协议之前签订，但本补充协议生效是双方签订离婚协议的前提条件，且双方确认本协议的效力高于离婚协议。”

根据《离婚协议书》第 4 条的约定，马某应给付高某 664, 902. 39 元人民币，其中含 48, 072 美元、464, 700 港元、股票市值 494, 500 港

---

① 参见北京市第二中级人民法院（2019）京 02 民终 10856 号民事判决书。

元和 2438 美元。现马某怠于履行自己的义务，至今没有将上述款项给付高某。并且根据该协议第 5 条的约定，双方在中国邮政储蓄银行的两笔信用贷款 60 万元由马某承担。但是马某仍怠于履行该笔债务，又因为该笔债务在银行的主借款人为高某、副借款人为马某，高某因怕不还款影响到自己的征信记录，所以已把两笔贷款代为还清。现高某提起诉讼，主张马某给付其 771, 639 元人民币（其中包括 48, 072 美元、464, 700 港元、股票市值 494, 500 港元和 2438 美元），并请求判令马某给付高某已经偿还的中国邮政储蓄银行的信用贷款本金 60 万元以及 2016 年 12 月至 2017 年 7 月的利息 17, 544. 6 元。

被告马某辩称，原告高某的依据都是基于离婚协议的约定，但是通过双方签订的补充协议可以确认离婚协议约定的有关财产分割的条款并非双方真实意思表示，所以离婚协议中有关财产分割的条款不应该作为双方分割财产的依据。因而，马某申请法院依法分割双方的夫妻共同财产，依法析出被告的个人财产部分，再进行分割。按照双方的《离婚补充协议》约定，原告应当双倍赔付其购房款，该条款系有效条款，在本案中应依法判令原告履行给付义务。

【判例分析】

一审法院认为，双方于 2016 年 12 月 7 日签订的《离婚补充协议》约定双方离婚不是双方真实目的，且约定双方离婚后必须复婚，违反了婚姻自由原则，所以《离婚补充协议》应认定无效。双方同日签订的《离婚协议书》因并非双方真实意思表示，亦应认定无效。但双方已在民政局办理离婚登记，《离婚协议书》与《离婚补充协议》的无效不影响双方婚姻关系的解除，因此双方于 2016 年 12 月 7 日已经解除婚姻关系。高某于 2016 年 6 月向中国邮政储蓄银行贷款 60 万元用于马某投资，该 60 万元系双方夫妻共同债务，离婚时应由双方共同负担。高某在离婚后已经偿还了贷款本息，马某应当将本金的一半及离婚后高某偿还的利息部分的一半给付高某。双方名下银行账户、理财产品、证券账户在双方离婚时的余额为夫妻共同财产，依据公平原则一并处理。故判决原告高某名下的财产归原告高某所有，被告马某名下的财产归被告马某所有，原告高某于本判决生效后7日内给付被告马某折价款1,137,733.75元，被告马某于本判决生效后7日内给付原告高某折价款25,289.89美元、479,615.98港元。

二审法院认为，案涉《离婚协议书》及《离婚补充协议》均应认定为无效。高某、马某签署《离婚协议书》并据此在民政部门办理离婚手续，但同日签署的《离婚补充协议》第2条中明确约定"双方所签在民政局备案的离婚协议中有关财产分割的条款均不是双方真实的意思表示"，第3条载明"离婚不是双方的真实目的"，第5条亦载明"本协议的效力高于离婚协议"。依据前述事实可知，《离婚协议书》并非高某、马某的真实意思表示，其二人的真实意思系通谋虚假离婚。故因高某与马某系以虚假的意思表示签署《离婚协议书》，对其虚假意思表示法律不应予以保护，前述协议书不具有法律效力，应属无效。虽然双方在办理离婚登记时真实意思为通谋虚假离婚，但并不因此导致离婚登记无效，自二人离婚予以登记时起，双方之婚姻关系已然解除。高某、马某签署的《离婚补充协议》因违背公序良俗及婚姻自由原则而无效。因高某、马某并未就夫妻共同财产如何分割作出合法有效之约定，故对双方争议的财产应按照相关法律规定依法予以分割，判决撤销北京市丰台区人民法院（2017）京0106民初11410号民事判决第二项；变更北京市丰台区人民法院（2017）京0106民初11410号民事判决第一项为高某名下的财产归高某所有，马某名下的财产归马某所有，马某于本判决生效后7日内给付高某折价款454,266.25元人民币、25,289.89美元、479,615.98港元。

【风险提示】

"假离婚"并非规范的法律用语，通常是指生活中当事人以虚假的意思表示办理离婚登记，终止法律上的婚姻关系，但实际双方感情并未破裂，同居关系仍在维持，是借终止婚姻关系的行为掩盖办理户口、逃避债务、转移夫妻共同财产等真实目的。据此，夫妻双方在签订离婚协议时往往基于虚假的合意就子女抚养、财产分割等问题作出约定，有的还会签署相关补充协议，表明真实的目的及意思表示，并约定复婚期限、违约责任等事项。

婚姻关系的终止会引起身份关系和财产关系的变动，因此“假离婚”具有较大的法律风险。首先，就身份关系而言，由于双方已经办理离婚登记，若“假离婚”期间发生继承、子女抚养关系变动等事实，当事人就无法再以配偶身份主张相关权益。另外，双方不再承担夫妻之间的忠诚义务，若一方在“假离婚”期间具有与他人同居、登记结婚等行为，也不构成《民法典》第1091条的重大过错，另一方无权就该事实请求损害赔偿。其次，就财产关系而言，一方在“假离婚”期间所得的工资收入、投资报酬及受赠财产等收益，不再认定为《民法典》第1062条规定的夫妻共同财产，另一方就相关财产没有处理权。若一方拒绝履行此前约定的复婚义务，另一方亦无权请求分割上述财产，可能导致个人权益遭受损害。

实践中，一般认为“假离婚”的行为并不因意思表示的虚假而无效，双方的婚姻关系自签订离婚协议并办理离婚登记之日起终止，彼此之间不再享有和承担夫妻之间的权利和义务。一方以办理离婚登记的意思表示虚假为由请求恢复婚姻关系，或者确定离婚行为无效的，人民法院不予支持。对于双方就财产分割和债务处理达成的协议效力而言，目前仍存在不少争议。一种裁判观点认为，基于在案证据和当事人的自认，双方办理离婚登记并非因为感情破裂，离婚协议亦是双方以虚假的意思表示实施的法律行为，根据《民法典》第146条之规定，应当依法认定涉及财产处理的约定无效。另一种裁判观点认为，无论双方出于何种目的，自办理离婚登记之日起，婚姻关系即告解除、离婚协议即已生效，当事人签订的离婚协议对双方均有约束力，婚后是否同居、是否仍有沟通等行为不影响离婚协议的效力，当事人要求重新分割财产或者确认协议无效的主张不应予以支持。

由此可见，在“假离婚”引发的离婚财产纠纷中，对于双方为达成“假离婚”目的而签订的财产处理相关协议的效力认定未达成一致的裁判观点，当事人很有可能面临财产损失无法追回的风险。

【律师建议】

“假离婚”行为容易引发较大的财产风险。当事人拟通过该行为而达成办理户口、子女上学、逃避债务等其他目的的，仍应尽可能收集证据以证明当事人系基于虚假的意思表示订立离婚协议。一方面，当事人可以保留双方就“假离婚”事项进行协商的聊天记录、录音、录像等材料，作为离婚协议约定的财产分割非双方真实意思表示的直接证明。另一方面，当事人也可以在订立离婚协议后签订补充协议，如高某、马某离婚后财产纠纷案中的做法，在协议中写明“双方所签在民政局备案的离婚协议中有关财产分割的条款均不是双方真实的意思表示”“离婚不是双方的真实目的”“本协议的效力高于离婚协议”等内容，以证明离婚协议中财产分割的约定系虚假表示，防止一方反悔时自身合法权益遭受损害。

当事人办理离婚登记后发现因另一方欺诈而无法实现“假离婚”目的的，可以考虑根据《民法典》第464条的规定，采取诉讼途径请求人民法院参照适用关于欺诈的规定，撤销该离婚协议。

值得注意的是，《最高人民法院关于适用〈中华人民共和国民法典〉婚姻家庭编的解释（二）（征求意见稿）》第2条第1款规定：“夫妻登记离婚后，一方以双方意思表示虚假为由请求确认离婚无效的，人民法院不予支持。一方有证据证明双方意思表示虚假，请求确认离婚协议中有关财产及债务处理条款无效，并主张重新分割夫妻共同财产的，人民法院应依法予以支持。”该条规定对“假离婚”的效力进行了明确规定，确立身份关系和财产关系的协议效力区分处理的规则，当事人在举证证明虚假离婚的基础上，有机会请求重新公平分配财产，从而达到保护自身合法权益的目的。

综上所述，若夫妻双方已经为达到其他目的而签订离婚协议并办结离婚手续，为了防范进一步的风险，建议当事人及时留存沟通“假离婚”

的微信聊天记录、通话录音等证据；有条件的，可以基于双方的真实意思表示签订更加合理的书面财产协议，以对自身的合法权益进行补救。

【法条链接】

《中华人民共和国民法典》

第一百四十六条　行为人与相对人以虚假的意思表示实施的民事法律行为无效。以虚假的意思表示隐藏的民事法律行为的效力，依照有关法律规定处理。

第四百六十四条　合同是民事主体之间设立、变更、终止民事法律关系的协议。

婚姻、收养、监护等有关身份关系的协议，适用有关该身份关系的法律规定；没有规定的，可以根据其性质参照适用本编规定。

第一千零七十六条　夫妻双方自愿离婚的，应当签订书面离婚协议，并亲自到婚姻登记机关申请离婚登记。

离婚协议应当载明双方自愿离婚的意思表示和对子女抚养、财产以及债务处理等事项协商一致的意见。

《最高人民法院关于适用〈中华人民共和国民法典〉婚姻家庭编的解释（一）》

第六十九条　当事人达成的以协议离婚或者到人民法院调解离婚为条件的财产以及债务处理协议，如果双方离婚未成，一方在离婚诉讼中反悔的，人民法院应当认定该财产以及债务处理协议没有生效，并根据实际情况依照民法典第一千零八十七条和第一千零八十九条的规定判决。

当事人依照民法典第一千零七十六条签订的离婚协议中关于财产以及债务处理的条款，对男女双方具有法律约束力。登记离婚后当事人因履行上述协议发生纠纷提起诉讼的，人民法院应当受理。

第七十条　夫妻双方协议离婚后就财产分割问题反悔，请求撤销财产分割协议的，人民法院应当受理。

人民法院审理后，未发现订立财产分割协议时存在欺诈、胁迫等情形的，应当依法驳回当事人的诉讼请求。

二、同居关系纠纷

同居关系纠纷是指具有同居关系的男女当事人，解除同居关系时，涉及同居关系存续期间共有财产分割或者子女抚养问题时引发的纠纷，包括同居关系析产纠纷以及同居关系子女抚养纠纷两种具体类型。通常认为，未办理结婚登记而以夫妻名义同居生活的，以及婚姻关系被认定为无效或被撤销的男女双方为同居关系的主体。

实践中，同居关系纠纷案件多数是解决基于同居关系所附带产生的财产分割以及子女抚养纠纷，而不是对同居关系本身加以调整。常见的争议情形包括对同居期间双方共同所得的收入及购置的财产确定归属，以及处理非婚生子女的相关抚养问题等。下文结合典型案例，从实务角度分析同居关系下利益受损害的风险，以期为同居关系主体提供相关建议。

非婚同居协议的适用问题

何某标、李某娥同居关系析产纠纷案[①]

【关键词】

同居关系　析产纠纷　非婚同居协议

【案情简介】

原告何某标与被告李某娥于2021年10月中旬通过网络结识并同居，同居期间被告在原告家居住，原告每月支付2000－3000元人民币作为共同生活费用。

经微信协商，何某标与李某娥于2021年11月30日签订《协议书》，约定："现由何某标全款购买本田皓影车一辆，用李某娥旧车换购上牌，今后不论任何原因两人不再共同生活，则李某娥愿意无条件将车过户给何某标，何某标应补偿李某娥5000元，何某标若申请到车牌，则立即过户。将来如不在一起生活，则何某标补偿28,000元给李某娥作为旧车的损失，特立此据。自签字后立即生效。本据有效期为签字后十年内，十年后此车归李某娥所有。"李某娥在《协议书》上签名捺印。

2021年12月3日、2021年12月6日何某标向李某娥分别转账5000元、195,000元，合计20万元。2021年12月6日，讼争双方用李某娥的旧车置换并购买案涉车辆，车辆登记在李某娥名下，车牌号码不变。案涉车辆购车发票显示车辆价值159,800元（含税），双方均未提交购车款转账凭证。同日，李某娥为案涉车辆投保交强险、商业

① 参见广东省广州市番禺区人民法院（2022）粤0113民初12199号民事判决书。

险，其中保险金额按案涉车辆发票金额 159, 800 元计算。

2022 年 4 月 10 日至 4 月 21 日，李某娥因病住院做手术。2022 年 5 月，何某标与李某娥发生矛盾，李某娥告知何某标要将案涉车辆卖出。2022 年 6 月 30 日，李某娥与案外人黎某某签订二手汽车买卖合同，将案涉车辆作价 105, 000 元出卖。当日，李某娥通过银行转账收取售车款 105, 000 元。

原告与被告于 2022 年 5 月 3 日起不再共同生活。原告主张，被告于 2022 年 5 月 9 日用私自配的车钥匙将该车辆自原告居住地车场开走，并于次日私自将该车辆卖掉，车款据为己有，其行为已违反二人签订的《协议书》，故诉至法院，请求判令被告偿还原告购车款共 20 万元人民币。

被告辩称，涉案“协议”实质上是原告要求被告根据原告给出的方案单方出具的。根据原告提供的证据微信聊天记录，涉案“协议”实质上是原告出钱为被告买车的一个方案，故其主张本案实质上应为赠与或婚约财产纠纷。自案涉车辆登记在被告名下之日起，原告的赠与行为成立、生效，原告并不得擅自违反约定要求被告返还车辆或者支付价款。

【判例分析】

一审法院于 2023 年 6 月 7 日作出判决，被告李某娥应于本判决发生法律效力之日起 10 日内向原告何某标支付 89, 250 元，驳回原告何某标的其他诉讼请求。判决书送达后，双方当事人均未提起上诉，判决已生效。

法院生效裁判认为：根据《民法典》规定，要求结婚的男女双方应当亲自到婚姻登记机关申请结婚登记；未办理结婚登记的，应当补办登记。何某标、李某娥没有选择结婚登记方式，意味着放弃选择婚姻相关法律保护其同居过程中的权益。故讼争双方老年同居不能认定为事实婚姻，不受婚姻相关法律法规的保护，处理同居期间的财产问题亦有别于合法婚姻存续期间的夫妻共同财产分割。

何某标、李某娥通过微信协商后签订《协议书》，协商确定了双方同居期间出资购买案涉车辆，以及分手后车辆处置等事宜，系双方真实意思表示，内容不违反法律法规的强制性规定，其效力应予以确认。根据《协议书》的约定，双方基于共同生活的前提，由何某标出资，用李某娥的旧车置换，并借李某娥的旧车牌号码登记案涉车辆于李某娥名下；该协议并无赠与的意思表示，李某娥主张赠与关系，应不予采纳。讼争双方同居时间不长，但对于案涉车辆的取得均有贡献，故案涉车辆应属何某标、李某娥共有，共有份额按双方对车辆的出资计算。何某标对于案涉车辆的贡献在于159,800元的出资，李某娥对于案涉车辆的贡献在于旧车残值及车牌价值。

现讼争双方的同居关系实际解除，李某娥本应按《协议书》约定将案涉车辆过户归还何某标，但其擅自出售车辆，既违反了《协议书》约定，亦侵犯了何某标对于案涉车辆的共有权益，故李某娥应向何某标赔偿损失，损失金额参照车辆残值及何某标的占有份额计算。

至于李某娥提出其同居期间付出较多及同居期间患有严重疾病的抗辩，何某标为买车转给李某娥20万元人民币，车辆发票显示的购车款仅159,800元，余款可视为何某标补偿李某娥的一切损失。

【风险提示】

同居关系析产是指有同居关系的男女当事人，在解除同居关系时，对涉及同居关系存续期间共有财产进行分割；析产对象主要为同居生活期间双方共同所得的收入和购置的财产。同居关系又可细分为非婚同居与婚外同居两种不同的情形。非婚同居是指未办理结婚登记的男女双方基于合意以共同生活为目的而同居，法律未对此作出明确约束。《民法典》第1042条、第1079条、第1091条规定的“与他人同居”的情形，均指“有配偶者与婚外异性，不以夫妻名义，持续、稳定地共同居住”，则属于婚外同居的情形。

实践中，同居关系析产纠纷争议较多的是非婚同居双方在解除同居关系后，如何认定同居期间所得财产的性质问题。

同居关系的双方当事人因不存在婚姻关系这一事实基础，对其同居期间的财产不能当然适用法律有关夫妻共同共有财产的规定作出处理。根据《民法典》第1054条以及《最高人民法院关于适用〈中华人民共和国民法典〉婚姻家庭编的解释（一）》第22条之规定，无效、被撤销婚姻双方同居期间的财产分割原则上由当事人协议处理，协议不成的，由人民法院根据照顾无过错方的原则判决。其中，当事人同居期间所得的财产，除有证据证明为当事人一方所有的以外，按共同共有处理。但是，对于非婚同居双方在同居期间所得财产的分割规则，法律并无明确规定。

有的裁判意见认为，当事人同居期间所得的工资、奖金和生产、经营的收益以及因继承、赠与等途径所得的合法收入，原则上归其本人所有。在同居关系持续期间或者解除同居关系后，对同居期间所得财产归属发生争议的，有协议优先按协议处理。双方没有签订协议的，如果争议财产非双方共同生活所得，则应视为个人所得；对于双方在同居期间共同所得的财产，可以按共有人分割共有物的规定处理。根据《民法典》第308条之规定，共有人对共有的不动产或者动产没有约定为按份共有或者共同共有，或者约定不明确的，除共有人具有家庭关系等外，视为按份共有。故对于双方在同居期间共同购置的财产或共同经营所得的收入，应当适用分割共有物的规则。

【律师建议】

对于未办理结婚登记而同居的，笔者建议，双方当事人应就所涉财产事宜签订相应协议，以避免解除同居关系时针对财产归属可能造成的争议或风险。

就订立形式而言，《民法典》没有对同居协议作出强制性规定，建议采取书面形式将双方的意思表示确定化，并保留相关凭证。并且，同居财产协议的内容必须符合法律规定，不能违背公序良俗等原则。

就订立内容而言，双方当事人可以写明开始同居的时间、同居的地点、共同生活期间双方的财产收入支出基本情况等事实内容，为同居关系及持续时间的确认提供证据。协议内容应包含双方当事人个人财产明细，包括房屋地址、不动产权证号、产权人信息等，约定同居期间所得的工资、奖金和生产、经营的收益以及因继承、赠与等途径所得的合法收入归其本人所有。双方在同居期间购置房屋的，还应写明首付款金额、出资比例、贷款偿还情况等内容，并且就未来解除同居关系后房屋归属作出约定，必要时也可以设置补偿款。双方当事人可以针对同居共同支出费用作出约定，包括但不限于双方共同居住生活的房屋租金、水电等日常生活费用，为共同生活所需而产生的消费等。为保障双方权益，可以约定超出一定消费金额的共同生活支出，需经双方共同决定。需要注意的是，同居协议约定的内容应尽量避免涉及人身关系或者设置忠诚义务条款，如限制一方结婚自由等，否则有可能面临协议被撤销或者认定为无效的风险。

除了就同居期间财产事宜签订协议，当事人在同居关系持续期间还应注意证据留存，如购置房屋等大额资产时，保留相应的出资凭证，如付款流水、收款收据、买卖合同、装修合同等材料。

同居期间，一方以结婚为目的赠与另一方财产，或者恋爱期间支付大额转账的，通常认定为属于附条件的赠与，条件解除时间为双方分手时。解除同居关系后，给付方若主张对方返还受赠财产，应注意诉讼时效问题，避免因过了诉讼时效而丧失胜诉权。

综上所述，考虑到同居关系可能面临的财产风险，双方可以就非婚同居期间双方取得财产的所有权归属、日常共同生活支出的承担、解除同居关系后财产的分割等内容订立同居协议。当事人可以概括性地约定分别财产制，也可以就具体某一项财产归属或债务分配作出约定。

【法条链接】

《中华人民共和国民法典》

第一百四十三条　具备下列条件的民事法律行为有效：

（一）行为人具有相应的民事行为能力；

（二）意思表示真实；

（三）不违反法律、行政法规的强制性规定，不违背公序良俗。

第三百零八条 共有人对共有的不动产或者动产没有约定为按份共有或者共同共有，或者约定不明确的，除共有人具有家庭关系等外，视为按份共有。

第一千零五十四条 无效的或者被撤销的婚姻自始没有法律约束力，当事人不具有夫妻的权利和义务。同居期间所得的财产，由当事人协议处理；协议不成的，由人民法院根据照顾无过错方的原则判决。对重婚导致的无效婚姻的财产处理，不得侵害合法婚姻当事人的财产权益。当事人所生的子女，适用本法关于父母子女的规定。

婚姻无效或者被撤销的，无过错方有权请求损害赔偿。

《最高人民法院关于适用〈中华人民共和国民法典〉婚姻家庭编的解释（一）》

第二条 民法典第一千零四十二条、第一千零七十九条、第一千零九十一条规定的“与他人同居”的情形，是指有配偶者与婚外异性，不以夫妻名义，持续、稳定地共同居住。

第二十二条 被确认无效或者被撤销的婚姻，当事人同居期间所得的财产，除有证据证明为当事人一方所有的以外，按共同共有处理。

三、抚养纠纷

抚养是指父母从物质、经济、生活上对子女的养育，包括哺育、喂养、抚育、教育、进行生活照料等。抚养纠纷则是父母双方因为子女抚养问题无法达成一致意见而引发的案件，主要包括抚养费纠纷和变更抚养关系纠纷。抚养是父母子女之间一种基本的权利义务关系，这种关系不以父母之间的婚姻关系存续为前提，离婚后，父母对于子女仍有抚养和教育的权利和义务。

抚养关系是兼具人身属性和财产属性的典型法律关系。实践中，常见的抚养纠纷包括子女直接抚养权归属的确定，子女抚养费的确定和追索，以及未直接抚养子女的一方请求变更抚养关系等情形。其中的具体规则适用以及相关责任的认定，下文将从实际的民事判决出发，以期为抚养关系相关主体提供基于抚养纠纷的防范和处理建议。

子女追索抚养费的认定与救济

李某甲、李某乙抚养费纠纷案[①]

【关键词】

抚养费追索　法定抚养义务　主体适格认定

【案情简介】

原告李某甲诉称，其与李某乙是父女关系。2012 年 12 月 31 日，李某甲的母亲李某丙与父亲李某乙协议离婚，约定离婚后李某甲随母亲李某丙生活，因母亲李某丙无固定的生活来源和收入，所以离婚协议约定李某甲的一切费用由父亲李某乙负担。自 2019 年 9 月 1 日开始至今，李某乙未再支付李某甲的生活及学习费用，李某丙连自身生活都难以维持，再加上李某甲正值上学，仅靠其一个人无法负担李某甲上学、医疗及日常生活费用开支，故李某甲向法院起诉请求：（1）判令李某乙支付李某甲高中三年抚养费 36, 000 元（每月 1000 元），高三下学期学费 830 元，大学四年学费 40, 000 元（每年 10, 000 元），大学四年生活费 72, 000 元（每月生活费 1500 元，48 个月），以上合计 148, 830 元，直到李某甲经济独立为止；（2）诉讼费由李某乙承担。

李某乙辩称，其与李某丙离婚后，李某丙不在南昌，实际看护、照顾李某甲生活学习的是李某乙及其父母，其间李某甲的各项费用均由李某乙承担。2020 年 11 月，李某甲搬到学校住宿，但李某甲的部分学习费用依然是李某乙支付。另外，根据相关法律规定，李某甲已年满 18 周岁且已读大学，要求支付大学学费和生活费没有法律依据，李

① 参见江西省抚州市中级人民法院（2022）赣 10 民终 251 号民事判决书。

某乙不再有义务支付李某甲抚养费。

法院经审理查明：李某乙、李某丙系李某甲的父母，二人于2003年4月17日生育女儿李某甲。2012年12月31日，因夫妻感情破裂，二人协议离婚，并约定：李某甲（女，9岁）归李某丙抚养；李某丁（男，7岁）归李某乙抚养；两个小孩的所有费用由男方承担。离婚后，李某乙按照离婚协议约定负担了李某甲大部分生活学习费用至李某甲高中毕业且年满18周岁，之后未再支付李某甲生活学习费用。李某甲母亲李某丙支付了李某甲高中期间部分生活学习费用，并在李某甲考上大学后支付了李某甲大一学杂费及其他生活费用。李某乙离婚后另行重组家庭并生育一幼子，目前在南昌经营一家门锁店生意。现李某甲办理了国家无息助学贷款。

【判例分析】

一审法院于2021年12月20日作出判决，被告李某乙给付原告李某甲就读大学期间的生活费每月750元，限于每月10日前付清，从2021年9月开始支付至李某甲大学毕业时止；给付李某甲大学四年期间学费每年6000元，分别于每年9月10日前付清，从2021年支付至2024年。李某乙不服原审判决，提起上诉。二审法院于2022年4月26日作出判决：撤销江西省广昌县人民法院（2021）赣1030民初1159号民事判决；驳回李某甲的诉讼请求。

法院生效裁判认为：根据《最高人民法院关于适用〈中华人民共和国民法典〉婚姻家庭编的解释（一）》第41条的规定，已满18周岁且在接受高等教育期间的子女，不属于《民法典》第1067条规定的“不能独立生活的成年子女”。一审判决认定李某乙不再有给付李某甲抚养费的法定义务正确。就我国人情伦理及社会传统习惯而言，大多数具有经济能力的父母是愿意培养子女进入高等学府，供养子女接受高等教育的；从道德层面来讲，作为有负担能力的父母，也应对尚在就读高等教育，一时还无法独立承担自己生活、教育开销的成年子女承担抚养责任，让孩子完成学业。但父母为成年子女支付大学期间的学费和生活费只是基于亲情和道义，而不是法定义务。在本案中，李某乙将李某甲抚养至接受高等教育，还有两子需要抚养，其中幼子不足一周岁，在李某乙提出其已不具有负担能力，且本案也没有证据证明李某乙具有负担能力的情况下，还要求李某乙承担李某甲接受高等教育期间的学费和生活费，不是当代青年独立自强的应有之义。且李某甲目前已办理国家助学贷款，能够弥补在校期间各项费用不足；该贷款系无息贷款，可以在毕业后分期偿还。在国家、学校有各种政策资助贫困学生的情况下，李某甲完全可以通过勤工俭学等方式获得生活费，这也有利于培养当代青年人的独立自主能力，符合中华民族艰苦奋斗、自力更生的传统美德，体现了文明、法治的社会主义核心价值观。一审判决考虑家庭成员之间的和睦，意图维系父母子女之间亲情以及树立优良和谐家风是正确的，但忽视李某乙的负担能力和李某甲的实际情况，判决李某乙给付李某甲大学期间的学费和生活费是错误的，应予以纠正。

【风险提示】

无论是法律上还是道德上，父母都有义务抚养未成年子女。如果夫妻离婚，不直接抚养子女的一方需要承担部分或全部抚养费。在实践中，对于父母不履行抚养义务，子女在成年后又提起诉讼追索抚养费的情形常见。对此是否应当支持，仍存在不小争议。有观点认为，抚养费设立的目的是保障未成年子女健康成长，子女成年后，抚养费所体现的法益已不存在，故对于子女在成年后提起诉讼追索抚养费的不应予以支持。也有观点认为，成年子女有权追讨抚养费，但应当注重诉讼时效。获得抚养费的实际权利人是子女，有权起诉要求给付抚养费的适格主体也应该是子女。给予抚养费请求权的基础是权利人无法独立生活，通常义务人只需要支付至子女年满 18 周岁，因而子女成年后追索未成年期间的抚养费的，应当依法适用 3 年诉讼时效，即成年子女向未尽抚养义务的父或母主张未成年期间的抚养费的，应当在年满 21 周岁之前提出。

据此，从相关法律与实践可以看出，在子女未成年的时候，其获得抚养费的权利一般没有争议；但在子女成年之后，其是否还能追讨过去的抚养费具有不确定性。即使法官认为成年子女有权追讨抚养费，子女主张追索抚养费时也要注意诉讼时效的规定。笔者认为，父母拖欠抚养费的行为，并不能简单地认定为是在父母与子女之间形成债权债务关系。抚养费设立的目的是督促父母履行抚养义务，以保障未成年子女健康、茁壮地成长。子女在成年之后，抚养费所体现的法益已经消灭，其极有可能被法院认为丧失了抚养费的请求权。据此，如果在离婚后父母一方发现另一方不按时支付抚养费，应及时与其沟通，避免拖延带来权益受损的风险。子女未成年时，可以由抚养子女的一方代其索要应给付的抚养费，以尽可能保护未成年人的权益。

【律师建议】

抚养费纠纷是夫妻双方因子女抚养问题发生矛盾而引发的纠纷。夫妻双方感情破裂后，常见的问题就是孩子由谁抚养，抚养费如何分担。随着感情破裂，夫妻法律关系发生变化，抚养费主张也有所不同。

第一，在离婚诉讼中，夫或妻可以个人名义主张抚养费。离婚诉讼为复合之诉，在离婚诉讼中主张孩子抚养权并要求对方支付抚养费的，应以起诉离婚一方为主体，而非以孩子名义来主张。依据《民法典》第 1085 条第 1 款以及《最高人民法院关于适用〈中华人民共和国民法典〉婚姻家庭编的解释（一）》第 42 条之规定，夫妻一方起诉与另一方解除婚姻关系时，应一并就婚生子的抚养权及抚养费支付问题提起诉讼，而非以婚生子的名义单独就抚养费问题另行诉讼。

第二，婚姻关系解除后，应以孩子个人名义起诉主张抚养费。根据《民法典》第 1084 条第 2 款之规定，夫妻双方离婚后，对其子女仍有抚养、教育、保护的权利和义务。当一方未按期支付抚养费时，应根据《民法典》第 1067 条之规定，由子女作为权利人向其主张抚养费，另一方父或母并非适格原告。需要注意的是，该条并不限于父母双方已离婚的状态，父母双方未离婚但未尽到对未成年子女或不能独立生活的成年子女的抚养义务，未成年子女或不能独立生活的成年子女也可以根据该条起诉未尽抚养义务的父母一方，要求其支付抚养费。根据《最高人民法院关于适用〈中华人民共和国民法典〉婚姻家庭编的解释（一）》第41条之规定，此处所述“不能独立生活的成年子女”指的是尚在学校接受高中及其以下学历教育，或者丧失、部分丧失劳动能力等非因主观原因而无法维持正常生活的成年子女。

第三，子女可以以个人名义起诉申请增加抚养费。根据《民法典》第1067条、《最高人民法院关于适用〈中华人民共和国民法典〉婚姻家庭编的解释（一）》第58条之规定，子女因上学导致实际生活需要超过原定抚养数额，有权要求增加抚养费。抚养费纠纷的原告一般为子女本人，由其法定代理人代理向法院提起抚养费诉讼。实践中，除了要求增加抚养费，特殊情况下，不直接抚养子女的父母一方主张生活境遇发生重大变化而严重影响给付能力或无实际给付能力，也可以申请适当减免抚养费。常见情形包括：给付方收入明显减少，虽经过努力仍然维持在较低水平；给付方长期患病或丧失劳动能力又无经济来源，确实无力按原定数额给付，而直接抚养一方又有能力抚养的；一方处于服刑期间因失去经济来源而无力给付的。

【法条链接】

《中华人民共和国民法典》

第一千零六十七条 父母不履行抚养义务的，未成年子女或者不能独立生活的成年子女，有要求父母给付抚养费的权利。

成年子女不履行赡养义务的，缺乏劳动能力或者生活困难的父母，有要求成年子女给付赡养费的权利。

第一千零八十四条 父母与子女间的关系，不因父母离婚而消除。离婚后，子女无论由父或者母直接抚养，仍是父母双方的子女。

离婚后，父母对于子女仍有抚养、教育、保护的权利和义务。

离婚后，不满两周岁的子女，以由母亲直接抚养为原则。已满两周岁的子女，父母双方对抚养问题协议不成的，由人民法院根据双方的具体情况，按照最有利于未成年子女的原则判决。子女已满八周岁的，应当尊重其真实意愿。离婚后，父母对于子女仍有抚养、教育、保护的权利和义务。

第一千零八十五条　离婚后，子女由一方直接抚养的，另一方应当负担部分或者全部抚养费。负担费用的多少和期限的长短，由双方协议；协议不成的，由人民法院判决。

前款规定的协议或者判决，不妨碍子女在必要时向父母任何一方提出超过协议或者判决原定数额的合理要求。

《最高人民法院关于适用〈中华人民共和国民法典〉婚姻家庭编的解释（一）》

第四十一条　尚在校接受高中及其以下学历教育，或者丧失、部分丧失劳动能力等非因主观原因而无法维持正常生活的成年子女，可以认定为民法典第一千零六十七条规定的“不能独立生活的成年子女”。

第四十二条　民法典第一千零六十七条所称“抚养费”，包括子女生活费、教育费、医疗费等费用。

第四十三条　婚姻关系存续期间，父母双方或者一方拒不履行抚养子女义务，未成年子女或者不能独立生活的成年子女请求支付抚养费的，人民法院应予支持。

第五十八条　具有下列情形之一，子女要求有负担能力的父或者母增加抚养费的，人民法院应予支持：

（一）原定抚养费数额不足以维持当地实际生活水平；

（二）因子女患病、上学，实际需要已超过原定数额；

（三）有其他正当理由应当增加。

四、扶养纠纷

扶养是指特定亲属之间根据法律的明确规定而存在的经济上相互供养、生活上相互扶助照顾的权利义务关系，扶养纠纷包括扶养费纠纷与变更扶养关系纠纷两种具体类型。扶养纠纷是基于亲属身份关系而产生的争议，因扶养关系而产生的义务不因存在其他身份关系义务而被替代。扶养诉讼主体包括夫妻，以及在特定条件下有扶养权利义务的兄弟姐妹之间。

实践中，常见的扶养纠纷主要包括对协议约定免除扶养义务的效力认定、对扶养费的确认和追索以及对当事人之间是否存在扶养义务的认定等情形。关于具体规则适用以及相关责任的认定，下文将从实际的民事判决出发，以期为扶养关系相关主体提供对于扶养纠纷的防范和处理建议。

夫妻间扶养义务的认定

周某、徐某扶养费纠纷案[①]

【关键词】

夫妻扶养义务　生活困难认定　扶养能力

【案情简介】

周某与徐某于 2017 年 3 月 3 日登记结婚。婚后，徐某先在长沙上学，后在北京工作；周某在娘家四川省大邑县居住生活。

2019 年 12 月 16 日，周某确诊中度抑郁和明显焦虑症状，有成都市第四人民医院出具的《汉密尔顿抑郁量表（HAMD）结果分析报告单》《汉密尔顿焦虑量表（HAMA）结果分析报告单》为证。2020 年 6 月 9 日至 7 月 15 日，周某因抑郁症发作在成都市第四人民医院住院治疗。成都市第四人民医院门诊病历显示其在 2021 年至 2022 年 3 月多次就诊，主诉情绪低落，病史内容为“患者出现情绪低落、兴趣活动减退，自责、自罪，有消极言行，感心慌、烦躁不安，进食睡眠差，社会功能明显受损。”精神检查：“意识清晰，定向力完整，可查及部分焦虑、紧张情绪，有一定抑郁情绪，未查及明显的精神病性症状，自知力存在。”2021 年 3 月 16 日，成都市第四人民医院九江院区出具的《抑郁自评量表测评（SDS）结果报告》测评结果均显示周某为中度抑郁症状；《焦虑自评量表测评（SAS）结果报告》测评结果均显示周某为重度焦虑症状；2021 年 5 月 18 日，成都市第四人民医院九江院区出具的《抑郁自评量表测评（SDS）结果报告》测评结果均显示周

① 参见北京市第二中级人民法院（2022）京 02 民终 7093 号民事判决书。

某为重度抑郁症状；《焦虑自评量表测评（SAS）结果报告》测评结果均显示周某为重度焦虑症状。

周某认为，其患病后，徐某未履行夫妻间的扶养义务，不为其负担生活费和医药费，故诉至北京市丰台区人民法院，请求判令徐某支付扶养费，自 2019 年 12 月 1 日起至 2022 年 3 月 23 日止，按照每月 4000 元的标准计算，以及支付医疗费、因病出院后的陪护费、住宿费等共计 184,074.7 元。周某提供了门诊病历，主张其因“社会功能明显受损”而不具备工作能力；提交微信转账凭证，称其在住院期间向亲属借款以支付医疗费、生活费等。徐某对此不认可，其表示周某具备工作能力，并提交中国人民解放军总医院第一医学中心门诊病历，诊断徐某为抑郁状态。

另查明，2021 年 4 月 14 日，徐某起诉周某至四川省大邑县人民法院，要求解除双方婚姻关系以及依法分割共有车辆。2021 年 9 月 30 日，四川省大邑县人民法院作出（2021）川 0129 民初 1345 号民事判决，判决不准徐某与周某离婚。

【判例分析】

一审法院于 2022 年 6 月作出判决，徐某于判决生效之日起 7 日内给付周某医疗费、陪护费、交通费 11,785.21 元，并于判决生效之日起 7 日内给付周某 2019 年 12 月 1 日至 2022 年 3 月 23 日扶养费共计 27,742 元。徐某不服原审判决，提起上诉。二审法院于 2022 年 9 月 26 日作出判决：驳回上诉，维持原判。

法院生效裁判认为：夫妻有互相扶养的义务。一方不履行扶养义务时，需要扶养的一方有要求对方给付扶养费的权利。婚内扶养义务不仅仅是一个道德问题，更是夫妻之间的法定义务，有扶养能力的一方必须自觉履行这一义务，特别是在对方患病，或是丧失劳动能力的情况下更应该做到这一点。如果一方不履行这一法定义务，另一方可通过法律途径实现自己的合法权益。扶养责任的承担，既是婚姻关系得以维持和存续的前提，也是夫妻共同生活的保障。本案中，徐某与周某仍处于婚姻关系存续期间，周某提交了相关证据证明其患抑郁症、焦虑症多年，亦无稳定的生活来源，其有权在双方夫妻关系存续期间要求徐某支付一定的扶养费。徐某上诉称周某并未处于生活困难状态，且其作为一名具有完全民事行为能力的适龄劳动者有能力养活自己，加之周某违背夫妻忠实义务，存在过错，徐某不应承担周某全部医疗生活费。对此，法院认为，一方面，根据周某提交的证据可以证明，周某自 2019 年 12 月 1 日至 2022 年 3 月 23 日均处于不间断就医的情况，在上述情况下，周某难以获得稳定的工作收入，生活较为困难；另一方面，徐某提交的证据不足以证明周某在婚姻关系中存在过错，且周某无论在婚姻中是否存在过错情形，亦不影响夫妻之间法定扶养义务的履行。故徐某关于其不应当承担周某生活费、医疗费等扶养费用的上诉主张，无事实及法律依据，应不予支持。

【风险提示】

婚姻关系存续期间，夫妻有相互扶养的义务。需要扶养的一方，在另一方不履行扶养义务时，有要求给付扶养费的权利。但扶养费请求权得以实现，要同时满足三大要件：一是夫妻婚姻关系存在；二是夫妻一方因缺乏劳动能力或者生活自理能力而确需扶养；三是夫妻另一方具备扶养能力而不履行扶养义务。

夫妻之间的扶养义务自婚姻关系缔结即产生，不以是否共同生活以及结婚时间的长短为条件。实践中，夫妻扶养纠纷主要表现为，一方因某种原因失业或者谋生能力暂时或较长时间丧失，而另一方不履行法定扶养义务。此处的扶养义务通常表现为满足生活困难一方的基本生活需要和其他必要开支，如支付医疗费等，而一方不履行扶养义务包括完全不履行扶养义务或不适当履行扶养义务。无论是完全不履行扶养义务还是不适当履行扶养义务，需要扶养的一方均有权请求另一方给付扶养费。此外，负有扶养义务的一方经常以另一方有一定数量的夫妻共同存款为由，拒绝给付扶养费。一般情况下，只要能够确认生活困难一方对夫妻共同存款去向能够作出合理解释，则不影响对其确需扶养情形的认定。

《民法典》第1059条对夫妻间的扶养义务作出较为笼统的规定，对于何为“需要扶养的一方”以及扶养费支付数额等具体问题尚未在审判实践中确立统一的认定标准。本案中的裁判观点认为，原告患有疾病需要不间断就医治疗，其未能参加工作、没有稳定收入，属于生活较为困难。被告作为配偶，与其分居多年，并未完全尽到夫妻间的扶养义务，据此综合认定原告为需要扶养一方。就扶养费支付数额而言，并非需要扶养一方自身产生的费用或未举证证明实际支出该费用的医疗费、陪护费、生活费、住宿费、车费的部分，不予支持，具体数额根据双方的身体健康状况、经济能力、本地区的实际生活水平、扶养费给付与否对双方生活的影响程度等实际情况酌情确定。但是，扶养费给付期限的认定通常不以婚姻存续期间为衡量标准，而是考虑需要扶养一方因部分丧失或者彻底丧失劳动能力导致生活困难的期限。例如，本案原告虽未提供证据证明其已经彻底丧失劳动能力，但法院基于对其将近3个月均处于不间断就医的情况的考虑，确定由被告支付该期间的扶养费，同时指出以原告的年龄和身体状况，其在今后的生活中应当积极克服困难并通过自己的劳动收入维持生活。

【律师建议】

夫妻之间互相扶养既是夫妻婚内的道德义务，亦是法律规定的法定义务。婚姻关系存续期间，夫妻之间应互负经济上供养、生活上照料、精神上慰藉的义务。任何一方不得以任何方式改变或违反这一义务。有观点认为，扶养需要的现实性是指夫妻一方确实需要扶养，具体表现为夫妻一方患病、丧失劳动能力、缺乏生活来源、年老体弱等，不能维持当地居民的一般生活水平。当夫妻一方生活困难但存在子女赡养的情况下，另一方便不需要履行扶养义务。笔者认为，婚内扶养义务属于法定义务，一方应在其能力范围内向另一方承担扶养义务。夫妻之间的扶养关系与各自子女对其的赡养关系属于不同的法律关系，需要扶养一方子女对其的法定赡养义务不能当然免除配偶对其承担法定的扶养义务。因此，当事人虽有成年子女，且子女有赡养父母的责任的，若其确实存在需要扶养的情形，可以在除去子女赡养费用的合理范围内主张配偶对扶养费的给付。

同理，若需要扶养一方与配偶曾签订相关财产协议，约定双方分居期间取得财产及生活支出均各自所有、各自承担的，不能免除配偶一方的法定扶养义务。确需扶养的一方若因生活困难而无法承担房屋租金、日常生活支出等费用，有权主张另一方就上述费用履行扶养义务。

实践中，一方确实存在需要扶养的情形主要包括三类：一是患有严重疾病或患病程度致使劳动能力下降或者丧失，生活困难；二是怀孕生育子女身体不适而导致辞职无收入来源，以致生活困难，又因妇女处于孕期这一特殊期间，需要相应的医疗营养费用；三是老年夫妻中，一方没有固定收入且缺乏劳动能力，不能维持当地居民的一般生活水平。据此，当事人可以收集患病期间或者孕期的就诊记录、各项相关开支单据，并及时固定证据。如身患严重疾病的，可提交疾病诊断证明、医院住院病历、医药费发票、医院伙食费等材料证明其劳动能力受限、生活难以自理，需要被扶养。长时间就医导致无法正常工作并且缺乏生活来源的，应提供连续性证据以证实不间断就医的具体期限，否则不利于确认实际支出费用。主张的扶养费中包含租房费用，可提交租赁合同及房租支付凭证等材料。此外，当事人还可以通过与另一方沟通的录音录像或家庭其他成员如子女、父母的证人证言，举证证明另一方具备扶养能力而拒绝履行扶养义务。

需要注意的是，负有扶养义务而拒绝扶养一方情节恶劣的，还可能构成遗弃罪而被追究刑事责任。根据《刑法》第 261 条之规定，对于年老、年幼、患病或者其他没有独立生活能力的人，负有扶养义务而拒绝扶养，情节恶劣的，处 5 年以下有期徒刑、拘役或者管制。夫妻一方不履行法定的扶养义务且情节恶劣，致使需要扶养一方陷入生活困难境地，构成遗弃罪的，在承担民事责任的同时，还应当承担刑事责任。

综上所述，夫妻相互扶养义务的履行方式除为对方提供经济和物质帮助，以满足家庭的物质生活需要外，还包括生活扶助、精神扶养等。一方完全不履行扶养义务或者不适当履行扶养义务的，另一方可以通过调解、诉讼等途径主张扶养费等合法权益。情节恶劣的，还可请求追究其刑事责任。

【法条链接】

《中华人民共和国民法典》

第一千零五十九条 夫妻有相互扶养的义务。

需要扶养的一方，在另一方不履行扶养义务时，有要求其给付扶养费的权利。

《中华人民共和国刑法》

第二百六十一条 对于年老、年幼、患病或者其他没有独立生活能力的人，负有扶养义务而拒绝扶养，情节恶劣的，处五年以下有期徒刑、拘役或者管制。

《中华人民共和国老年人权益保障法》

第二十三条 老年人与配偶有相互扶养的义务。

由兄、姐扶养的弟、妹成年后，有负担能力的，对年老无赡养人的兄、姐有扶养的义务。

第二十四条 赡养人、扶养人不履行赡养、扶养义务的，基层群众性自治组织、老年人组织或者赡养人、扶养人所在单位应当督促其履行。

五、赡养纠纷

赡养是指晚辈对长辈应尽的照顾其生活的义务，赡养纠纷则是因赡养义务履行而引发的纠纷，包括变更赡养关系纠纷和赡养费纠纷两种类型。前者主要是指赡养人与被赡养人之间因变更赡养关系而引起的纠纷，后者主要是指被赡养人因向赡养人索取赡养费而引起的纠纷。赡养义务不局限于血缘关系，赡养纠纷诉讼主体不仅包括婚生子女和父母，还涉及非婚生子女和父母、养子女和养父母以及继子女和履行了抚养教育义务的继父母等当事人。

赡养制度的价值主要在于保护老年人的利益，当被赡养人丧失保障自己基本生活的经济能力和自我管理的生活能力时，赡养义务的存在确保赡养人在经济上为被赡养人提供必要的生活用品及费用，在生活上给予被赡养人扶助和关怀。《民法典》第 26 条、第 1067 条等明确了赡养义务的内容以及被赡养人可以采取救济的途径。

赡养协议的效力认定

林某甲、林某乙等赡养费纠纷案[①]

【关键词】

赡养协议　赡养义务条款　赡养费

【案情简介】

林某甲与林某乙是夫妻关系，育有六个子女，其中儿子林木某、女儿林素某、女儿林某、儿子林某丙为亲生子女，林乙某、林某娟为继子、继女。1999 年，林某甲与林乙某、林某丙、林木某共同签订《分家协议》，对家庭财产分配及老人赡养等方面进行了约定，其中第 3 条注明，“兄弟议定双亲伙食及其他费用问题等，因父亲现有工资可以自理，以后若无工资时可由兄弟三人共同负责，折人民币每月每人 200 元，合计人民币每月 600 元。母亲生活费由林乙某、林木某兄弟二人负责，折人民币每月每人 200 元，合计人民币 400 元。交款办法：每年分四季付款，季头付款 3 个月。至于双亲健康问题，小则自理，大则（百元以上）由三兄弟负责，否则，退还先人祖业”。2021 年，林某甲因头晕、四肢乏力等症状先后八次住院检查治疗。

林某甲、林某乙认为，他们年近九旬，已无劳动能力，林某丙作为其成年子女，曾从林某甲处获得住房及生意经营出资，依法应当承担赡养义务，故以林某丙拒不赡养老人为由诉至人民法院，要求林某丙支付赡养费。

林某丙辩称，1999 年 2 月，林某甲与林乙某、林某丙、林木某三

---

① 参见广东省汕尾市中级人民法院（2022）粤 15 民终 270 号民事判决书。

兄弟在伯父、叔父、谊兄的见证下签订了《分家协议》。《分家协议》对林某甲、林某乙的赡养费、医疗费等事项作出了明确的约定，是各方当事人的真实意思表示，内容合法有效，应当受法律保护。

另查明，林某甲庭审陈述其退休后有退休工资收入，现在退休工资为4000元左右，退休工资为逐年上增。

【判例分析】

一审法院认为，林某甲与林乙某、林某丙、林木某共同签订《分家协议》，《分家协议》中对赡养事宜进行了约定，是林某甲、林某乙的真实意愿，也是林乙某、林某丙、林木某的真实意思表示，应当认定为合法有效，各方应恪守履行。林某甲与林乙某、林某丙、林木某在《分家协议》中约定，“因父亲现有工资可以自理，以后若无工资时可由兄弟三人共同负责，折人民币每月每人200元，合计人民币每月600元。母亲生活费由林乙某、林木某兄弟二人负责”，由以上约定可知，林某甲无工资时，林乙某、林某丙、林木某三兄弟必须支付赡养费，但林某甲退休后一直有固定的退休工资可以自理。而且，2020年广东省城镇居民人均生活消费支出为33,511元，林某甲现在退休工资收入每月为4000元左右，一年约为48,000元，不属于《民法典》第1067条第2款规定子女必须支付赡养费的情形。根据《分家协议》的约定，林某乙的赡养费则由林乙某、林木某负责，故林某乙请求林某丙支付赡养费的请求亦没有事实依据。故判决驳回林某甲与林某乙的全部诉讼请求。

二审法院认为，根据《民法典》第1067条第2款规定以及《老年人权益保障法》第14条规定，赡养父母包含经济上的供养、生活上的照料以及精神上的慰藉。本案中，林某甲、林某乙均年逾87岁高龄，基本丧失劳动能力，六个子女应依法履行相应的赡养义务，照顾好林某甲、林某乙的晚年生活，在物质上提供保障，在精神上给予慰藉。林某甲、林某乙依法有权要求林某丙支付赡养费。1999年，林某甲与林乙某、林某丙、林木某共同签订《分家协议》，对家庭财产分配及老人赡养等方面进行了约定。之后，林某甲、林某乙及其六个子女对《分家协议》均没有提出异议，直至2021年8月27日，林某甲、林某乙才向一审法院提起本案诉讼，要求林某丙支付赡养费。故对林某甲、林某乙请求判令林某丙支付1999年7月至2021年6月的赡养费的请求不予支持。但《分家协议》的约定不能免除林某丙对林某甲、林某乙的法定赡养义务，林某甲、林某乙以物价上涨，林某甲的退休金不足以支撑其医疗支出和生活费用为由，要求林某丙支付赡养费依法有据，应当予以支持。考虑到林某甲每月均有约4000元的退休金收入，结合林某丙的实际情况、当地生活水平以及林某甲、林某乙共养育六个子女的事实，酌定林某丙每月向林某甲支付赡养费300元，每月向林某乙支付赡养费465.5元。

【风险提示】

赡养义务是一种长期性、持续性的义务，不同于一般民事债权债务的一次性义务。赡养协议一般是指赡养人与被赡养人或其他赡养人在平等协商、自愿合法的基础上，就赡养义务的分配及履行相关事项而签订的协议。赡养协议通常包括两种类型，分别为赡养人就履行赡养义务与被赡养人订立的协议，以及赡养人之间为分担赡养义务订立的协议。此外，部分赡养协议还涉及被赡养人财产的生前赠与和遗产分配问题。一般认为，根据《老年人权益保障法》第20条之规定，在不违反法律规定和老年人意愿的基础上，涉财型赡养协议有财产分配的约定并不违法，与赡养协议其他条款一样对赡养人具有约束力。

实践中，关于赡养协议的争议主要聚焦于子女分立赡养协议与免除赡养义务条款的效力认定问题。子女分立赡养协议是指负有赡养义务的成年子女之间订立的，约定各自承担赡养一方父母的协议。免除赡养义务条款则是在赡养协议中明确约定部分赡养人无须承担赡养义务。

就子女分立的赡养协议效力而言，在父母有两个以上子女的情形下，子女之间可以签订赡养协议，就赡养义务的履行作出约定。但由于子女的赡养义务具有法律强制性和人身性且涉及公序良俗，故子女不得通过赡养协议免除其赡养义务。但具体是部分条款无效还是协议整体无效，还存在争议。有观点认为，子女因赡养父母订立的各自承担赡养一方父或母的协议，因免除了子女对父或母一方的赡养义务，应当认定整体无效。也有观点认为，可以将此类协议参照合同相关规定适用，作为部分有效和部分无效合同认定，已经履行的视为有效，而免除赡养人部分赡养义务的约定则视为无效。笔者认为，在子女分立的赡养协议中，当事人约定的基础即为分别赡养，若认定免除子女对父或母一方的赡养义务的条款无效，则是否定了该赡养协议订立的基础，应当认定协议整体无效，当事人可就赡养义务的分配重新协商并签订协议。

就免除赡养义务条款的效力而言，《老年人权益保障法》第 19 条明确规定，赡养人不得以放弃继承权或者其他理由，拒绝履行赡养义务。子女对父母均有赡养义务，都与父母存在法律上的赡养关系，不因任何原因而免除，也不得以被赡养人已与其他赡养义务人达成协议为由，拒绝承担赡养义务。故赡养协议中免除部分子女法定赡养义务的条款，应属无效约定。

【律师建议】

赡养协议内容一般包括赡养义务的具体内容、赡养义务的履行及其监督机制等。

负有赡养义务的当事人在签订赡养协议时，首先必须取得老年人同意。与一般协议不同，虽然老年人不是赡养协议的签订主体，但是老年人同意却是签订赡养协议的必经程序，未经老年人同意签订的赡养协议不具有法律效力。

就赡养协议的内容而言，赡养义务不仅包括经济上供养，也包括生活上照料、精神上慰藉、照顾以及保护老人等特殊需要。赡养协议本质上是对赡养义务的分担、履行方式和履行标准的协商确定，就赡养而言并没有创设新的义务，也没有改变赡养义务是法定义务的根本属性，故当事人可以在尊重老年人意愿和不违反法律规定的基础上自由协商。笔者建议，赡养协议应包含双方当事人基本信息、赡养义务分配、赡养方式及期限、不履行赡养义务时的法律责任以及发生纠纷时的处理方式等内容。需要注意的是，当事人在协商赡养义务分配等内容时，不得约定免除赡养义务的条款，否则将承担协议无效的风险。免除赡养义务条款一般有直接免除和间接免除两种形式，前者通常表现为赡养人在协议中约定免除其对父或母一方的赡养义务，后者往往是赡养人以被赡养人具有经济能力而约定免除赡养义务。而且，根据《民法典》第 1067 条第 2 款之规定，成年子女不履行赡养义务的，缺乏劳动能力或者生活困难的父母，有要求成年子女给付赡养费的权利。被赡养人只要缺乏劳动能力或者生活困难，赡养人就应当履行其赡养义务、给付赡养费。因此，赡养人履行赡养义务不以被赡养人的经济条件为前提，赡养人在订立赡养协议时应避免约定直接免除或者间接免除赡养义务的条款，以避免赡养协议被认定无效的情形。

就赡养协议的形式而言，目前法律并没有强制性规定。如果当事人之间不存在争议，口头形式的赡养协议也应予以认定。为了避免纠纷风险，建议赡养人订立协议时采取书面形式；有条件的，还可以采取录音、录像等手段并留存证据，甚至对赡养协议进行公证。

综上所述，当事人应在尊重被赡养人意愿的基础上签订赡养协议。原则上，赡养协议内容可由当事人自由协商，建议采取书面形式签订协议，明确约定赡养义务的履行规则和违约责任等主要内容，并进行公证，以确保协议内容合法有效。

【法条链接】

《中华人民共和国民法典》

第一千零六十七条 父母不履行抚养义务的，未成年子女或者不能独立生活的成年子女，有要求父母给付抚养费的权利。

成年子女不履行赡养义务的，缺乏劳动能力或者生活困难的父母，有要求成年子女给付赡养费的权利。

第一千零七十四条 有负担能力的祖父母、外祖父母，对于父母已经死亡或者父母无力抚养的未成年孙子女、外孙子女，有抚养的义务。

有负担能力的孙子女、外孙子女，对于子女已经死亡或者子女无力赡养的祖父母、外祖父母，有赡养的义务。

《中华人民共和国老年人权益保障法》

第十四条 赡养人应当履行对老年人经济上供养、生活上照料和精神上慰藉的义务，照顾老年人的特殊需要。

赡养人是指老年人的子女以及其他依法负有赡养义务的人。

赡养人的配偶应当协助赡养人履行赡养义务。

第十九条 赡养人不得以放弃继承权或者其他理由，拒绝履行赡养义务。

赡养人不履行赡养义务，老年人有要求赡养人付给赡养费等权利。

赡养人不得要求老年人承担力不能及的劳动。

第二十条 经老年人同意，赡养人之间可以就履行赡养义务签订协议。赡养协议的内容不得违反法律的规定和老年人的意愿。

基层群众性自治组织、老年人组织或者赡养人所在单位监督协议的履行。

第二十一条 老年人的婚姻自由受法律保护。子女或者其他亲属不得干涉老年人离婚、再婚及婚后的生活。

赡养人的赡养义务不因老年人的婚姻关系变化而消除。

六、离婚后损害责任纠纷

根据《民法典》以及相关司法解释的规定可知，离婚损害赔偿不仅可以在离婚诉讼的过程中主张，在符合前述规定的前提下，解除婚姻关系后也能另行提出损害赔偿的请求，此即关涉离婚后损害责任纠纷。离婚后损害责任纠纷又称离婚后损害赔偿纠纷，是指离婚纠纷中无过错一方向人民法院起诉要求另一方承担损害赔偿责任的纠纷。

离婚后损害责任的责任主体是婚姻关系中有过错的一方当事人，承担范围包括物质损害赔偿和精神损害赔偿。实践中，常见的引发情形包括夫妻一方擅自处分夫妻共同财产造成另一方合法权益受损，以及一方实施了重婚、与他人同居、家庭暴力等严重过错行为等。下文将从实际的民事判决出发，以期为婚姻关系当事人提供对于离婚后损害责任纠纷的防范和处理建议。

1. 欺诈性抚养中受欺诈方的救济路径

刘某、王某离婚后损害赔偿纠纷案①

【关键词】

离婚后损害赔偿 非亲生子女 欺诈性抚养

【案情简介】

2007 年，原告刘某与被告王某相识相恋并同居生活，2008 年 4 月生育男孩刘某诗。2011 年 7 月 11 日，双方在景泰县民政局补办结婚登记手续。2014 年 2 月 19 日生育女孩刘某佳。2018 年 4 月 16 日，因夫妻感情破裂，被告王某向法院起诉要求与原告刘某离婚并分割婚后共同财产。同日，经景泰县人民法院主持调解，双方协议离婚，协议约定：子女均随原告刘某共同生活，抚养费刘某自理；婚后共同财产位于××县房屋一套、"吉利全球莺"牌小型普通客车一辆、杨某琴借款债权归被告王某享有，王某给付刘某夫妻共同财产差价款 10 万元。离婚后，原、被告为了孩子能够健康成长继续共同生活在一起，原告依旧外出打工，被告王某及原告母亲在家照顾两个孩子并经营"食全风味"早餐店，原告将赚来的钱转给被告，用于家庭共同生活及抚养孩子。2020 年下半年，被告与原告及其母亲发生矛盾，无法继续共同生活，原告母亲便回老家居住生活，王某一人照看两个孩子。

2021 年 3 月 1 日，被告王某向法院起诉要求变更两个孩子由其抚养，由原告刘某承担两个孩子抚养费共计 1600 元；同年 4 月 8 日经景泰县人民法院主持调解，双方达成协议，协议约定：儿子刘某诗由原

① 参见甘肃省白银市中级人民法院（2021）甘 04 民终 1582 号民事判决书。

告刘某抚养，女儿刘某佳由被告王某抚养，抚养费均自理；同时约定，2021年两个孩子继续由被告王某抚养照顾，原告刘某承担两个孩子抚养费15,000元，于年底付清（之前原告刘某给付被告王某孩子抚养费4000元）。2021年6月1日，原告以孩子刘某佳非其亲生女儿为由诉至法院，请求判如所请。

又查明，2018年4月24日至2021年5月1日，原告刘某通过中国建设银行尾号为7246银行卡向被告王某尾号为3969银行卡转账103,610元；2018年8月24日至2020年1月6日，原告通过微信向被告转账21,570元。

再查明，原、被告均无固定工作。自刘某佳出生后，原告一直外出打工，被告一直在家照顾两个孩子并经营“食全风味”早餐店，双方聚少离多。

【判例分析】

一审法院于2021年9月26日作出判决，被告王某返还原告刘某对被告王某孩子刘某佳的抚养费用3万元，并赔偿原告刘某精神损害抚慰金2万元。刘某不服原审判决，提起上诉。二审法院于2021年12月17日作出判决：驳回上诉，维持原判。

法院生效裁判认为：抚养子女是父母的法定义务，抚养子女的费用应当由父母承担。夫妻之间应当相互忠实、相互尊重。被告王某在婚姻关系存续期间生育了原告刘某的非亲生女儿刘某佳，导致刘某在不明真相的情况下对刘某佳进行了抚养，原告刘某既非刘某佳生父，也非养父、继父，没有抚养的法定义务，被告王某因原告刘某对刘某佳的抚养而减少了其应负担的抚养费用，原告刘某对刘某佳的抚养造成自己不应有的支出，二者之间存在一定的因果关系，结合本案实际情况及双方收入情况，酌定被告王某返还原告刘某抚养费用3万元。

被告王某与他人发生关系，怀孕生女，未告知原告刘某实际情况，使刘某误认为刘某佳是自己的亲生女儿，其行为存在过错，违反了夫妻之间忠诚的义务。原告刘某遭受了欺骗，不但要承受抚养近七年的女儿非亲生的现实，还要承受社会公众对该事件评价的压力，其精神显然受到伤害，根据被告王某的过错程度、损害的后果、承担责任的经济能力、本地平均生活水平等因素，酌定被告王某赔偿原告刘某精神损害抚慰金2万元。

【风险提示】

实践中，非亲生子女相关纠纷最常见的诉讼主张，是以欺诈性抚养造成利益受损为由起诉获得相应救济。所谓欺诈性抚养，是指妻子在婚姻关系存续期间至离婚后，明知其间所生的子女为非婚生子女，而采取欺诈手段，隐瞒真实情况，使丈夫承担该非婚生子女的抚养义务。

婚姻关系存续期间，夫妻一方抚养了另一方与他人生育的子女，离婚后能否要求另一方返还抚养费等损失，首先应考虑其是否知晓抚养的是与自己无血缘关系的子女。若抚养之前已经知晓，其对于抚养之后所产生的权利义务有清楚的了解，其对该非亲生子女的抚养系其真实意思表示，那么在离婚时，该方主张抚养非其真实意思表示的，不应予以支持。

目前，理论界对于诉请返还欺诈性抚养费用的请求权基础存在无因管理说、违约行为说、无效行为说、不当得利说、侵权行为说等不同观点，其中以不当得利或侵权行为为由提起诉讼者居多。司法实践中，法院往往根据原告诉讼请求不同，对原告的请求权基础进行具体分析，基于不当得利请求权或者侵权损害赔偿请求权，支持欺诈方返还相应的款项或者赔偿相应的损失。

基于不当得利请求权对当事人进行救济的，主要在责任承担主体和举证责任上有一定优势。对于前者而言，当生父并不存在欺诈行为时，被欺诈一方主张费用返还的对象不仅限于直接实施欺诈行为的配偶，也可以依据不当得利请求权请求生父承担返还抚养费的责任。对于后者而言，不当得利的判别依据主要在于其获利是否有法律上的原因，而成立与否与获益人是否具有违法性和可归责性并不相关，因此被欺诈方依据不当得利向欺诈人主张权利时无须证明其主观状态。但是，笔者认为，依据不当得利请求权主张权利亦存在其局限性，该救济路径忽视了欺诈行为基于婚恋关系的因素，也未能充分考虑欺诈方的过错导致被欺诈方财产及感情的双重受损。在欺诈性抚养的情况下，被欺诈方除了财产遭受损失，其精神受到严重打击亦会产生精神损害的问题，而这方面的损害赔偿无法通过不当得利请求权得到救济。

因此，笔者认为，基于侵权损害赔偿请求权进行救济对当事人权益的保护更为全面。但是，上述二者在救济范围、可请求返还对象及举证责任等方面存在差异，并不意味着侵权损害赔偿请求权在任何情况下都优于不当得利返还请求权。另外，《民法典》婚姻家庭编对于离婚损害赔偿请求权的法定情形增设了"其他重大过错"的兜底条款，而欺诈性抚养属于严重破坏婚姻家庭秩序的行为，这意味着能够将其纳入离婚损害赔偿请求权之救济范围，当事人可以依据实际情况选择适用。

【律师建议】

首先，被欺诈方发现子女非亲生而主张离婚损害赔偿的，可以根据实际情况选择不同的责任承担主体。在司法实践中，还可能存在第三者参与欺诈的情形。部分法院已对此类案件出台审理指南，如江苏省高级人民法院于2019年7月发布并实施的《家事纠纷案件审理指南（婚姻家庭部分）》第14条规定，欺诈性抚养的赔偿义务主体应当是欺诈行为的实施主体。笔者认为，对于生父母是否构成共同侵权的问题，应视具体情况而定。若该子女的生父母一同实施欺诈行为，则二者的行为应认定为构成共同侵权，生父母应承担连带赔偿责任。若生父对于孩子的身世或欺诈性抚养行为完全不知情，则应认定其主观上并不存在过错，此时仅为生母一方的欺诈行为，生父不具备侵权的过错基础，更不构成共同侵权。而且此时，被欺诈方无法向生父主张侵权责任，但并不意味着被欺诈方无法向生父主张任何权利。因其事实上代生父履行了法定的抚养义务，使之没有法律上的依据而获利，故仍可依据不当得利向其主张返还其应支付的抚养费。由此可见，一般而言，赔偿义务主体以婚姻关系的欺诈方为主；子女的生父与女方通谋欺骗男方的，应当承担连带赔偿责任，被欺诈方可以选择二者作为共同被告。

其次，从诉求上看，被欺诈方可以主张对方返还生活、教育、医疗等抚养费用。如果还有其他费用，如生育费、保险费等，亦可以一并主张。在实践中，相关费用往往难以精确计算，因双方婚姻关系存续期间，家庭生活的各项开支一般不会明确记账，也很少保留相关付款凭证、支付记录等。因此，对于该部分数额，一般由法院根据实际情况酌定。

再次，被欺诈方可以主张精神损害赔偿。欺诈方在婚姻关系存续期间，与他人发生不正当关系并生育子女，违背了夫妻之间忠实义务，并且向被欺诈方隐瞒该事实，存在过错。因此，欺诈方应当承担精神损害赔偿的责任。赔偿的数额通常由法院结合双方婚姻情况、过错程度、影响后果等综合考虑判定。

最后，婚姻关系被欺诈方可以要求重新与另一方分割夫妻共同财产。双方在协议离婚时，被欺诈方出于对孩子和另一方生活的考虑，在财产分割方面作出了一定的牺牲和让步，当其离婚后发现孩子与自己并无血缘关系时，可以要求撤销离婚协议中关于财产部分的约定，重新对财产进行分割，并请求对过错方少分或不分财产，以维护自身合法权益。

【法条链接】

《中华人民共和国民法典》

第一千零四十三条　家庭应当树立优良家风，弘扬家庭美德，重视家庭文明建设。

夫妻应当互相忠实，互相尊重，互相关爱；家庭成员应当敬老爱幼，互相帮助，维护平等、和睦、文明的婚姻家庭关系。

第一千零八十五条　离婚后，子女由一方直接抚养的，另一方应当负担部分或者全部抚养费。负担费用的多少和期限的长短，由双方协议；协议不成的，由人民法院判决。

前款规定的协议或者判决，不妨碍子女在必要时向父母任何一方提出超过协议或者判决原定数额的合理要求。

第一千零九十一条 有下列情形之一，导致离婚的，无过错方有权请求损害赔偿：

（一）重婚；

（二）与他人同居；

（三）实施家庭暴力；

（四）虐待、遗弃家庭成员；

（五）有其他重大过错。

《最高人民法院关于确定民事侵权精神损害赔偿责任若干问题的解释》

第一条 因人身权益或者具有人身意义的特定物受到侵害，自然人或者其近亲属向人民法院提起诉讼请求精神损害赔偿的，人民法院应当依法予以受理。

第五条 精神损害的赔偿数额根据以下因素确定：

（一）侵权人的过错程度，但是法律另有规定的除外；

（二）侵权行为的目的、方式、场合等具体情节；

（三）侵权行为所造成的后果；

（四）侵权人的获利情况；

（五）侵权人承担责任的经济能力；

（六）受理诉讼法院所在地的平均生活水平。

2. 离婚后无过错方请求损害赔偿的方式

胡某、刘某离婚后财产纠纷案①

【关键词】

离婚损害赔偿　诉讼离婚　证据收集

【案情简介】

胡某、刘某于2011年6月9日登记结婚，婚后生育一女刘某甲。后双方于2019年10月18日在民政局协议离婚，离婚协议约定：关于子女扶养，女孩刘某甲离婚后由女方胡某抚养，男方刘某每月付给子女抚养费2000元，至孩子独立生活为止，其有教育、探望的权利。关于财产分割，归男方：位于朝阳区××小区8号楼1单元1号房产产权50%；归女方：个人衣物；归女孩刘某甲：位于朝阳区××小区8号楼1单元1号房产产权50%。宝马汽车一辆，男女双方各半。关于债权债务，婚后无债权债务。同年10月21日，刘某与他人再婚，并于2020年4月13日生育一子刘某乙。

胡某向一审法院提出诉讼请求：（1）请求法院判决宝马汽车归胡某所有；（2）请求依法分割胡某、刘某位于北京市通州区西集镇××村的房屋；（3）请求判令刘某向胡某支付损害赔偿金20万元。

关于涉案车辆，该车辆系双方于2017年12月购买，首付20万元，贷款10万元、贷款利息1万元至2万元，约定三年还清。2019年10月18日双方协议离婚后，剩余贷款48,330.66元由刘某独自偿还，双方轮流使用该车辆。

① 参见北京市第三中级人民法院（2023）京03民终2580号民事判决书。

关于农村房屋，胡某主张刘某曾将其父母诉至法院，分得平房一间，胡某亦参与了翻建，因此主张分割。经核实，刘某于2016年将其父母诉至法院，后法院于2016年1月19日作出（2016）京0112民初244号民事调解书，内容为：确认坐落于27号院内北房五间中东数第一间归刘某所有。

关于损害赔偿，胡某主张双方离婚原因是刘某婚内出轨，但是当时并不知道刘某致使他人怀孕的事情，直至2022年年初其才知晓刘某在双方婚姻关系存续期间致使他人怀孕，因此其主张20万元的损害赔偿金。

另查明，胡某称其做零售工作，年收入23万元左右；刘某称其在消防部门工作，不属于正式编制，年收入8万元左右。

再查明，双方均认可27号院的土地使用权登记在刘某父亲名下。

【判例分析】

一审法院认为，双方于2019年10月协议离婚，现胡某主张刘某存在过错行为，相关法律事实发生在《民法典》施行之前，应当适用当时的法律、司法解释。首先，综合考虑双方离婚后刘某独自偿还剩余车辆贷款的情况以及刘某在婚姻关系中的过错行为，法院酌情认定胡某应给付刘某车辆折价款及偿还剩余贷款的补偿款共计26万元，涉案车辆应归胡某所有。其次，因生效调解书确认刘某取得北房一间的依据是其于双方婚前参与了房屋翻建，因此胡某主张分割该北房一间没有事实和法律依据，故不予支持。但如果胡某认为在双方婚姻关系存续期间，其亦参与了27号院内房屋的建设，考虑27号院的土地使用权登记情况，胡某可追加相关主体后另行主张其合法权益。最后，本案中双方于2019年10月协议离婚，胡某向法院提出损害赔偿请求已在办理离婚登记手续一年后，因此法院难以支持。

二审法院认为，本案应当适用《民法典》及相关司法解释的相关规定，刘某的行为已经构成《民法典》规定的“其他重大过错”。胡某作为无过错方，有权通过离婚损害赔偿制度得到相应补偿和救济。

本案中，胡某、刘某于2019年10月18日在民政局协议离婚，离婚3日后2019年10月21日刘某即与他人再婚，并于2020年4月13日生育一子。根据刘某与他人再婚生子的时间节点及庭审中双方认可的事实，其过错行为属于《民法典》第1091条规定的兜底的“其他重大过错”。虽然胡某在办理离婚登记手续一年后提出损害赔偿请求，且离婚事实发生在《民法典》实施前，但在离婚协议中其并未明确放弃该项主张。从维护民事主体权益及弘扬社会主义核心价值观、实现“三个更有利于”的角度出发，应当按照有利溯及原则，适用《民法典》及相关司法解释的相关规定，保障无过错方的合法权益。故本案应当适用《民法典》总则编关于诉讼时效制度的规定。一审法院仅以该请求超过协议离婚一年为由予以驳回，处理不当，应予以纠正。具体赔偿数额应结合双方在离婚协议中所约定的财产分割处理情况，根据案件实际酌定。

【风险提示】

夫妻关系存续期间，如果一方存在《民法典》第1091条所规定的情形，则无过错方有权向人民法院请求离婚损害赔偿，但无过错方在行使请求权时应注意时间节点。

第一，离婚损害赔偿请求权要以“离婚”为前提，如果判决不准离婚，当事人提出的损害赔偿请求不予支持；如果在婚姻关系存续期间，当事人不起诉离婚仅单独提起损害赔偿请求，法院不予受理。

第二，如果是协议离婚，婚姻登记机关仅对离婚要素进行形式审查，不处理离婚损害赔偿，无过错方可以单独提起离婚损害赔偿之诉；但是，无过错方在协议离婚时明确表示放弃该项权利的除外。

第三，在离婚诉讼中，无过错方作为原告提起损害赔偿请求的，必须在离婚诉讼的同时提出；如果无过错方是在离婚后才知道《民法典》第1091条所规定情形，则不受此限制。

第四，在离婚诉讼中，无过错方作为被告方，如果其不同意离婚也不提起损害赔偿请求，可以在离婚后单独提起损害赔偿诉讼；如果一审中，作为被告的无过错方未提出损害赔偿请求，而在二审期间提出，法院应当进行调解，调解不成的，告知当事人另行起诉。

第五，根据《民法典》第188条的规定，离婚损害赔偿请求权的诉讼时效期限为3年，从无过错方知道或者应当知道权利受到损害之日起计算。但是，因为离婚损害赔偿请求权是以离婚为前提的，即便在婚姻关系存续期间无过错方已经知道对方存在《民法典》第1091条规定的情形，亦应以离婚之日作为起算点，以最大限度地保障无过错方权益。

【律师建议】

根据《民法典》第1091条之规定，因婚姻关系一方重婚，与他人同居，实施家庭暴力，虐待、遗弃家庭成员或者有其他重大过错导致离婚，无过错方有权请求损害赔偿。据此，笔者拟根据事实发生的时间先后为无过错方提出维权建议。

首先，事前应通过签订婚内协议等方式做好预防。现行法律制度允许当事人通过协议的形式，约定其他类型的离婚损害赔偿事由及财产惩罚数额。因此，在夫妻双方婚姻关系存续期间，当事人可以本着夫妻忠实的原则，以维护家庭稳定为目的，在双方平等协商、真实自愿的前提下，签署有效的婚内协议或者忠诚协议。需要注意的是，婚内协议或忠诚协议中不应约定涉及子女抚养、人身自由或健康等方面的条款。此类条款既违反法律的强制性规定，又违反公序良俗，属于无效条款。另外，双方在协议中不宜约定过高额度的赔偿金，应当与财务承受能力相匹配，否则无法实现赔偿；对方也有权主张适用违约金酌减规则，请求法院对过高赔偿金依法进行降低。

其次，事中应积极收集证据，并注重证据收集的合法性。例如，对于《民法典》新增的“有其他重大过错”的兜底条款而言，由于兜底条款的规定只是概括性的规定，司法实践中的争议较大，法官的自由裁量空间也比较大，若无过错方能举证证明过错方存在长期的赌博、吸毒、卖淫、嫖娼、与他人通奸等过错行为，且屡教不改，给其造成物质和精神双重损害而导致离婚，法院在审理时亦会加以考虑。此种情形的证据一般有行政处罚决定书、强制戒毒决定书、相关部门的处理或调解材料等。此外，常见的主张损害赔偿证据还包括一方过错行为被发现后，向另一方出具的悔过书或保证书；报警回执以及出警记录、讯问笔录、询问笔录；受伤照片、施暴过程的视频、病历、伤情鉴定书；由过错方所在的居（村）委会或其所在的单位出具的其与他人同居或与他人以夫妻名义共同生活的证明；由婚姻登记机关出具的其与他人结婚的证明；由法院作出的构成虐待罪、遗弃罪或其他关于家庭暴力犯罪的刑事判决书，等等。

最后，对于事后的维权方式而言，除了通过民事诉讼依法主张离婚损害赔偿外，无过错方还可以在离婚诉讼中提交相应的证据材料以“照顾无过错方的原则”来说服法官在财产分割上为自己争取更多的财产利益。另外，在提起离婚诉讼前，也可以视情况采取民刑并举的方式，就重婚、家暴等行为在前期收集部分证据后依法以对方涉嫌重婚罪、虐待罪、故意伤害罪或非法拘禁罪向公安机关报案，借助权力机关的力量调查取证。如果对方重婚、家暴等过错行为受到刑事追究，那么后续进行的离婚损害赔偿等民事诉讼都可以采用刑事案件中收集的证据材料，相关损害赔偿的诉请也会更大可能得到支持。

【法条链接】

《中华人民共和国民法典》

第一千零九十一条　有下列情形之一，导致离婚的，无过错方有权请求损害赔偿：

（一）重婚；

（二）与他人同居；

（三）实施家庭暴力；

（四）虐待、遗弃家庭成员；

（五）有其他重大过错。

《最高人民法院关于适用〈中华人民共和国民法典〉婚姻家庭编的解释（一）》

第八十七条 承担民法典第一千零九十一条规定的损害赔偿责任的主体，为离婚诉讼当事人中无过错方的配偶。

人民法院判决不准离婚的案件，对于当事人基于民法典第一千零九十一条提出的损害赔偿请求，不予支持。

在婚姻关系存续期间，当事人不起诉离婚而单独依据民法典第一千零九十一条提起损害赔偿请求的，人民法院不予受理。

第八十九条 当事人在婚姻登记机关办理离婚登记手续后，以民法典第一千零九十一条规定为由向人民法院提出损害赔偿请求的，人民法院应当受理。但当事人在协议离婚时已经明确表示放弃该项请求的，人民法院不予支持。

《最高人民法院关于适用〈中华人民共和国民法典〉时间效力的若干规定》

第二条 民法典施行前的法律事实引起的民事纠纷案件，当时的法律、司法解释有规定，适用当时的法律、司法解释的规定，但是适用民法典的规定更有利于保护民事主体合法权益，更有利于维护社会和经济秩序，更有利于弘扬社会主义核心价值观的除外。

第二部分 / PART 2

继承编

《民法典》继承编的主要内容包括继承的基本原则、继承人的范围和顺序、继承份额的确定、继承财产的承受和分割、继承债务的承担等，相较之前，具有新增打印、录像等新的遗嘱形式、完善遗赠扶养协议制度、扩展代位继承的适用范围等亮点，对于继承相关纠纷的处理和继承财产的合理分配及保护都具有重要的指导意义。

根据是否以被继承人意志为基础，本部分将继承纠纷分为以被继承人意志为基础的继承纠纷和非以被继承人意志为基础的继承纠纷两类。为进一步明确当事人承担责任的情况，本部分结合实践典型案例，围绕上述两种类型就继承编的常见纠纷进行梳理、总结和论述，以期为继承关系当事人提供相应的防范和处理建议。

第四章
以被继承人意志为基础的继承纠纷

具有完全民事行为能力的自然人，在其生前可以通过订立合法有效的协议，约定继承人的范围、继承顺序和继承份额等事项。遗嘱、遗赠扶养协议等约定直接体现了被继承人的意愿，因履行此类协议而引发的纠纷可称为以被继承人意志为基础的继承纠纷。《民法典》及其司法解释相关规定保障被继承人合法支配遗产的自主权，体现了对被继承人意志的尊重。笔者选取以被继承人意志为基础的继承纠纷相关民事案由，以案例分析的形式提炼司法实践中相关裁判观点。

具体而言，本章内容包括遗嘱继承纠纷、遗赠纠纷以及遗赠扶养协议纠纷三个小节，通过三类案由、七个案例的具体内容，为继承关系当事人对于以被继承人意志为基础的继承纠纷提供相关风险提示和处理建议。

一、遗嘱继承纠纷

遗嘱继承又称指定继承，是指继承人依照被继承人生前设立的合法有效的遗嘱继承被继承人遗产的一种继承制度。区别于法定继承，在遗嘱继承中，继承人的范围、继承顺序和继承份额均由被继承人生前立下的遗嘱来确定；遗嘱继承引发的纠纷，即遗嘱继承纠纷。

《民法典》继承编规定了自书遗嘱、打印遗嘱等六种形式，各种形式的遗嘱确立只有满足法定形式要件和实质要件的规定，才能产生法律约束力。实践中，常见的遗嘱继承纠纷引发情形主要涉及遗嘱是否符合法定形式要件的认定、被继承人真实意思的认定以及遗嘱确定的遗产范围认定等方面。下文结合典型案例，对遗嘱继承纠纷案件的常见情形进行梳理、提炼和总结，并从实务角度分析继承人与被继承人利益受损害的风险，以期为继承关系相关主体提供防范风险的意见。

1. 打印遗嘱的效力认定

张某甲、张某乙遗嘱继承纠纷案[①]

【关键词】

遗嘱继承　打印遗嘱　形式要件

【案情简介】

凌某育有两个儿子张某甲、张某乙，一个女儿张某丙；郑某是凌某的外孙。凌某的遗嘱载明："我今年 91 岁，在立遗嘱时精神清醒，思维正常，由于年事已高，并患有高血压等疾病，可能发生意外，故立遗嘱，由于我握笔困难，由我口述，范某（女，汉族，身份证号码：4403211971××××××××）代我书写本遗嘱，由广东鹏泰律师事务所赖某律师、黄某律师见证。遗嘱内容如下：（1）我两个儿子张某甲、张某乙长年居住在外，由于我与他们长年不在一起生活，一直以来都是我女儿张某丙与我外孙郑某赡养我，现我将我名下的深圳市××股份合作公司的股份份额赠予我的外孙郑某（男，汉族，身份证号码：4403071972××××××××），由我的外孙郑某取得我在该公司 100% 的股份份额。（2）我指定范某（女，汉族，身份证号码：4403211971××××××××）作为我的遗嘱执行人。（3）本遗嘱壹式叁份，壹份交由遗嘱执行人留存，壹份交由郑某留存，壹份交由广东鹏泰律师事务所留存，继承开始时由执行人负责实施。"该遗嘱实际上为打印件，下面立遗嘱人签字栏签的是"凌某"名字，郑某确认该名字由范某代签，由凌某按指模。立遗嘱时间为 2017 年 9 月 12 日，遗

① 参见广东省深圳市中级人民法院（2020）粤 03 民终 21174 号民事判决书。

嘱下面有遗嘱见证人赖某、黄某签字。2017年9月13日，广东鹏泰律师事务所赖某律师、黄某律师为该遗嘱出具《遗嘱律师见证书》，对凌某的订立遗嘱行为和范某的签字行为予以证实。同时，见证人就见证过程进行了录音。范某系郑某妻子。

【判例分析】

一审法院认为，公民可以立遗嘱将个人财产赠给国家、集体或者法定继承人以外的人。被继承人凌某所立遗嘱，虽然是受赠人妻子代为签名，遗嘱形式上存在瑕疵，但是，该遗嘱还有赖某律师、黄某律师见证，并且还保留有录音资料，可见，该遗嘱内容是被继承人的真实意思表示，遗嘱合法有效。张某甲、张某乙请求确认凌某遗嘱中“现我将我名下的深圳市××股份合作公司的股份份额赠予我的外孙郑某（男，汉族，身份证号码：4403071972××××××××），由我的外孙郑某取得我在该公司100%的股份份额”的赠与行为无效、遗嘱无效，不予支持。依照原《继承法》第16条、第17条，2017年《民事诉讼法》第64条之规定，判决：驳回张某甲、张某乙的全部诉讼请求。一审案件受理费100元，由张某甲、张某乙负担。

二审法院认为，根据各方当事人确认的事实，遗嘱人凌某没有在涉案遗嘱上签名，“立遗嘱人”处的“凌某（代）”和“2017.9.12”均系范某签署。根据遗嘱内容，范某是凌某指定的遗嘱执行人，故其权限仅限于在凌某去世后根据遗嘱处分遗产，并不包括代凌某确认遗嘱内容。在现有证据不能证实凌某委托范某代其签名的情况下，范某代凌某签字的行为系无权代理，其法律后果不能及于凌某本人。凌某虽然在该遗嘱上按指模，但此举并不符合上述法律规定的“遗嘱人……应当签名，注明年、月、日”的形式要求。即使凌某因文化水平限制和当时身体原因无法书写自己姓名，仅能通过按指模来表达自己的意愿，其亦可通过法定的录音录像遗嘱方式订立遗嘱，以保障其立遗嘱权利得到法律的确认和保护。但郑某一审提交的视频仅显示凌某在涉案遗嘱上按指模，该视频中未出现任何见证人，也没有显示见证人在凌某按指模前向其宣读涉案遗嘱的过程，这不符合法定的录音录像遗嘱所必需的“两个以上见证人在场见证”的形式要件。据此，该视频仅能起到证实涉案遗嘱上的指模是凌某本人按捺的目的，但不能证实该遗嘱符合打印遗嘱或者录音录像遗嘱关于见证人的法定形式要件。

【风险提示】

随着互联网科技的发展，遗嘱订立的方式变得多样化，《民法典》在吸收原《继承法》规定的五种遗嘱类型（公证遗嘱、自书遗嘱、代书遗嘱、录音遗嘱、口头遗嘱）的基础上，明确打印遗嘱也是合法订立遗嘱的形式。打印遗嘱，是指以打印形式制作的遗嘱，即先用电脑将遗嘱内容书写完整，然后用打印机将书写好的遗嘱打印出来的遗嘱。由此可见，打印遗嘱实际上是通过两个步骤形成的，一是书写遗嘱，二是将遗嘱打印出来，即先在电脑上书写遗嘱，然后在打印机上打印出来。

打印遗嘱，具有快捷、清晰等特点，但相较于自书遗嘱，其对被继承人的真实意思表示的推定往往更加困难，所以法律对打印遗嘱在形式上的要求相较于自书遗嘱、代书遗嘱更为严格。依照《民法典》规定，打印遗嘱包括以下必备要件：一是有两个以上见证人在场见证。应当注意的是，对于见证人的资格，《民法典》第1140条规定了明确要求，下列人员不能作为遗嘱见证人：（一）无民事行为能力人、限制民事行为能力人以及其他不具有见证能力的人；（二）继承人、受遗赠人；（三）与继承人、受遗赠人有利害关系的人。因此，打印遗嘱在选择见证人时应避免因见证人资格问题导致遗嘱无效。二是遗嘱人和见证人应当在遗嘱每一页亲笔签名，并注明年、月、日。

目前，打印遗嘱在司法实践中存在的主要问题包括：首先，《民法典》实施以前制定的打印遗嘱，在进入法律诉讼阶段时，由于形式要求上的缺陷，这类遗嘱被判定为无效的情况相对较多。其次，遗嘱的打印者身份也是决定打印遗嘱法律效力的一个重要争议点。目前的法律规定中，并没有明确指出遗嘱应由谁来打印，这一模糊地带直接影响了对打印遗嘱有效性的判断。

【律师建议】

如前文所述，打印遗嘱的主要问题包括形式要求的缺陷及遗嘱的打印者身份。因此，对法律风险的防范也应由此考虑。

首先，关于打印遗嘱的形式要件。在满足遗嘱人在立遗嘱时是完全民事行为能力人、遗嘱是遗嘱人的真实意思表示、遗嘱内容符合法律规定等实质要件外，还应对打印遗嘱的形式要件进行严格审查，具体需要注意：（1）设立遗嘱时有两个以上见证人在场见证。在打印遗嘱中，必须有至少两位见证人全程在场亲眼见证。两位见证人必须是非继承人和非受遗赠人，且具备完全民事行为能力，与遗嘱案件没有任何利害关系。见证人人数不足两人或存在与案件相关的利害关系，都可能影响遗嘱的法律效力认定。打印遗嘱是通过两个步骤（书写遗嘱、打印遗嘱）形成的，因此也就要求见证人全程参与这两个步骤。"在场见证"意味着见证人需要在相同的时间和空间内，全程观察遗嘱制作、内容宣读以及签名确认等所有关键步骤。如果见证人只参与遗嘱制作的一部分过程，实务中存在被法院认定不符合形式要件的风险。而且，在遗嘱打印出来后，见证人还应检查打印出来的遗嘱内容与电脑上所书写的遗嘱的内容是否一致。（2）每一页遗嘱都应由遗嘱人和见证人签名，注明年、月、日。在遗嘱中，那些未经遗嘱人和见证人签名并明确标注年、月、日的部分被视为无效。特别是在打印遗嘱超过一页的情况下，若无遗嘱人和见证人的签名，就无法确保未签名页的内容反映了遗嘱人的真实意愿，也无法保障这些部分内容未被伪造或修改。因此，从保护遗嘱人及其继承人的合法权益出发，对此类情况应持严格态度。需要注意的是，这并不意味着整份遗嘱都应被判定为无效，而是指未签名页的内容无效。然而，如果签名部分与未签名部分构成不可分割的整体，且在未签名部分被认定为无效后，无法明确签名部分的具体内容，就应将整份遗嘱判定为无效。

其次，关于打印人的问题，打印人不同不影响效力认定。根据《民法典》第1134条和第1135条的规定，自书遗嘱应当由遗嘱人亲笔书写，代书遗嘱应当由见证人之一代书，而对于打印遗嘱的制作人是遗嘱人本人还是见证人没有明确规定。鉴于打印遗嘱在客观上无法辨认是由遗嘱人还是其他人制作，加之实际情况中遗嘱人可能因年龄、健康或知识水平等因素需要他人帮助制作遗嘱，因此，在遵守《民法典》第1136条所述形式要求的基础上，打印遗嘱的制作人身份并不影响该遗嘱效力的认定。北京市昌平区人民法院认为："涉案《遗嘱》应为打印遗嘱。打印遗嘱是指先用电脑将遗嘱内容书写完整，然后用打印机将书写好的遗嘱打印出来的遗嘱，即打印遗嘱系以打印形式制作的遗嘱，无论是由遗嘱人本人打印抑或由他人代为打印，均应认定为打印遗嘱，不能因为打印人的不同而认定为自书遗嘱或代书遗嘱。本案中，从陆某1提交的《遗嘱》内容来看，《遗嘱》中除立遗嘱人、见证人、代书人的签名外，其余部分均为打印字体。《遗嘱》中虽然有代书人的签名，但该《遗嘱》不管是由高某3自行打印或者由代书人打印，均不影响涉案《遗嘱》为打印遗嘱的性质。"①

综上所述，随着时代的发展和技术的进步，《民法典》对遗嘱的形式进行了更新，增加了打印遗嘱的形式。这一变化主要是为了解决在实际操作中遇到的不同遗嘱形式效力认定问题。打印遗嘱可能会成为主流的遗嘱形式，在依据《民法典》设立打印遗嘱时应当严格注意符合形式要件，避免缺少某一要件而导致遗嘱没有效力。

【法条链接】

《中华人民共和国民法典》

第一千一百三十四条　自书遗嘱由遗嘱人亲笔书写，签名，注明年、月、日。

第一千一百三十五条　代书遗嘱应当有两个以上见证人在场见证，

---

① 参见北京市昌平区人民法院（2021）京0114民初26885号民事判决书。

由其中一人代书，并由遗嘱人、代书人和其他见证人签名，注明年、月、日。

第一千一百三十六条 打印遗嘱应当有两个以上见证人在场见证。遗嘱人和见证人应当在遗嘱每一页签名，注明年、月、日。

第一千一百四十条 下列人员不能作为遗嘱见证人：

（一）无民事行为能力人、限制民事行为能力人以及其他不具有见证能力的人；

（二）继承人、受遗赠人；

（三）与继承人、受遗赠人有利害关系的人。

《最高人民法院关于适用〈中华人民共和国民法典〉时间效力的若干规定》

第十五条 民法典施行前，遗嘱人以打印方式立的遗嘱，当事人对该遗嘱效力发生争议的，适用民法典第一千一百三十六条的规定，但是遗产已经在民法典施行前处理完毕的除外。

《最高人民法院关于适用〈中华人民共和国民事诉讼法〉的解释》

第一百零八条 对负有举证证明责任的当事人提供的证据，人民法院经审查并结合相关事实，确信待证事实的存在具有高度可能性的，应当认定该事实存在。

对一方当事人为反驳负有举证证明责任的当事人所主张事实而提供的证据，人民法院经审查并结合相关事实，认为待证事实真伪不明的，应当认定该事实不存在。

法律对于待证事实所应达到的证明标准另有规定的，从其规定。

《最高人民法院关于适用〈中华人民共和国民法典〉继承编的解释（一）》

第二十四条 继承人、受遗赠人的债权人、债务人，共同经营的合伙人，也应当视为与继承人、受遗赠人有利害关系，不能作为遗嘱的见证人。

2. 录像遗嘱的效力认定

王某乙等与王某丁等继承纠纷案[①]

【关键词】

遗嘱继承　录像遗嘱　形式要件

【案情简介】

王某己与王某庚系夫妻关系，双方均系初婚，共育有四名子女，分别为：王某戊、王某丙、王某甲、王某乙。王某己于 2000 年 10 月 16 日去世，王某庚于 2019 年 7 月 11 日去世；王某丁系王某丙之子。

王某丁提交 2016 年 10 月 11 日订立、王某庚留有的代书遗嘱两份，其中一份载明：（1）东大桥 16 楼 × 号我的房产归我的孙子王某丁。2016 年 10 月 11 日，见证人：车某、司某、孔某。（2）王某庚 2016 年 10 月 11 日在家以文字和录像的形式立遗嘱。（3）见证人：车某、司某，孔某。另一份遗嘱载明：本人王某庚 2016 年 10 月 11 日在家以录像和文字的形式立遗嘱（注：东大桥 16 楼 × 号）。本人在东大桥 16 号楼 × 号名下的房产，在我百年之后归孙子王某丁所有，为此特邀请朋友车某、司某、孔某现场作证。证明人：车某、司某、孔某，房产遗嘱人：王某庚。就此，王某丁提交王某庚立遗嘱时的录像光盘一张，但并无该录像遗嘱的原始载体。

【判例分析】

一审法院认为，涉案房屋系王某己与王某庚夫妻共同财产，二人去世后应视为遗产予以分割。现王某丁提交王某庚去世时留有的代书

① 参见北京市第三中级人民法院（2021）京 03 民终 10077 号民事判决书。

遗嘱两份以及录像遗嘱一份，首先，代书遗嘱虽有各见证人以及代书人出庭作证，但根据法律对于代书遗嘱在形式方面的要求，代书遗嘱应当有两个以上见证人在场见证，由其中一人代书，并由遗嘱人、代书人和其他见证人签名，注明年、月、日。本案中，王某丁表示代书人系案外人杨某，但其提交的两份代书遗嘱均没有代书人签名，故该代书遗嘱不符合法律规定的遗嘱形式，该遗嘱应视为无效的遗嘱。其次，就录像遗嘱，虽王某丁提交了王某庚立遗嘱时的录像光盘一份，但其未提交录像遗嘱的原始载体，且在该录像过程中，见证人孔某未全程露面，见证人车某、司某、孔某均未自述姓名，根据法律对于录像遗嘱在形式方面的要求，录像遗嘱应提供储存该视听资料的原始载体，遗嘱人和见证人应当清晰地在录像中记录其姓名；在记录肖像时，遗嘱人和见证人上半身影像和全身影像都应在录像中有所反映，尤其是脸部图像更需要清晰地呈现出来。故本案王某丁提交的录像遗嘱，在形式上亦不符合法律规定的相关要求。最后，在被继承人无遗嘱的情况下，同一顺序继承人继承遗产的份额，一般应当均等。故法院认定涉案房屋应由原告王某甲、原告王某乙、被告王某丙、被告王某戊共同继承所有，每人各继承涉案房屋1/4的产权份额。

二审法院认为，涉案房屋系王某己与王某庚夫妻共同财产，二人去世后该房屋应作为遗产予以处理。本案中，王某丁提交王某庚去世时留有的代书遗嘱两份以及录像遗嘱一份。王某丁提交的两份代书遗嘱均没有代书人签名，故一审认定代书遗嘱不符合法律规定的遗嘱形式，并无不当。对于录像遗嘱，王某丁一审中提交了王某庚立遗嘱时的录像光盘，二审中提交了该录像的原始载体。经审查，录像较为连贯清晰，王某庚在录像中较为清晰地表达了自己对遗产处理的意愿，录像中亦能够体现出两名以上在场见证人进行了见证。王某甲、王某乙虽对遗嘱的真实性和效力提出异议，但依据不足，二审法院不予采纳。综上，王某庚生前所立遗嘱应认定为真实有效。另外，王某甲、王某乙主张王某丁未在知道遗赠之日起两个月内作出接受遗赠的表示，结合本案实际情况及各方当事人的陈述，王某甲、王某乙的该项抗辩意见缺乏事实依据，二审法院对此不予采纳。在此基础上，二审法院认定涉案房屋属于王某庚的份额60%应按照遗嘱由王某丁享有，属于王某己的份额应由王某丙、王某乙、王某戊、王某甲进行法定继承，四人各继承10%。

【风险提示】

为顺应时代潮流，满足人民群众日益丰富的生活需求，在原《继承法》第17条第4款规定的录音遗嘱的基础上，新增一种遗嘱形式：录像遗嘱。录像遗嘱，是指以录像机、照相机等可以录制声音和影像的器材所录制的遗嘱人遗嘱。在《民法典》中纳入录像遗嘱的规定，正是为了适应科技发展的趋势和公众便捷获取证据方式的需求。通过使用录像设备，将遗嘱人立遗嘱的整个过程进行记录和保存，这种方式能够同时提供视觉和听觉的信息，更加全面地展现遗嘱人的真实意图，不仅有助于准确理解遗嘱人的意愿，而且有利于保护遗嘱人和相关继承人的合法权益。

录像遗嘱因其数字化的本质，一方面方便遗嘱的复制与播放，另一方面带来伪造、修改和编辑的风险。为了确保录像遗嘱的法律效力并防止潜在的欺诈行为，必须对其构成要素进行严格规定。录像遗嘱不仅要满足传统“见证遗嘱”的要求，还要符合“视听资料、电子数据”相关的法律标准。具体要求如下：（1）由遗嘱人亲自叙述遗嘱的内容。（2）有两个以上见证人在场见证。（3）遗嘱人和见证人应当在录像中记录其姓名或者肖像。（4）遗嘱人和见证人应当在录像中记录年、月、日。

目前，录像遗嘱在司法实践中存在的主要问题包括：首先，录像遗嘱在进入法律诉讼阶段时，由于形式要求上的缺陷被判定为无效的情况相对较多；其次，由于录像遗嘱的数字化特性，容易被伪造，故在司法实践中许多录像遗嘱的真实性被否定。

【律师建议】

如前文所述，录像遗嘱的主要问题包括形式要求上的缺陷及遗嘱的真实性认定。因此，对法律风险的防范也应由此出发。

1. 录像遗嘱的形式要件

（1）录像遗嘱必须录制遗嘱人和见证人的肖像。录像中必须包含遗嘱人和见证人的完整正面肖像。如果因为录制角度或其他原因，导致录像只显示了侧面像，或者正面肖像不清晰，录像遗嘱不能被认定为有效。

（2）录像必须有指定内容。首先，录像遗嘱必须在开头由遗嘱人宣示所录内容为遗嘱；其次，遗嘱人和见证人要在录像中明确自己的姓名、身份；最后，遗嘱人和见证人要在录像中表明录制的具体时间。

（3）有两名以上见证人在场。为了保证录音录像遗嘱的真实性，需要两名以上无利害关系的见证人在场，全程见证录音录像遗嘱的形成过程。

2. 录像遗嘱作为视听资料、电子数据的真实性审查

（1）《最高人民法院关于民事诉讼证据的若干规定》第15条规定："当事人以视听资料作为证据的，应当提供存储该视听资料的原始载体。当事人以电子数据作为证据的，应当提供原件。电子数据的制作者制作的与原件一致的副本，或者直接来源于电子数据的打印件或其他可以显示、识别的输出介质，视为电子数据的原件。"

（2）根据《最高人民法院关于民事诉讼证据的若干规定》第93条的规定，电子数据的真实性认定应综合考量电子数据的生成、存储、传输所依赖的计算机系统的硬件、软件环境是否完整、可靠，是否处于正常运行状态，或者不处于正常运行状态时对电子数据的生成、存储、传输是否有影响，是否具备有效的防止出错的监测、核查手段，电子数据是否被完整地保存、传输、提取，保存、传输、提取的方法是否可靠，电子数据是否在正常的往来活动中形成和存储，保存、传输、提取电子数据的主体是否适当等影响电子数据完整性和可靠性的

因素。必要时，可以通过鉴定或者勘验等方法，审查判断录像有无拼接、录像帧数是否自然完整。

法律未对录像遗嘱的保存形式进行规定，笔者建议，录像制作完毕后，应当密封保存原件，并在封面上由遗嘱人、见证人签名，注明年、月、日，由遗嘱人保管或交见证人保管。原始载体的保存对于证明录音录像遗嘱的法律效力至关重要。原始载体不仅可以明确记录遗嘱的客观形成时间，还能与录制设备的特定参数相匹配，如录音的采样频率、录制格式等，这些细节对于验证录音的真实性极为关键。同理，录像的原始载体也记录了视频的原始时间和与录制设备（如摄像头、录制软件等）的规格参数相匹配的视频格式，包括光圈、焦距、图像帧数等。如果只提供了拷贝件，那么这些录音或录像的真实性就难以得到确认。

【法条链接】

《中华人民共和国民法典》

第一千一百三十七条　以录音录像形式立的遗嘱，应当有两个以上见证人在场见证。遗嘱人和见证人应当在录音录像中记录其姓名或者肖像，以及年、月、日。

第一千一百四十条　下列人员不能作为遗嘱见证人：

（一）无民事行为能力人、限制民事行为能力人以及其他不具有见证能力的人；

（二）继承人、受遗赠人；

（三）与继承人、受遗赠人有利害关系的人。

《最高人民法院关于适用〈中华人民共和国民法典〉继承编的解释（一）》

第二十四条　继承人、受遗赠人的债权人、债务人，共同经营的合伙人，也应当视为与继承人、受遗赠人有利害关系，不能作为遗嘱的见证人。

《最高人民法院关于民事诉讼证据的若干规定》

第十五条 当事人以视听资料作为证据的，应当提供存储该视听资料的原始载体。

当事人以电子数据作为证据的，应当提供原件。电子数据的制作者制作的与原件一致的副本，或者直接来源于电子数据的打印件或其他可以显示、识别的输出介质，视为电子数据的原件。

第九十三条 人民法院对于电子数据的真实性，应当结合下列因素综合判断：

（一）电子数据的生成、存储、传输所依赖的计算机系统的硬件、软件环境是否完整、可靠；

（二）电子数据的生成、存储、传输所依赖的计算机系统的硬件、软件环境是否处于正常运行状态，或者不处于正常运行状态时对电子数据的生成、存储、传输是否有影响；

（三）电子数据的生成、存储、传输所依赖的计算机系统的硬件、软件环境是否具备有效的防止出错的监测、核查手段；

（四）电子数据是否被完整地保存、传输、提取，保存、传输、提取的方法是否可靠；

（五）电子数据是否在正常的往来活动中形成和存储；

（六）保存、传输、提取电子数据的主体是否适当；

（七）影响电子数据完整性和可靠性的其他因素。

人民法院认为有必要的，可以通过鉴定或者勘验等方法，审查判断电子数据的真实性。

3. 共同遗嘱的效力认定

张某甲、张某乙等遗嘱继承纠纷案[①]

【关键词】

遗嘱继承　共同遗嘱　形式要件

【案情简介】

被继承人张某丙与王某系夫妻关系，双方共同生育一女三子，分别为原告张某丁、被告张某甲、张某乙及张某戊。张某丁与柴某甲系夫妻关系，双方共生育一女，即被告柴某乙。张某丙于2017年4月13日死亡，王某于2020年1月26日死亡。位于上海市宝山区南大路某房屋登记在张某丙名下，系张某丙与王某的夫妻共同财产。

2007年9月9日，张某丙与王某立下遗嘱，遗嘱由张某丙书写，主要内容为："我张某丙与妻子王某已年老体弱，我俩的日常生活一直是我女张某丁关心照料……我俩已年过高龄唯恐身后之事没处理好；因此现在脑子还清醒时，经与王某再三相商后我俩主动提出自愿将我俩居住在南大路某房屋产权变更为我女儿张某丁和女婿柴某甲两人所有，变更后的房产所有权、房屋的行使权属张某丁和柴某甲两人，其他一切人员一律无权参与干涉……张某丁、柴某甲夫妇俩忠实遵循诺言奉养张某丙、王某到老年寿终为止……关于张某甲和他儿子张某己，协商后，张某甲和张某己在原居住处由张某丁、柴某甲夫妻俩一次性支付人民币壹拾万元给张某甲、张某己父子俩买断。人员迁出原住处……"张某丙和王某在落款处各自签名捺印，张某甲、张某己在

---

① 参见上海市宝山区人民法院（2021）沪0113民初7089号民事判决书。

“鉴证人”处签名捺印，张某丁、柴某甲在“在场证明人”处签名捺印。遗嘱落款日期为2007年9月9日。

【判例分析】

一审法院认为，公民依法享有继承权，可以依照法律规定立遗嘱处分个人财产，夫妻也可针对共同财产的处分订立夫妻共同遗嘱。原告张某丁提供的被继承人张某丙、王某于2007年9月9日所立的共同遗嘱是否有效。两个被继承人共同订立的遗嘱，以处分共同遗嘱人共有的财产，为共同遗嘱。我国法律虽未明确规定共同遗嘱，但也未排除共同遗嘱的有效性。本案中原告张某丁提交的共同遗嘱由被继承人之一的张某丙执笔，落款处由张某丙和王某共同签名捺印，共同遗嘱处分的是属于两遗嘱人的夫妻共同财产，系共同遗嘱人的真实意思表示，符合共同遗嘱的特征和形式要件。被告张某庚（为张某戊之子）对遗嘱的真实性、合法性、关联性均不予认可，但没有提供相关的证据予以证明，且未申请对张某丙的字迹以及张某丙和王某签名的真实性进行鉴定，因而应当承担举证不能的法律后果，被告张某庚认为共同遗嘱无效的抗辩意见，一审法院不予采纳。

【风险提示】

随着社会的快速发展和公民法律意识的日益增强，更多人开始选择通过遗嘱来安排身后财产。在我国，大部分家庭依旧遵循夫妻共有财产的制度，因此，夫妻共同订立遗嘱既顺应我国的国情和传统，又对保持财产的稳定性发挥重要作用。所谓共同遗嘱，是指两个或两个以上的遗嘱人达成合意，共同订立一份遗嘱，在遗嘱中对各自或共同的财产作出处分和安排。夫妻共同遗嘱确保双方有平等的权利处置个人或共有财产，反映了遗嘱人的共同愿望。这种方式不仅可以保证共有财产的完整传承，还能有效维护配偶一方去世后的合法利益，从而促进社会的和谐与稳定。

然而，我国现行法律关于夫妻共同遗嘱制度的规定几乎没有。《民法典》继承编及《最高人民法院关于适用〈中华人民共和国民法典〉

继承编的解释（一）》对共同遗嘱均未进行规定。司法部于 2000 年 3 月 24 日发布的《遗嘱公证细则》自 2000 年 7 月 1 日起正式施行，该细则第 15 条规定："两个以上的遗嘱人申请办理共同遗嘱公证的，公证处应当引导他们分别设立遗嘱。遗嘱人坚持申请办理共同遗嘱公证的，共同遗嘱中应当明确遗嘱变更、撤销及生效的条件。"依此规定，公证机构有权对所订立的"共同遗嘱"进行公证，从而在遗嘱公证方面基本上肯定了"共同遗嘱"的法律效力。在实际生活中，夫妇之间订立共同遗嘱的实例相当广泛。在私法权利领域，遵循"未经法律明令禁止即视为允许"的原则，为夫妻共同遗嘱的创建提供了法律基础，从而保障其法律效力与可执行性。且《民法典》第 1133 条已经明确规定"自然人可以依照本法规定立遗嘱处分个人财产"，这就为共同遗嘱的订立奠定了法律基础。

但是，在司法实践中对共同遗嘱的效力问题仍然存在比较大的争议，也未形成统一的司法裁判标准，这不利于处理涉及共同遗嘱的继承纠纷。

【律师建议】

如前文所述，社会实践中夫妻共同遗嘱大量出现，而现行法律法规对此并无专门规定。2018 年 6 月 19 日，《北京市高级人民法院关于审理继承纠纷案件若干疑难问题的解答》第 19 条关于共同遗嘱能否认定有效的问题解答中，明确表明"以夫妻双方名义共同订立的处理夫妻共同财产的遗嘱，符合遗嘱形式要件的应为有效。当事人仅以遗嘱内容为一方书写，不符合代书遗嘱相关形式要件为由请求认定遗嘱无效的，人民法院不予支持。"此解答已基本认定了符合遗嘱形式要件的夫妻共同遗嘱的法律效力，虽未上升至全国性立法文件，但仍有一定的参考意义。笔者认为，夫妻共同遗嘱类似自书遗嘱和代书遗嘱的结合体。在阅读相关司法判例后，总结司法实践中被肯定的夫妻共同遗嘱，笔者提出以下法律建议。

首先，订立共同遗嘱，尽量采用"自书遗嘱"的形式，并应符合自书遗嘱的形式要件，即夫妻一方亲笔书写遗嘱，签名并注明日期，另一方签名，也应注明日期。遗嘱中的“日期”应为完整的年、月、日，司法实践中存在因另一方未签署日期或签署日期不完整而认定共同遗嘱部分无效的案例。在曲某1与曲某4等继承纠纷案[①]中，曲某6和赵某订立夫妻共同遗嘱，北京市高级人民法院认为：“赵某在世时，曲某6所立自书遗嘱上虽有赵某的签名但是没有标注签名日期，不符合共同遗嘱的法定形式要件，故法院未认定前述遗嘱为夫妻共同遗嘱，赵某生前并未留有生效遗嘱，于法有据。”

其次，建议由两个无利害关系的见证人在场全程见证，见证人全体签名、注明日期。尽管《民法典》未明确要求自书遗嘱必须有见证人在场，但考虑到夫妻共同遗嘱的特殊性，有见证人在场可以验证遗嘱签名是否为夫妻本人所为、是否反映了他们的真实意愿等重要信息。此外，在遗嘱涉及法律争议时，见证人还能作为证人出庭，帮助法院确定遗嘱的真实性和有效性。在实际司法操作中，缺少见证人的情况有时会导致夫妻共同遗嘱效力被否定。在陆某等与邢某3等遗嘱继承纠纷案[②]中，邢某5、陆某生前立下共同遗嘱，该遗嘱由邢某5书写。上海市普陀区人民法院认为：“有关邢某5的部分可以认定为邢某5的自书遗嘱，合法有效。共同遗嘱中有关顾某的部分应当认定为代书遗嘱，但该遗嘱并无其他见证人签字确认，故有关顾某的部分不符合代书遗嘱的形式要件，不具有法律效力。”需要注意的是，见证人应全程在场见证遗嘱人从遗嘱起草到签署的整个订立过程，而非仅是简单地让见证人在遗嘱上签名了事。

除了上述两点关于效力认定方面的建议之外，笔者还建议，在共同遗嘱中，应明确遗嘱的生效时间以及变更和撤回的条件，避免今后发生分歧。由于民事法律规范暂无涉及共同遗嘱的相关内容，针对其

---

① 参见北京市高级人民法院（2021）京民申5017号民事裁定书。

② 参见上海市普陀区人民法院（2021）沪0107民初16291号民事判决书。

生效时间、撤销与变更的问题更是处于立法空白地带。北京市高级人民法院发布实施的《关于审理继承纠纷案件若干疑难问题的解答》第19条对该内容有所涉及，该地方性司法文件清楚地表达了对共同遗嘱效力的立场，在某种程度上弥补了立法上的空白。然而，由于其法律效力层级较低，且仅为地方性文件，因此不能在全国范围内得到广泛适用。为了预防纠纷，笔者建议，提前确定遗嘱的生效时间以及变更和撤销的条件，以减少将来的分歧。

【法条链接】

《中华人民共和国民法典》

第一千一百二十一条　继承从被继承人死亡时开始。

相互有继承关系的数人在同一事件中死亡，难以确定死亡时间的，推定没有其他继承人的人先死亡。都有其他继承人，辈份不同的，推定长辈先死亡；辈份相同的，推定同时死亡，相互不发生继承。

第一千一百三十三条　自然人可以依照本法规定立遗嘱处分个人财产，并可以指定遗嘱执行人。

自然人可以立遗嘱将个人财产指定由法定继承人中的一人或者数人继承。

自然人可以立遗嘱将个人财产赠与国家、集体或者法定继承人以外的组织、个人。

自然人可以依法设立遗嘱信托。

《最高人民法院关于适用〈中华人民共和国民事诉讼法〉的解释》

第一百零八条　对负有举证证明责任的当事人提供的证据，人民法院经审查并结合相关事实，确信待证事实的存在具有高度可能性的，应当认定该事实存在。

对一方当事人为反驳负有举证证明责任的当事人所主张事实而提供的证据，人民法院经审查并结合相关事实，认为待证事实真伪不明的，应当认定该事实不存在。

法律对于待证事实所应达到的证明标准另有规定的，从其规定。

《遗嘱公证细则》

第十五条 两个以上的遗嘱人申请办理共同遗嘱公证的，公证处应当引导他们分别设立遗嘱。

遗嘱人坚持申请办理共同遗嘱公证的，共同遗嘱中应当明确遗嘱变更、撤销及生效的条件。

二、遗赠纠纷

遗赠是指自然人以遗嘱的方式将其财产赠与国家、集体或者法定继承人以外的人，而于其死亡后发生效力的民事行为。遗赠纠纷则是遗赠人在设立遗嘱或其继承人在实施其遗嘱过程中发生的纠纷。区别于遗嘱继承，受遗赠人可以是国家、集体或法定继承人以外的人。

遗赠一般通过遗嘱的方式展现，据以确认受遗赠权的遗嘱必须是合法有效的遗嘱。遗嘱无效，当然导致遗赠无效。实践中，基于遗赠而发生的民事纠纷大量出现，案件审理中常见的遗赠纠纷情形包括遗赠效力认定、继承方式并存的处理以及受遗赠人表示接受遗赠的法律性质认定等。对于具体规则适用以及相关责任的认定，下文将从实际的民事判决出发，以期为遗赠关系相关主体提供对于遗赠纠纷的防范和处理建议。

1. “接受遗赠”意思表示的认定

党某1诉党某2等继承纠纷案[①]

【关键词】

遗赠纠纷　接受遗赠　意思表示

【案情简介】

党某5与吴某某系夫妻关系，两人生育四个子女，长子党某甲、次子党某乙、三子党某3、四子党某丙。党某甲、任某某生育一女党某4；党某乙、姚某某生育一女党某1；党某3、张某某生育一女党某2，党某丙育有一子于某（曾用名党某丁）。

吴某某于1989年1月17日去世。党某5于2016年8月25日去世，留下遗嘱一份，内容为，“我叫党某5，男，1934年11月21日出生，山东省监狱离休干部，坐落于济南市历下区某路××号×楼×单元×××号的房产，在我去世后单位发的抚恤金等及我所有财产均由我的孙女党某2继承。立遗嘱人党某5，2010年4月11号”。党某2特提出鉴定申请，申请对党某5书写的遗嘱笔迹的真实性进行司法鉴定。

党某1、于某表示，受遗赠人党某2没有在法律规定的时间内表示接受遗赠，不产生接受的法律结果。党某2辩称，被继承人党某5于2016年8月25日去世，党某2向党某3出具的授权委托书的时间为2016年9月28日，未超出法律规定的60日时间，授权委托书记载的内容为其授权党某3办理被继承人遗产事宜，且根据证人岳某某的出庭作证，授权委托书系党某2亲笔书写，并于落款载明的日期当天书

① 参见山东省济南市中级人民法院（2021）鲁01民终5244号民事判决书。

写，通过该授权委托书及证人的出庭作证足以证实党某2在法律规定的期限内明确接受了被继承人的遗产。

【判例分析】

法院审理认为，根据法律规定，受遗赠人应当在知道受遗赠后60日内作出接受或放弃的意思表示，该60日表示期间，起自知道受遗赠的事实后。根据审判实践，接受的形式可以是书面也可以是其他形式，如受遗赠人虽未以书面或口头形式表示接受，但其特定行为能够反映其接受遗赠的，也应认定为接受遗赠，不能简单以未作出书面表示等即否认其接受遗赠的权利。具体到本案，根据被上诉人的陈述可知，被继承人书写该份遗嘱后将其交给了被上诉人党某2，党某2收到后即交给了其父亲党某3保管。首先，党某2收到遗嘱时被继承人党某5尚在世，对于被继承人尚在世的遗赠，可向被继承人直接作出接受的意思表示。其次，党某2接收遗嘱并交给其父亲保管的行为，在一定程度上可以认定系对被继承人党某5作出了接受的意思表示。并且，党某2收到遗嘱时系未成年人，根据法律规定，党某3作为其法定代理人只能代为接受遗赠，不能代为放弃。因此，对于上诉人提出的被上诉人未在60日内表示接受遗赠的主张，法院不予采信。

【风险提示】

随着老龄人口占比的增多，遗赠纠纷日益增加，引起社会的广泛讨论。根据《民法典》第1127条的规定，我国的法定继承人分为第一顺序（配偶、子女、父母）；第二顺序（兄弟姐妹、祖父母、外祖父母）。在上述法定继承人之外的人均可能成为受遗赠人。根据遗嘱，老年人可以依据自己意愿将遗产给予真正承担了关心照顾、养老送终责任的人。

《民法典》第1124条第2款规定："受遗赠人应当在知道受遗赠后六十日内，作出接受或者放弃受遗赠的表示；到期没有表示的，视为放弃受遗赠。"故，受遗赠人"接受遗赠"的意思表示是否在法定期限内作出，决定着受遗赠人能否真正受遗赠，也决定着能否实现遗赠人的遗愿。然而，现有法律法规对受遗赠人向谁作出意思表示以及如何作出意思表示，均无明文规定。虽然目前对于受遗赠人作出接受遗赠表示的具体方式采取宽松的原则，但受遗赠人仍需要注意及时明确作出接受遗赠的意思表示。在许多案例中，法定继承人主张受遗赠人未在法定期限内作出“接受遗赠”的意思表示，导致受遗赠人无法获得遗赠人的遗产。

【律师建议】

如前文所述，受遗赠人“接受遗赠”的意思表示至关重要。笔者在阅读相关司法判例后，总结了从下几种除通过书面方式“接受遗赠”外的经法院肯定的“接受遗赠”的“意思表示”。

1. 受遗赠人以事实行为表明“接受遗赠”

本案中，党某2接收遗嘱并交给其父亲保管的行为，在一定程度上可认定其作出了“接受遗赠”的意思表示。类似的案例，如在杜某与燕某遗赠纠纷案①中，北京市高级人民法院认为，燕某军所立遗嘱为代书遗嘱，该遗嘱由燕某军口述，在见证人申某胜的见证下，由李某利代书，书写完毕后李某利向燕某军宣读遗嘱的内容，遗嘱人燕某军签名并按手印，且注明了该遗嘱的时间，该遗嘱符合法律规定的代书遗嘱的形式要求，系燕某军的真实意思表示。燕某军将其所有的涉诉宅院内的房屋以遗嘱的形式赠与同属于东沿头村集体经济组织成员的燕某，并不违反法律、行政法规规定，合法有效。燕某军去世后，案涉宅院一直由燕某占有使用。燕某将案涉宅院对外出租并收取租金的行为，系以事实行为表明其接受燕某军的遗赠。

2. 通过微信提及遗嘱可被视为“接受遗赠”

受遗赠人微信提及遗嘱可被视为“接受遗赠”。在张某甲、张某乙继承纠纷案②中，张某乙于宋某英死亡后在亲友微信群中告知宋某英亲

---

① 参见北京市高级人民法院（2022）京民申7435号民事裁定书。

② 参见四川省高级人民法院（2018）川民申4151号民事裁定书。

属案涉遗嘱一事，四川省高级人民法院结合张某乙主张继承宋某英遗产等相关事实，认定张某乙已接受遗赠的事实。

3. 向管理和控制遗产的人要求分割遗产

《民法典》第1145条规定了“遗产管理人”，受遗赠人可以向遗产管理人作出接受遗赠的表示。在王某乙等与李某等继承纠纷案[①]中，遗嘱人张某去世后，案涉房屋由李某、王某丙控制管理，李某知道受遗赠后亦向王某丙表示接受遗赠，且曹某甲、曹某乙亦表示李某、王某丙曾要求各方当事人办理房产继承过户。因此，法院认定李某已按法律规定作出继受遗赠的意思表示。

4. 向公证处办理受遗赠公证

受遗赠人可以办理遗赠公证，作出接受遗赠的意思表示。在张某甲等与张某丙等继承纠纷案[②]中，北京市高级人民法院认为，张某乙、张某丙称2016年3月才知道刘某某（祖辈）立了遗嘱。张某乙、张某丙确于2016年4月向公证处申请办理受遗赠公证，张某戊、张某己、张某庚等人均到场签字，上述情形不宜认定张某乙、张某丙放弃继承遗赠。法院据此判断刘某某所作遗赠已生效，刘某某的遗产应按遗赠办理，由张某乙、张某丙继承。

综上所述，受遗赠人可以通过书面或口头的方式向遗产管理人、实际管理或控制遗产的人作出“接受遗赠”的表示，具体可以通过书面方式“接受遗赠”，通过实际占有、使用、管理遗产等事实行为表示接受遗赠，通过微信等方式作出表示，向管理和控制遗产的人要求分割遗产，去公证处办理受遗赠公证等方式作出“接受遗赠”的意思表示。

【法条链接】

《中华人民共和国民法典》

第一千一百二十四条　继承开始后，继承人放弃继承的，应当在

---

① 参见北京市高级人民法院（2020）京民申195号民事裁定书。

② 参见北京市高级人民法院（2020）京民申1094号民事裁定书。

遗产处理前，以书面形式作出放弃继承的表示；没有表示的，视为接受继承。

受遗赠人应当在知道受遗赠后六十日内，作出接受或者放弃受遗赠的表示；到期没有表示的，视为放弃受遗赠。

第一千一百四十五条 继承开始后，遗嘱执行人为遗产管理人；没有遗嘱执行人的，继承人应当及时推选遗产管理人；继承人未推选的，由继承人共同担任遗产管理人；没有继承人或者继承人均放弃继承的，由被继承人生前住所地的民政部门或者村民委员会担任遗产管理人。

2. 遗赠协议不得违反公序良俗原则

杨某、陈某1遗赠纠纷案[①]

【关键词】

遗赠协议　婚姻自由　明示接受

【案情简介】

被继承人刘某与陈某1于××年缔结婚姻关系，后生育长子刘某1，长女刘某2，次女刘某3，次子刘某4，三子刘某5。

刘某曾于2015年7月3日向一审法院提起离婚诉讼，一审法院经审理后作出不准许刘某与陈某1离婚的民事判决，该民事判决于2016年2月5日生效。2016年8月9日刘某再次提起离婚诉讼，主张双方已经分居十几年，刘某本人到庭参加了庭审，一审法院作出民事判决，准许刘某与陈某1离婚。陈某1不服一审判决提起上诉，刘某在二审审理期间于2017年8月27日因病死亡，广东省深圳市中级人民法院于2017年10月26日作出民事裁定，裁定终结诉讼。刘某去世前与杨某一同生活。

杨某提交的《广东法尔律师事务所见证书》显示：2016年8月4日，刘某自书遗嘱一份，内容："刘某生前养育三男二女共五个小孩，年轻时经自力更生艰苦创业自建了三幢房屋，2010年政府旧村改造将我原来老宅拆迁回迁房屋。经旧改办及村委统一安排，刘某1分得502.689平方米，刘某5分得497.698平方米，刘某4分得492.689平方米，刘某2分得100平方米，刘某3分得140平方米。原妻子陈某1

① 参见广东省深圳市中级人民法院（2019）粤03民终21725号民事判决书。

因将其份额主动给了三个男孩，只留了80平方米，刘某分了300平方米。因生前所养育子女对刘某不孝顺且打骂恐吓，刘某对其子女已无亲情关系。刘某因政府旧村改造所分得房产300平方米全部归杨某所有，任何人无权分争，股份公司股权份额也归杨某所有，杨某作为保姆对刘某十几年的关心照顾，刘某很开心，以此财产赠送而表示心意，本遗嘱由杨某2监督执行。”

2017年6月19日，刘某再次立下遗嘱——《房产继承遗嘱书》，遗嘱中关于刘某与杨某、陈某1的关系表述如下：刘某与陈某1于××年结婚之后，在婚姻存续期间，因陈某1长期扑在麻将台上，为了打麻将而没有把家庭照顾好，导致夫妻常常吵架，引发夫妻感情破裂。约在1981年，陈某1有婚外恋，导致夫妻感情完全破裂，最终因感情不和而分居生活。在夫妻分居生活若干年后，2001年因刘某生活需要，聘请了杨某作为保姆，由其照顾刘某的日常生活，后来随着岁月的推移，彼此间产生了感情，因而发展为同床共枕，共同生活至今已时过十七年之久，彼此间感情浓厚，不是妻子胜于妻子，两者已成为不离不弃、形影不离的老伙伴。该遗嘱对于财产的处理如下：1. 鉴于杨某已与刘某生活十七年之久，两者感情浓厚，恩爱深切，两者已同床共枕多年，已是事实婚姻中的夫妻关系，为报答杨某的恩爱之情，为解除杨某的后顾之忧，从道德良心上出发，决定待刘某死亡后，把依法分得的位于深圳市南山区共计300平方米的房屋所有权全部归杨某所有；2. 刘某享有的深圳市××股份有限公司中所有股权份额以及生前所享有的一切财物也归属杨某所有……上述遗嘱内容为打印字体，立遗嘱人处有刘某的签名及捺印，杨某在受遗赠人处签名，负责监督执行人为杨某某，在场见证人为张某、黄某。杨某称张某、黄某系杨某与刘某的共同朋友。陈某1对该份遗嘱的真实性不予认可，其称刘某的住院病历显示2017年6月17日刘某突患多发性脑梗死，该遗嘱系刘某患脑梗死后形成的，刘某已无正常人的思维和意识，杨某某系杨某的亲戚，张某和黄某均系杨某的朋友，刘某不认识两人。

【判例分析】

一审法院认为：刘某与杨某的同居行为违背公序良俗，为法律所禁止，但该行为并不必然导致刘某的遗赠行为无效。遗赠是权利人对自己财产的单方意思表示，亦受法律保护。原《继承法》第 3 条中规定“遗产是公民死亡时遗留的个人合法财产”，第 16 条中规定“公民可以立遗嘱将个人财产赠给国家、集体或者法定继承人以外的人”，据此，原《继承法》对受赠人的身份和主体资格没有限制性规定，赋予了公民遗嘱自由的权利，任何公民生前均有权依法处分其个人所有的合法财产，被继承人死亡时，继承开始，被继承人所有的个人合法财产应当与他人财产进行区分。本案中，刘某死亡时，继承即开始，此时刘某的个人合法财产即应当与夫妻共同财产进行区分，刘某作为遗赠人遗赠个人财产以及杨某作为接受遗赠人接受遗赠并不违反法律规定，因此，杨某主张刘某的遗产由其继承，一审法院予以支持。

二审法院认为：即便事出有因，刘某与杨某长期同居的行为也违反了原《婚姻法》第 3 条第 2 款中“禁止有配偶者与他人同居”、第 4 条中“夫妻应当互相忠实，互相尊重”的规定，同时，刘某超出日常生活需要对夫妻共同财产进行处分，单独将大额夫妻共同财产赠与他人，杨某明知刘某有配偶而与其长期同居并接受大额财产的赠与，显然也不能视为善意第三人，因此，刘某自书遗嘱、《房产继承遗嘱书》，既违反了原《婚姻法》第 17 条“夫妻在婚姻关系存续期间所得的下列财产，归夫妻共同所有：……夫妻对共同所有的财产，有平等的处理权”、第 24 条第 1 款“夫妻有相互继承遗产的权利”、原《最高人民法院关于适用〈中华人民共和国婚姻法〉若干问题的解释（一）》第 17 条“婚姻法第十七条关于‘夫或妻对夫妻共同所有的财产，有平等的处理权’的规定，应当理解为：（一）夫或妻在处理夫妻共同财产上的权利是平等的。因日常生活需要而处理夫妻共同财产的，任何一方均有权决定。（二）夫或妻非因日常生活需要对夫妻共同财产做重要处理决定，夫妻双方应当平等协商，取得一致意见。他人有理由相信其为夫妻双方共同意思表示的，另一方不得以不同意或不知道为由对抗善意第三人”之规定，剥夺了陈某1对夫妻共同财产平等的处理权和陈某1对刘某的合法财产继承权，也违反了原《民法总则》第8条关于公序良俗的规定，综上，依照原《民法总则》第153条第2款“违背公序良俗的民事法律行为无效”、第155条“无效的或者被撤销的民事法律行为自始没有法律约束力”之规定，刘某以自书的《刘某遗嘱》《房产继承遗嘱书》的方式作出的遗赠行为应属无效民事法律行为，因此，杨某关于确认《刘某遗嘱》《房产继承遗嘱书》合法有效及继承涉案三套房产的诉讼请求，没有法律依据，法院不予支持。

【风险提示】

遗嘱，是立遗嘱人在生前对其财产所做的处分或对其身后的事务所做的安排，并在其死亡时发生效力的单方民事法律行为。遗嘱自由是现代各国继承法的基石，但鉴于其可能带来的随意性，各国都对其施加了一定限制。这些限制体现在多个层面，例如，为遗嘱人的直系亲属保留一定份额，确保无劳动能力且无生活来源的继承人得到必要的遗产，以及遵循民法中的公序良俗原则。尽管不同国家对遗嘱自由的限制各有差异，但共同点在于，任何违反法律或公序良俗的遗嘱都将被判定为无效。

欲使遗嘱发生法律效力，立遗嘱人在订立遗嘱时不仅要符合遗嘱的形式要件，还要保证其所立遗嘱的内容不违反宪法和法律的规定，不违反社会公德和损害社会公共利益。本案中刘某超出日常生活需要对夫妻共同财产进行处分，单独将大额夫妻共同财产赠与他人，不仅违反了关于夫妻共同财产的相关规定，而且因与杨某同居，违反了原《婚姻法》第3条第2款“禁止有配偶者与他人同居”、第4条第1款“夫妻应当互相忠实，互相尊重”等规定，违反了公序良俗原则，导致遗赠协议无效。

【律师建议】

遗嘱及遗赠作为财产继承和传承的重要方式，在法律规定下具有一定的约束和规范。下文将就遗嘱及遗赠的有效性展开讨论，探讨违反法律规定的遗嘱及遗赠的无效性问题，分析接受遗赠的明示方式要求。

遗嘱是要式民事法律行为，每种遗嘱形式都应当符合形式要件。《民法典》第 1134 条、第 1135 条规定，自书遗嘱由遗嘱人亲笔书写，签名，注明年、月、日；代书遗嘱应当有两个以上见证人在场见证，由其中一人代书，并由遗嘱人、代书人和其他见证人签名，注明年、月、日。遗赠，是指立遗嘱人通过立遗嘱形式将其个人财产赠给国家、集体或法定继承人以外的人。

遗赠协议除形式合法之外，内容不得违反宪法和法律的规定，不得违反社会公德和损害社会公共利益。

《民法典》第 153 条规定："违反法律、行政法规的强制性规定的民事法律行为无效。但是，该强制性规定不导致该民事法律行为无效的除外。违背公序良俗的民事法律行为无效。"遗嘱与遗赠属于民事法律行为，必须遵守法律和国家政策，否则相应内容一律无效。《民法典》第 1041 条第 2 款规定，"实行婚姻自由、一夫一妻、男女平等的婚姻制度"；第 1042 条第 1 款规定，"禁止包办、买卖婚姻和其他干涉婚姻自由的行为"。因此，在实务中，为了避免遗嘱或遗赠失去效力，当事人不能以配偶是否再婚作为配偶取得相应财产继承权先决条件，并且作为他人接受遗赠的条件，这显然侵犯了配偶婚姻自由的基本权利，违反了法律规定，属于无效民事行为，故该部分遗嘱内容将面临无效。

此外，当事人接受遗赠应以明示的方式。《民法典》第 1124 条第 2 款规定，受遗赠人应当在知道受遗赠后 60 日内，作出接受或者放弃受遗赠的表示；到期没有表示的，视为放弃受遗赠。由此可见，我国法律要求接受遗赠以明示的方式，而放弃受遗赠采取默示推定原则。因此，笔者建议，在面对遗赠事务时，受遗赠人应当及时了解遗赠内容，并在知晓受遗赠后的60日内以明示的方式作出接受或放弃受遗赠的表示。超过规定期限未作出明确表示将被视为放弃受遗赠。如有疑问，可寻求法律咨询以获取专业建议，以保障自身权益。

【法条链接】

《中华人民共和国民法典》

第一百五十三条 违反法律、行政法规的强制性规定的民事法律行为无效。但是，该强制性规定不导致该民事法律行为无效的除外。

违背公序良俗的民事法律行为无效。

第一千零四十一条第二款 实行婚姻自由、一夫一妻、男女平等的婚姻制度。

第一千零四十二条第一款 禁止包办、买卖婚姻和其他干涉婚姻自由的行为。禁止借婚姻索取财物。

第一千零四十八条 直系血亲或者三代以内的旁系血亲禁止结婚。

第一千一百二十四条第二款 受遗赠人应当在知道受遗赠后六十日内，作出接受或者放弃受遗赠的表示；到期没有表示的，视为放弃受遗赠。

第一千一百三十条第二款 对生活有特殊困难又缺乏劳动能力的继承人，分配遗产时，应当予以照顾。

第一千一百三十四条 自书遗嘱由遗嘱人亲笔书写，签名，注明年、月、日。

第一千一百三十五条 代书遗嘱应当有两个以上见证人在场见证，由其中一人代书，并由遗嘱人、代书人和其他见证人签名，注明年、月、日。

第一千一百四十一条 遗嘱应当为缺乏劳动能力又没有生活来源的继承人保留必要的遗产份额。

第一千一百五十五条 遗产分割时，应当保留胎儿的继承份额。胎儿娩出时是死体的，保留的份额按照法定继承办理。

《最高人民法院关于适用〈中华人民共和国民法典〉继承编的解释（一）》

第二十五条第一款　遗嘱人未保留缺乏劳动能力又没有生活来源的继承人的遗产份额，遗产处理时，应当为该继承人留下必要的遗产，所剩余的部分，才可参照遗嘱确定的分配原则处理。

三、遗赠扶养协议纠纷

遗赠扶养协议是遗赠人和扶养人关于扶养人承担遗赠人的生养死葬的义务，遗赠人的财产在其死后转归扶养人所有的协议；遗赠人和扶养人形成平等、有偿的民事法律关系。遗赠人与扶养人因履行遗赠扶养协议而引发的纠纷，称为遗赠扶养协议纠纷。继承人以外的组织或个人均可以成为遗赠扶养协议的主体，如养老院、慈善组织以及村委会、居委会等。

签订遗赠扶养协议，其目的在于使那些没有法定赡养义务的人或虽有法定赡养义务的人但无法实际履行赡养义务的孤寡老人，以及无独立生活能力的老人的生活得到保障。实践中，常见的纠纷情形包括遗赠扶养协议的效力认定、未履行遗赠扶养协议的认定以及遗赠扶养协议与其他继承方式冲突等。下文将从实际的民事判决出发，基于遗赠扶养纠纷，为遗赠人、扶养人等主体提供风险防范与建议。

1. 遗赠扶养协议中当事人的任意解除权

张某、宁波市鄞州区梅墟街道龙山股份经济合作社遗赠扶养协议纠纷案[1]

【关键词】

遗赠扶养协议　单方解除　人身性

【案情简介】

张某系宁波市鄞州区梅墟街道龙山村（以下简称龙山村）村民。2009 年 3 月 15 日，张某与龙山合作社签订协议一份，约定：因张某自 1983 年开始成为本村村级五保户，从今天开始龙山合作社为张某提供基本口粮、日常生活用品、疾病治疗及定期体检至寿终，张某现有的所有财产归龙山合作社所有。2015 年 4 月，龙山合作社与宁波国家高新区房屋征收管理办公室就张某所有的位于龙山村的房屋签订房屋拆迁补偿安置协议，补偿款共计 40,402 元（被拆房屋补偿金额 27,302 元、附属物补偿款 4300 元、搬家补贴费 800 元、奖励费 8000 元）。协议签订后，拆迁安置房屋（位于宁波民和家园 45 号 606 室，以下简称安置房屋）已登记于龙山合作社名下，拆迁安置补偿款已发放给龙山合作社。拆迁过渡阶段由龙山合作社为张某提供过渡住房。拆迁安置房交付后，龙山合作社对房屋进行了装修，并交由张某居住。2014 年 6 月至 2018 年 6 月，龙山合作社共向张某发放生活费 48,000 元。2016 年 7 月至 2021 年 6 月，张某可领取的合作社股份分红为 258,000 元，龙山合作社未予发放。2018 年下半年，张某由其亲戚接走，另住他处。

---

① 参见浙江省宁波市中级人民法院（2022）浙 02 民终 2874 号民事判决书。

张某起诉要求确认：（1）龙山合作社于2018年6月至2021年4月停发张某每月仅1000元的生活费，严重违反双方协议约定，构成根本违约。（2）龙山合作社侵夺张某财产，安置房屋应予返还。

【判例分析】

一审法院认为，由于遗赠扶养协议的特殊性，扶养人与遗赠人对协议的履行可能经历漫长岁月，在此过程中，双方均应当秉持诚实信用的基本原则，善意履行己方义务，合理尊重对方权利。本案中，并无证据显示龙山合作社严重违约，龙山合作社赡养张某多年，张某要求解除协议有悖于诚实信用、公平合理的一般原则，不利于构建老有所养的和谐社会。一审判决：驳回张某的诉讼请求，不予解除协议。

二审法院认为，由于扶养的内容包括扶养人对遗赠人精神上的照顾、扶养人和遗赠人在感情上的沟通，且遗赠扶养协议的订立以遗赠人与扶养人特别的信任关系为基础，遗赠扶养协议具有一定人身性。信赖是建立遗赠扶养关系的核心要素，在信任关系遭到破坏时，双方享有任意解除权。进而，在遗赠人拒绝受领扶养人依约提供的扶养时，不能强制遗赠人接受扶养，只能赋予协议双方单方解除权，以便于双方权益的保护，但依约履行的扶养人可请求返还扶养费用。本案中，张某实际上已于2018年下半年起由其亲戚接走，另住他处，且张某认为自身目前经济状况和扶养条件发生变化，其更愿意享受亲情，由亲属接手养老事务，故协议失去履行的基础，龙山合作社也自2018年7月停止发放张某的生活费，龙山合作社目前实际未履行也表示无法履行相应义务。结合本案实际情况，双方协议履行难以为继，协议签订的目的已然无法实现，二审法院认为应尊重遗赠人的选择，对其要求解除与龙山合作社之间的遗赠扶养协议的诉讼请求予以支持。

【风险提示】

遗赠扶养协议是一种由自然人（遗赠人、被扶养人）与非继承人的组织或个人（扶养人）签订的合约，扶养人在此协议中承担遗赠人生活照料和丧葬的责任，而遗赠人则承诺将部分或全部合法财产在其去世后转移给扶养人。这种协议与一般的财产合同存在显著差异，因为它既涉及人身属性，也涉及财产属性。扶养人的责任并非仅限于财产的提供，也不是一次性的行为，而是涵盖物质和精神两个方面的长期照顾。目前，《民法典》及相关司法解释均未明确规定遗赠扶养协议的解除情形，在司法实践中，通常借鉴合同解除的相关规定进行应用。然而，对于遗赠扶养协议的当事人是否有任意解除权的问题，实践中仍存在两种不同的观点。

第一种观点主张，遗赠扶养协议的当事人并不拥有任意解除权。支持此观点的理由主要有两个：首先，遗赠扶养协议应严格遵循，只有在一方不能履行协议约定的义务时，才能主张解除协议。感情不和等因素，并不必然导致协议无法持续执行。其次，遗赠扶养协议是一种双向法律行为，对双方当事人都具有约束力。因此，从合同应当遵守的原则出发，如果双方当事人未达成一致，不应允许随意解除或更改协议内容。

第二种观点则主张，遗赠扶养协议的当事人具有任意解除权。其理由主要是，扶养人和遗赠人之间的信任关系是扶养人愿意接受扶养义务的重要原因之一。鉴于在我国文化中，丧葬具有特殊的重要性，遗赠人选择扶养人来处理自己的丧葬事务，这体现了遗赠人对扶养人的信任。因此，遗赠扶养协议被视为建立在当事人之间特殊信任关系基础上的合同。从这个角度看，如果遗赠扶养协议双方当事人之间的信任关系已经破裂，应允许任何一方解除协议，即双方当事人皆享有任意解除权。这种任意解除权与因违约行为而产生的法定解除权不同，它并不要求当事人存在违约行为。在法律适用上，由于生养死葬接近于委托的性质，因此，在扶养人和遗赠人之间的信任关系受损时，可以参照《民法典》第933条的规定，承认双方当事人享有任意解除权。

就本案而言，法院支持当事人的任意解除权，同样，在寇某军、张某平与贾某娣遗赠扶养协议纠纷案（裁判法院：河南省淅川县人民法院）中，法院认为遗赠扶养协议一般不适用原《合同法》的规定，遗赠扶养协议签订后，被扶养人死亡前，双方当事人均具有任意解除权。鉴于遗赠扶养协议的目的在于保障老年人安享晚年，扶养方承担对被扶养方生养死葬的义务，对于“生养死葬”义务应当作扩大理解。如果老年人对扶养方的扶养并不满意，应当赋予老年人任意解除权，从而更好地保护老年人权益。

【律师建议】

遗赠扶养协议属于生前行为与死因行为的结合，这种异时性是导致实务中大量问题存在的关键原因。因此，为了保护遗赠人和扶养人的权益，在进行条款设计时应严格遵循平等、自愿、公平、诚信的原则，在合理合法的范围内制定符合自身需求的协议。就解除遗赠扶养协议而言，鉴于实践中存在两种观点，笔者据此提出相应的建议。

在遗赠扶养协议中，如果当事人享有任意解除权，一方通常会因为另一方未履行义务而要求解除协议。在扶养人无正当理由不履行义务的情况下，不仅遗赠人可以解除遗赠扶养协议，而且在遗赠人去世后，遗赠人的继承人和利害关系人也有权主张解除协议。如果扶养人未履行义务导致协议解除，他将无法享有受遗赠的权利，且通常不会得到对其供养费用的补偿；如果造成损失，还要赔偿损失。如果遗赠人无正当理由不履行义务，使扶养人无法获得受遗赠的权利，扶养人可以解除遗赠扶养协议，遗赠人应偿还扶养人已支付的供养费用；如果造成损失，遗赠人还要赔偿损失。如果扶养人丧失了扶养能力，扶养人和遗赠人都有权单方要求解除遗赠扶养协议，在这种情况下，遗赠人应偿还扶养人已支付的供养费用。因此，笔者建议，在遗赠扶养协议双方当事人之间的信任关系已丧失或其他使得合同难以实现的情况下，双方当事人可以根据自身需求，制定任意解除权的条款。

在法院认定遗赠扶养协议的当事人不具备任意解除权的情况下，当事人可以依据《最高人民法院关于适用〈中华人民共和国民法典〉继承编的解释（一）》第40条遗赠扶养协议单方解除的具体情形来解除协议。因此，当实践中出现当事人以感情不和等原因拒绝履行扶养义务或拒绝接受扶养义务的情况时，应当仍然通过现有的合同解除规则进行处理，而不应直接承认其任意解除权。当事人仍然可以行使法定解除权，例如，如果扶养人拒绝履行或者不当地履行合同义务，遗赠人可以根据《民法典》第577条，要求扶养人承担继续履行、采取补救措施或者赔偿损失等违约责任。同时，对于遗赠人擅自转移财产的行为，《遗赠扶养协议公证细则》第14条规定，经过公证的遗赠扶养协议，遗赠人在未得到扶养人同意的情况下，不能另行处理遗赠的财产，而扶养人也不能干涉遗赠人处理未遗赠的财产。

需要注意的是，由于遗赠在遗赠人去世后才发生，扶养人无法就未公证的遗赠扶养协议起诉要求遗赠人就扶养人未取得的遗赠物这部分权利进行赔偿，这使扶养人难以保障自己的期待利益。因此，笔者建议，扶养人在签订遗赠扶养协议后及时进行公证，以避免利益受损的情况发生。

【法条链接】

《中华人民共和国民法典》

第五百七十七条　当事人一方不履行合同义务或者履行合同义务不符合约定的，应当承担继续履行、采取补救措施或者赔偿损失等违约责任。

第一千一百五十八条　自然人可以与继承人以外的组织或者个人签订遗赠扶养协议。按照协议，该组织或者个人承担该自然人生养死葬的义务，享有受遗赠的权利。

《最高人民法院关于适用〈中华人民共和国民法典〉继承编的解释（一）》

第四十条　继承人以外的组织或者个人与自然人签订遗赠扶养协议后，无正当理由不履行，导致协议解除的，不能享有受遗赠的权利，其支付的供养费用一般不予补偿；遗赠人无正当理由不履行，导致协议解除的，则应当偿还继承人以外的组织或者个人已支付的供养费用。

《中华人民共和国老年人权益保障法》

第三十六条 老年人可以与集体经济组织、基层群众性自治组织、养老机构等组织或者个人签订遗赠扶养协议或者其他扶助协议。

负有扶养义务的组织或者个人按照遗赠扶养协议，承担该老年人生养死葬的义务，享有受遗赠的权利。

《遗赠扶养协议公证细则》

第十四条 订立遗赠扶养协议公证后，未征得扶养人的同意，遗赠人不得另行处分遗赠的财产，扶养人也不得干涉遗赠人处分未遗赠的财产。

2. 口头的遗赠扶养协议的有效要件

夏某兰、夏某红不当得利纠纷案[①]

【关键词】

口头形式的遗赠扶养协议　效力认定　实际履行

【案情简介】

2016 年 7 月，唐某文的孙子唐某涛意外身亡，唐某文获得赔偿金 41 万元，处理事故花销后剩余 32 万余元。2016 年 8 月 30 日，唐某文与夏某兰、夏某红（两人为唐某文继女）在武胜县人民调解委员会的调解下，达成调解协议书，约定：唐某文一次性分给夏某兰、夏某红每人 5 万元，余下的 22 万元存入唐某文名下，存折由唐某君保管；唐某文对该笔钱享有处分权，可以用于平时生病住院和生活开支，夏某兰、夏某红享有监督知情的权利，在唐某文逝世处理完后事后，剩下的由夏某兰、夏某红均分；夏某兰、夏某红的赡养义务按原约定不变，每人每月 100 元。如果唐某文在世时将钱正常开支完了，由夏某兰、夏某红轮流负责照顾唐某文至其逝世；唐某文在住院及生活不能自理期间，由夏某兰、夏某红轮流负责护理或请护工。唐某君以保管人身份在该调解协议书上签名，唐某平、案外人余某付以在场人身份在该调解协议书上签名。嗣后，唐某君实际只保管了唐某文名下的 20 万元存折，其余 2 万元存折由唐某文自己保管。

调解协议书签订后，由于唐某文行动不便，无法独自生活，武胜县花园村村干部给夏某兰、夏某红做工作，拟让夏某兰、夏某红照顾

---

① 参见四川省高级人民法院（2019）川民申 7213 号民事裁定书。

唐某文，夏某兰、夏某红未同意。后唐某文主动提出到唐某平家生活。2016年农历9月19日，唐某君将唐某文名下的20万元存折交还给唐某文。同日，唐某平将唐某文接到其家里居住生活，后唐某文将前述20万元存折交给唐某平。唐某平将其住房装修了一间，供唐某文生活居住。唐某文在唐某平家生活期间，唐某平为其举办80岁生日宴，通知夏某兰、夏某红参加，夏某兰、夏某红均未到场。2016年农历10月29日，在唐某君家，唐某文在多人且包括唐某平在场的情况下口头称"谁照顾我，无论10年、20年，这点钱不够就由唐某平贴，如没有用完就归他所有"。2017年清明节，夏某兰、夏某红回老家为其母亲"上坟、挂青"，未看望其继父唐某文。

2017年4月1日，唐某文生病住院，住院期间由唐某平照顾。4月7日，唐某文病危，唐某平通知夏某兰、夏某红。4月9日，唐某文病故。住院期间，唐某文将前述20万元存折的密码告知唐某平，后唐某平分两次将20万元取出。唐某文去世后，唐某平将其安葬于唐某平家屋后。

【判例分析】

一审法院认为，本案中，唐某文孙子死亡后，其自愿分给其继女即夏某兰、夏某红每人5万元，从双方签订的人民调解协议书内容看，其目的是希望夏某兰、夏某红履行对其的赡养义务。但协议书签订后，夏某兰、夏某红因种种原因并未照顾唐某文。唐某文在没人照料的情况下，主动提出到唐某平家生活，并在有多人且包括唐某平在场的情况下口头称"谁照顾我，无论10年、20年，这点钱不够就由唐某平贴，如没有用完就归他所有"，其所说内容实际上就是与唐某平达成遗赠扶养协议的意思表示，唐某平将唐某文接去其家里生活并照顾的行为，也表示对该遗赠扶养协议的认可。原《继承法》第31条第1款规定，公民可以与扶养人签订遗赠扶养协议，由扶养人按照协议承担该公民生养死葬的义务，享有受遗赠的权利。虽然本案中唐某文与唐某平未签订书面遗赠扶养协议，但从相关证据证明的情况来看，双方订立了口头的遗赠扶养协议，且唐某平也实际履行了对唐某文的扶养义务，故双方事实上已形成遗赠扶养关系。唐某平按照遗赠扶养协议承担了唐某文生养死葬的义务，其应当享有受遗赠的权利。

二审法院认为，订立遗赠扶养协议应当采取书面形式以便固定双方的权利义务，但法律并未规定书面形式为订立遗赠扶养协议的唯一形式。本案中，作为唐某文的继女夏某兰、夏某红对唐某文具有赡养的义务，但因种种原因其并未照顾唐某文；唐某文在年事已高且生活不便的情况下，主动到唐某平家生活，并与唐某平达成口头遗赠扶养协议，唐某平也实际履行了对唐某文的扶养义务。结合唐某文的文化程度、身体情况以及当地的生活习惯，双方达成口头的遗赠扶养协议符合常理，且该遗赠扶养协议已经约定了双方的权利和义务，故二审法院认定双方达成的遗赠扶养协议有效，唐某平在履行了扶养义务后有权根据遗赠扶养协议取得唐某文的遗产。

再审法院认为，唐某文与唐某平虽未签订书面遗赠扶养协议，但从本案相关证据证明的情况来看，唐某平与唐某文之间订立了口头的遗赠扶养协议，且唐某平也实际履行了对唐某文的扶养义务，双方事实上已形成遗赠扶养关系。

【风险提示】

首先，遗赠扶养协议可以口头形式订立。遗赠扶养协议也是一种协议，可以采用口头或书面形式。为便于确定权利义务，避免不必要的纠纷，当事人宜采取书面形式等能够有形地表达所载内容的形式。遗赠扶养协议在本质上属于财产性质的合同，而非身份合同。所以，在法律适用上，如《民法典》继承编中没有规定的，应当适用《民法典》合同编的相关规定。根据《民法典》的相关规定，当事人订立合同，可以采用书面形式、口头形式或者其他形式；书面形式是合同书、信件、电报、电传、传真等可以有形地表现所载内容的形式；以电子数据交换、电子邮件等方式能够有形地表现所载内容，并可以随时调取查用的数据电文，视为书面形式。

其次，尽管遗赠扶养协议不会仅因口头形式而被认定为无效，但提出主张的当事人需要承担相应的举证责任。根据《最高人民法院关于适用〈中华人民共和国民事诉讼法〉的解释》第108条第1款“对负有举证证明责任的当事人提供的证据，人民法院经审查并结合相关事实，确信待证事实的存在具有高度可能性的，应当认定该事实存在”之规定，唐某平将唐某文接去其家里生活并照顾的行为可以证明唐某平与唐某文订立口头遗赠扶养协议的事实具有高度可能性，法院确定该事实存在。因此本案中法官对实际履行的认定具有重要参考意义。

再次，扶养人范围规定是法定继承人以外的组织与个人，审判实践中，法律对法定继承人作为受遗赠人也未禁止，并不能作为遗赠无效的理由。

最后，法院会审查口头的遗赠扶养协议是否符合公序良俗以及扶养义务人是否遵守有关继承权的规定。以本案为例，因唐某平与唐某文达成的口头遗赠扶养协议不违反国家法律、行政法规的规定，符合善良的乡村习俗，是社会主义核心价值观的具体体现，且唐某平实际履行了对唐某文的扶养义务，双方事实上已形成遗赠扶养关系。因此，唐某平也可享有相应的权利。审判实践中，如扶养义务人尽了生养死葬义务，但在履行协议的过程中实施了导致被扶养人死亡的行为，应当参照继承权丧失的规定，剥夺其接受遗产的权利。

【律师建议】

首先，应当签订书面协议。这种观点的基础是，尽管法律并未明确规定口头的遗赠扶养协议是无效的，而且在司法实践中，我们也可以找到一些法院判定口头遗赠扶养协议有效的案例，然而，遗赠扶养协议的履行期限通常较长，而且在被扶养人死亡之后，扶养人才能取得遗产。在没有书面协议的情况下，被扶养人死亡后，扶养人需要承担更多的举证责任，以证明其和被扶养人的遗赠扶养关系。这种举证责任可能会给扶养人带来很大的压力，甚至有可能因为无法提供足够的证据而导致法院无法确认存在遗赠扶养关系，扶养人从而失去继承权。因此，虽然口头协议在一定程度上也可能被认定为有效，但考虑到证据的问题和扶养人可能面临的风险，签订书面协议无疑是更为明智和保险的选择。这样，当遗赠扶养协议开始生效时，扶养人就能有更多的保障，有助于避免可能出现的争议和纠纷。

如果已经签订了口头形式的遗赠扶养协议，扶养人仍然可以在遗赠人具备民事行为能力时起草书面协议，并要求其追认。这种做法既可以增加法律保障，也可以减少可能出现的争议。书面协议提供了明确的证据，可以有效地证明遗赠扶养关系的存在。

其次，如果遗赠扶养协议始终为口头形式，当事人需要出具相关证据或证人证言来证明口头遗赠扶养协议订立的事实。这可能包括与遗赠扶养关系有关的通话记录、短信、电子邮件、视频等。此外，证人证言也是非常重要的证据，可以证明口头遗赠扶养协议的存在和内容。需要注意的是，遗赠扶养协议的见证人是否与遗赠人、扶养人存在利害关系，并不影响其证明效力。也就是说，即使见证人与遗赠人或扶养人有某种利害关系，只要他们能提供真实、客观的证据，就可以证明口头遗赠扶养协议的存在和内容。但是，为了避免可能出现的争议，最好是选择无利害关系的第三方作为见证人。

最后，在我国遗产继承方式中，遗赠扶养协议效力最高，遗嘱次之，法定继承再次。原因在于：遗赠扶养协议是双务有偿合同，扶养人承担遗赠人生养死葬的义务，并获得受遗赠的权利；遗赠人享有被扶养的权利，同时负有向扶养人遗赠财产的义务。法定继承人、遗嘱继承人取得遗产是无偿的，因此在遗产继承中，遗赠扶养协议的效力等级高于遗嘱和法定继承。另外，遗赠人与他人签订遗赠扶养协议并不免除法定扶养人的扶养义务。因此，当事人应主动争取自己的权利，确保自己在遗赠扶养协议中的权益得到保障。如果需要，当事人可以寻求专业律师帮助，以确保权利不受侵犯。

【法条链接】

《中华人民共和国民法典》

第四百六十九条 当事人订立合同，可以采用书面形式、口头形式或者其他形式。

书面形式是合同书、信件、电报、电传、传真等可以有形地表现所载内容的形式。

以电子数据交换、电子邮件等方式能够有形地表现所载内容，并可以随时调取查用的数据电文，视为书面形式。

第一千一百二十三条 继承开始后，按照法定继承办理；有遗嘱的，按照遗嘱继承或者遗赠办理；有遗赠扶养协议的，按照协议办理。

第一千一百五十八条 自然人可以与继承人以外的组织或者个人签订遗赠扶养协议。按照协议，该组织或者个人承担该自然人生养死葬的义务，享有受遗赠的权利。

《最高人民法院关于适用〈中华人民共和国民事诉讼法〉的解释》

第一百零八条第一款 对负有举证证明责任的当事人提供的证据，人民法院经审查并结合相关事实，确信待证事实的存在具有高度可能性的，应当认定该事实存在。

《最高人民法院关于适用〈中华人民共和国民法典〉继承编的解释（一）》

第四十条 继承人以外的组织或者个人与自然人签订遗赠扶养协议后，无正当理由不履行，导致协议解除的，不能享有受遗赠的权利，其支付的供养费用一般不予补偿；遗赠人无正当理由不履行，导致协议解除的，则应当偿还继承人以外的组织或者个人已支付的供养费用。

第五章
非以被继承人意志为基础的继承纠纷

非以被继承人意志为基础的继承纠纷主要在被继承人未立遗嘱或所立遗嘱无效时产生，其继承人应按照法定顺序与份额进行遗产分配。相关继承关系的发生主要以血缘关系和婚姻关系所产生的亲属身份关系为基础，而非被继承人自由意志的体现。笔者通过选取非以被继承人意志为基础的继承纠纷相关民事案由，以案例分析的形式提炼司法实践中的相关裁判观点。

具体而言，本章内容包括法定继承纠纷、被继承人债务清偿纠纷以及遗产管理纠纷三部分。笔者通过三类案由、八个案例的具体内容，为继承关系当事人针对非以被继承人意志为基础的继承纠纷提供相关风险提示和处理建议。

一、法定继承纠纷

法定继承又称无遗嘱继承，是指依照法律规定的继承范围、继承顺序和遗产分配原则承受被继承人遗产的继承。法定继承纠纷包括代位继承纠纷和转继承纠纷两种类型，前者是指继承人先于被继承人死亡时，由继承人的直系晚辈血亲代替先亡的继承人继承被继承人遗产而引发的纠纷；后者是指继承人在继承开始后、遗产分割前死亡，其所应继承的遗产份额转由其继承人继承而引发的纠纷。

法定继承人的继承权直接来自法律规定，被继承人无须通过遗嘱予以指定。实践中，法定继承纠纷的常见情形包括被继承人遗产范围的确定、继承人单方放弃继承而又后悔的处理、继承人主张多分遗产等问题。笔者结合典型案例，从实务角度分析法定继承人和被继承人利益受损害的风险，以期为法定继承相关主体提供防范意见。

1. 父母健在时子女处分其财产协议无效

苏1与苏2等法定继承纠纷案[①]

【关键词】

事前协商处理遗产　遗赠扶养协议　遗嘱

【案情简介】

原告苏1与八被告苏2、苏3、苏4、苏5、苏6、苏7、苏8、苏9系苏某与被继承人严某的子女。苏某于1985年1月17日去世，严某于2002年9月6日去世。

1999年，严某依法购买取得了位于重庆市江北区建新东路234－12号房屋的所有权。2001年，在重庆的8个子女（苏9除外）协商，决定在2001年实行轮流照料严某，并约定每人每年出生活费400元，不照料母亲严某者出600元/年的护理费。2002年，苏家9个子女聚会商讨今后照料母亲严某一事。主要约定：由苏1负责照料、护理母亲，其余八人出生活费，直至母亲百年。为弥补苏1为大家承担照料母亲义务，又没得到照料、护理母亲的费用这一状况，同意把严某建新东路234－12号的住房给予苏1，作为他为其余八人照料母亲的适当补偿。此方案只需到会半数以上人员同意即为通过。该份《照料母亲方案》由苏1、苏3、苏5、苏6、苏7、苏8六人签字确认，苏9拒绝签字。

严某去世后，各继承人对上述房屋的分配无法达成一致意见，苏1遂向法院起诉，要求按照2002年原、被告之间达成的协议分割严某的

① 参见重庆市高级人民法院（2016）渝民再149号民事裁定书。

遗产；即使不能按照上述协议分割，也要求予以多分。

【判例分析】

一审法院认为，继承从被继承人死亡时开始。案涉房屋属于被继承人严某遗留的合法财产，应当作为遗产由继承人依法继承。各继承人均尽到扶养义务，故各继承人应当平均继承遗产。关于苏1认为应当按照2002年签订的《照料母亲方案》中的约定由其一人继承案涉房屋的意见，一审法院认为，首先，该方案仅有六位继承人签字，未获得全体继承人的通过；其次，因该方案形成时间是在被继承人严某去世前，故该方案中关于案涉房屋归属问题的约定属于无权处分行为；且该方案不构成被继承人严某的遗嘱，故不能依此方案分配遗产，判决驳回苏1的诉讼请求。

苏1不服，向重庆市第一中级人民法院提起上诉，被驳回。

再审法院认为，尊老爱幼是中华民族的传统美德，赡养父母是子女义不容辞的责任。2002年元旦，苏1等人在重庆就赡养母亲严某一事进行协商，就相关赡养事宜初步达成了共识。此后，部分子女在《照料母亲方案》上签名，就相关事宜进一步进行了确认。其中关于赡养的部分内容，不违反法律规定，合法有效，对当事人具有约束力；其中涉及对严某房产处分的部分内容，因当时各方当事人对该财产无处分权，且亦无证据证明该协议签订后至严某去世时，协议当事人取得了房屋的处分权或者严某对此次处分行为予以认可，故前述处分行为无效。此外，该房屋处理方案不构成被继承人严某的遗嘱，且严某去世后，相关当事人亦无将案涉房屋按该方案相关内容处理的一致意思表示。故对苏1要求按照《照料母亲方案》由其一人继承案涉房屋并补偿苏9继承款1万元的主张，再审法院不予支持。

原《继承法》第5条规定，“继承开始后，按照法定继承办理；有遗嘱的，按照遗嘱继承或者遗赠办理；有遗赠扶养协议的，按照协议办理”。本案中，被继承人严某生前未立遗赠，亦不存在遗赠、遗赠扶养协议的情形，故本案遗产分配应适用法定继承原则。

经查，严某在其夫去世后，长期随其女苏3生活。在此期间，严某的其他子女亦支付了其生活费用。2000年5月1日，本案一审原、被告9人对当年照料严某一事进行了协商排班；2001年元旦、2002年元旦，严某在渝7个子女对严某的赡养事宜进行协商，并形成协议；前述协议形成后，各子女均履行了相关赡养义务。根据原《继承法》第10条的规定，严某的9个子女属于其遗产的第一顺序继承人，均有权继承严某的遗产。

【风险提示】

当事人由于法律意识淡薄，在实践中经常存在此种情况，即在被继承人生前订立协议，一方面协商被继承人的赡养问题，另一方面处置被继承人的财产。继承人依据该种协议在被继承人生前处分其财产是一种无权处分的法律行为，由于没有被继承人这一物权所有人的意思表示或者追认进而无效。

关于这类协议的性质，笔者认为，可以适用《民法典》合同编来进行规范。在这个案例中的协议以及它所代表的类似协议，显然属于人身性合同，这主要有两个基本理由：首先，作为协议当事人的继承人与其被继承人之间存在直接的人身关系，这种人身关系可能基于血亲或基于姻亲形成。这种人身关系使该种协议的履行不具有可替代性，只能由合同的当事人而非其他主体来履行。其次，赡养义务本身属于法定义务，虽然它属于民事义务的范畴，但义务主体具有限定性。因此，笔者认为，这种协议具有人身性，而在对这种协议进行定性时，必须考虑其人身性的特殊性。

从继承理论角度讲，关于赡养的协议只有遗嘱和遗赠扶养协议。首先考虑遗嘱，遗嘱是被继承人在生前订立的，用于处分其个人财产的一种单方性的意思表示。然而，该案例中的协议是继承人之间的协议，并没有被继承人的意思表示，因此不能被定位为遗嘱。即使案例中的证据可以直接证明被继承人知道这种协议的存在，但由于她没有进行任何意思表示，这种协议也不能被称为遗嘱。其次考虑遗赠扶养协议，这与案例中的协议是不相符的，因为法定继承人并不具有订立遗赠扶养协议的法律资格。

该种协议类型由于没有在《民法典》继承编中规定，只能适用《民法典》合同编相关规则进行调整。据《民法典》合同编的一般原理，本案协议所处理的直接标的属于被继承人名下的财产，而协议所有的主体即继承人针对该协议标的——被继承人名下的房产——不享有任何法律上的权利。即便存在被继承人在生前知情的情况，由于其未在协议中进行签名或者作出其他任何形式的意思表示。该种无权处分的法律行为未经过权利人的追认，根据《民法典》合同编的相关规定进行裁判，该协议只能作无效处理。

【律师建议】

通过以上分析可知，当事人如果想要在父母健在时处分父母的财产，需要具备一定的要件。具体如下：

首先，在被继承人生前，子女间签订的分家协议，关于赡养父母的义务和遗产分配的约定，必须经过被继承人的同意或追认。这样的协议涉及财产权的转移，因此必须遵守法律的相关规定。如果没有被继承人的同意或追认，协议可能会被判定为无效。这是因为在法律上，被继承人是其财产的合法所有人，只有他们才有权决定其财产的分配。因此，如果子女之间的协议没有得到被继承人的同意或追认，那么这个协议在法律上可能无法生效。因此，当事人在签订这样的协议时，应当首先确保被继承人知情并同意。他们可以让被继承人在协议上签名，或以其他方式明确表示其意愿。这样，协议才能在法律上具有效力。如果被继承人在生前知情，他们应在协议中进行签名或者作出其他形式的意思表示，以确认他们对协议的同意。

其次，当事人需要对相关法律有深入的理解。这包括《民法典》合同编和继承编。他们应当熟悉这些法律的规定，并在处理遗产分配问题时遵守这些规定。此外，他们还需要理解协议的性质。例如，如果协议属于人身性合同，他们需要考虑合同人身性的特殊性。人身性合同通常涉及特定的个人，其履行不具有可替代性。因此，如果协议属于人身性合同，那么只有协议的当事人才能履行该协议。

再次，在被继承人生前，关于法定继承份额达成的协议不具有持续性的法律效力从而不拘束继承开始后的继承人的行为。换言之，继承人能够反悔先前的意思表示。法定继承制度以继承开始为前提，相关的份额分割协议若产生于继承开始前，则属于不具有时间要件而属无效行为。因为法定继承本身属于继承开始后的最后一种遗产处理方式；从法理性质上看，其属于一种补充性的法律制度。该种补充性的法律制度并不能事前就约定具体的遗产处理，只有继承开始后方可针对相应的遗产份额进行处理。因此，本案协议不能作为法定继承中继承人分割遗产的意思表示处理。

最后，当事人应该寻求专业律师帮助。处理遗产问题可能会涉及一些复杂的法律问题，专业的律师可以提供关于如何合法、公平地分配遗产的建议，以避免可能的法律纠纷。律师还可以帮助当事人理解协议的法律性质，例如，是否可以将其视为遗嘱或遗赠扶养协议。通过律师的专业知识和经验，当事人可以更好地理解和应对可能出现的法律问题。

总之，当事人需要在法律框架内操作，以确保他们的行为符合法律规定。只有这样，他们签订的协议才能具有法律效力，从而避免可能的法律纠纷。

【法条链接】

《中华人民共和国民法典》

第一千一百二十三条 继承开始后，按照法定继承办理；有遗嘱的，按照遗嘱继承或者遗赠办理；有遗赠扶养协议的，按照协议办理。

第一千一百二十七条 遗产按照下列顺序继承：

（一）第一顺序：配偶、子女、父母；

（二）第二顺序：兄弟姐妹、祖父母、外祖父母。

继承开始后，由第一顺序继承人继承，第二顺序继承人不继承；

没有第一顺序继承人继承的，由第二顺序继承人继承。

本编所称子女，包括婚生子女、非婚生子女、养子女和有扶养关系的继子女。

本编所称父母，包括生父母、养父母和有扶养关系的继父母。

本编所称兄弟姐妹，包括同父母的兄弟姐妹、同父异母或者同母异父的兄弟姐妹、养兄弟姐妹、有扶养关系的继兄弟姐妹。

2. 非婚生子女继承身份的认定

张甲与王某等继承纠纷案①

【关键词】

非婚生子女　继承关系　证明标准

【案情简介】

被继承人董乙与被告王某系夫妻关系，被告柳某是被继承人董乙的母亲，被继承人董乙的父亲于2005年10月死亡。柳某夫妇育有子女七人：长子董甲、二子董乙、三子董丙、四子董丁、长女董戊、二女董己、三女董庚。董乙于2017年3月死亡，生前未留有遗嘱。原告张甲主张其系被继承人董乙与张乙的非婚生子，并提交了以下证据：(1) 张乙住院生育张甲时病案首页所留电话与董乙电话一致；(2) 住院费用清单上患者签字处所签的名字是董乙；(3) 张甲的《新生儿卡介苗接种知情同意书》《接种乙型肝炎疫苗知情同意书》《北京市新生儿耳聋基因筛查知情同意书》《北京市新生儿疾病筛查采血卡》上监护人处均有董乙签字；(4) 董乙给张甲的红包，其中三个红包祝福语上有"爸董乙"的字样。在案件审理中，经鉴定，上述董乙的签名均系董乙本人所签。

此外，经鉴定，张甲与董丙具有叔侄关系。但是，张甲的《出生医学证明》上所登记的父亲为案外人尹某、母亲为张乙。尹某与张乙于2014年5月7日结婚，张乙于2014年7月13日生下张甲，后张甲随尹某办理了户籍手续。被告王某认为上述证据仅能证明张乙与董乙

① 参见北京市第二中级人民法院（2021）京02民终4084号民事判决书。

关系密切，无法证明张甲与董乙具有血缘关系，因此不同意张甲的诉讼请求。

【判例分析】

一审法院认为，首先，司法鉴定意见书证明董丙与张甲之间具有叔侄关系，虽然该鉴定意见不能排除董乙的其他同父母兄弟系张甲父亲的可能性，但可以证明董丙的同父母兄弟之一应系张甲的父亲；其次，原告母亲张乙在医院住院生育张甲时的住院病案、住院费用清单及新生儿注射疫苗的知情同意书上，均有董乙的签名，经鉴定为董乙本人所签，可以证明董乙在张乙住院生育期间为张甲办理各种手续并在新生儿监护人处签名；再次，红包上显示的“爸董乙”经鉴定，系董乙本人所签；最后，被告王某亦未否认张甲之母与董乙曾经关系密切，结合原告提交的其他在案证据，认为张甲系董乙亲生子女的可能性已达到高度盖然性标准。因此，认定张甲系董乙的法定继承人，可以依法继承董乙的遗产。

二审法院认为，张甲亦提交了其与案外人尹某之间不存在亲子关系的《法医物证鉴定意见书》及《公证书》，综合本案证据，张甲系董乙之子的事实达到高度盖然性标准，一审法院认定张甲系董乙的合法继承人并无不当。综上所述，一审判决认定事实清楚，适用法律正确，应予维持。

【风险提示】

《民法典》第1127条规定，配偶、子女、父母为第一顺序的法定继承人；子女包括婚生子女、非婚生子女、养子女和有扶养关系的继子女。由于非婚生子女是法定第一顺序的继承人，司法实践中不可避免会遇到非婚生子女身份的认定问题。在被继承人死亡，无法进行亲子鉴定的情况下，如何认定非婚生子女与被继承人的亲子关系，就成为本案以及其他与本案情况类似案件的争议焦点和审理难点。

首先，亲缘关系鉴定无法强制进行，可采用推定的方式确认亲子关系的成立。对于亲子鉴定能否强制进行，已经形成了统一的意见。

《最高人民法院关于适用〈中华人民共和国民法典〉婚姻家庭编的解释（一）》第39条第2款规定：“父或者母以及成年子女起诉请求确认亲子关系，并提供必要证据予以证明，另一方没有相反证据又拒绝做亲子鉴定的，人民法院可以认定确认亲子关系一方的主张成立。”该规定基本沿袭了原《最高人民法院关于适用〈中华人民共和国婚姻法〉若干问题的解释（三）》第2条的规定，释明了在当事人一方不配合进行亲子鉴定的情况下，法院不能强制启动鉴定程序，但可以采用推定的方式确认亲子关系的成立。根据“举轻以明重”的原则，对强制启动鉴定的限制在因被继承人死亡导致直接亲子鉴定无法进行时更加凸显。也就是说，即使非婚生子女或其法定代理人向法院申请进行亲缘关系鉴定，因亲缘关系鉴定的被申请方一般为案外人，并非案件本身的当事人，在被申请方不愿配合鉴定的情况下，法院更无法要求被申请方配合。

其次，即便上述被申请方同意鉴定，亲缘关系鉴定所鉴定的内容一般也无法直接证明非婚生子女与被继承人存在亲子关系，无法单独作为认定案件的证据。例如，在本案中，亲缘关系鉴定虽然能够证明张甲与董丙具有叔侄关系，即张甲的父亲与董丙为兄弟关系，但董丙有兄弟三人，并非仅有董乙，故仅凭该鉴定意见无法单独作为定案依据并认定亲子关系的成立。

最后，缺乏亲子鉴定意见这样的直接证据，并不意味着亲子关系必然成为无法认定的法律事实，只要结合案件其他证据能够达到高度盖然性的标准，仍然可以依法推定非婚生子女与被继承人存在亲子关系。因缺乏亲子鉴定意见这样的直接证据，本案无法直接确定亲子关系的成立，需要进一步要求当事人对相关事实进行举证，并依法审查这些证据，以判断事实成立是否满足高度盖然性的法定标准。严格来说，该种事实判断是基于对间接证据的审查和认定所进行的合法推定。具体到本案中，除上述亲缘关系证明外，合议庭注意到：董乙在原告母亲住院生育原告期间为原告及其母亲办理了各种手续，所签内容表明董乙知道并认可是原告的监护人；董乙送给原告的红包也是其本人所写，并非董乙其他兄弟所写，结合亲缘关系鉴定意见，可以排除董乙的其他兄弟系张甲父亲的可能性。前述事实能够让人产生张甲与董乙存在亲子关系的内心确信，因此可以合法推定张甲与董乙之间亲子关系的成立。

【律师建议】

在司法实践中，非婚生子女继承权的认定往往是一个复杂而敏感的问题。此案件为我们提供了宝贵的司法实践经验。通过对案件的整体复盘，我们可以了解到相关的法律规定，以及法官对这一问题的审判思路和认定标准。因此，为更好地保护当事人的权益，笔者建议：

首先，咨询专业律师订立遗嘱，若有条件最好做公证遗嘱，对名下财产作出妥善安排。公证遗嘱是在公证机构的见证下制定的，具有法律效力，其真实性和合法性得到法律的确认，因此，公证遗嘱可以有效地避免遗嘱纠纷发生。在制定遗嘱时，应对名下的所有财产进行详细的清点和评估，包括但不限于房产、车辆、存款、股票、债权、珠宝等，以便在遗嘱中对每一项财产进行明确的指定。

其次，如果希望给非婚生子女留一份遗产，应在办理公证遗嘱前先做一个亲子关系鉴定，拿到亲子关系鉴定意见书，这样就能避免因亲子关系无法确认而导致的继承纠纷。如果亲子关系无法确认，可能会导致继承权的纠纷。例如，其他继承人可能会质疑非婚生子女的继承权，甚至提起诉讼。因此，通过亲子关系鉴定，这种可能的纠纷能够被消除。

再次，如果遗嘱受益人主要考虑的是其他人，根据《民法典》第1141条的规定，遗嘱应当为缺乏劳动能力又没有生活来源的继承人保留必要的遗产份额。如果非婚生子女尚未成年，没有劳动能力和生活来源，遗嘱人在制定遗嘱时，应考虑为其保留一定的份额，否则，其法定代理人可以向法院提起诉讼，请求法院酌情判定。

最后，在遗嘱中不要将遗产分配给非婚生子女的母亲，否则该遗嘱很可能会因为违反公序良俗而被判定无效；同样，将财产直接赠与非婚生子女的母亲的行为也违反公序良俗，可能会被撤销，但可以将财产赠与非婚生子女。因此，当事人在制定遗嘱或进行财产赠与时，必须考虑这些因素，确保所有的行为都符合法律规定，以避免可能的法律纠纷。

值得说明的是，在法律上，非婚生子女的定义包括婚外与他人生育的子女（私生子）以及未婚生子。然而，由于历史的各种原因，我们也看到许多“无法证明我爸是我爸”的情况。例如，有些家庭为了让子女能够上学、落户或者规避超生罚款等，将子女的户口登记在他人户口簿上，这样的情况下子女往往没有出生证明。这些情况在继承时都会带来亲子关系确认的问题。对于这些情况，笔者建议提前处理，遗赠人在世时尽快解决，如通过亲子鉴定等方式确认亲子关系，以确保非婚生子女顺利继承遗产。另外，遗赠人也应在遗嘱中明确指出非婚生子女的身份，以便在遗赠人去世后顺利执行遗嘱。

【法条链接】

《中华人民共和国民法典》

第一千一百二十二条　遗产是自然人死亡时遗留的个人合法财产。

依照法律规定或者根据其性质不得继承的遗产，不得继承。

第一千一百二十七条　遗产按照下列顺序继承：

（一）第一顺序：配偶、子女、父母；

（二）第二顺序：兄弟姐妹、祖父母、外祖父母。

继承开始后，由第一顺序继承人继承，第二顺序继承人不继承；没有第一顺序继承人继承的，由第二顺序继承人继承。

本编所称子女，包括婚生子女、非婚生子女、养子女和有扶养关系的继子女。

本编所称父母，包括生父母、养父母和有扶养关系的继父母。

本编所称兄弟姐妹，包括同父母的兄弟姐妹、同父异母或者同母异父的兄弟姐妹、养兄弟姐妹、有扶养关系的继兄弟姐妹。

第一千一百三十条 同一顺序继承人继承遗产的份额，一般应当均等。

对生活有特殊困难又缺乏劳动能力的继承人，分配遗产时，应当予以照顾。

对被继承人尽了主要扶养义务或者与被继承人共同生活的继承人，分配遗产时，可以多分。

有扶养能力和有扶养条件的继承人，不尽扶养义务的，分配遗产时，应当不分或者少分。

继承人协商同意的，也可以不均等。

《最高人民法院关于适用〈中华人民共和国民法典〉婚姻家庭编的解释（一）》

第三十九条第二款 父或者母以及成年子女起诉请求确认亲子关系，并提供必要证据予以证明，另一方没有相反证据又拒绝做亲子鉴定的，人民法院可以认定确认亲子关系一方的主张成立。

3. 继承权的放弃

丁某、李某等法定继承纠纷案[①]

【关键词】

放弃继承权　赠与推定　法定继承

【案情简介】

杨某系丁某某母亲，丁某系丁某某儿子，李某系丁某某妻子。丁某某生前在人寿保险泗水支公司购买××号国寿鑫账户两全保险（万能型）（钻石版）、××号国寿鑫福年年养老年金保险、××号国寿鑫福年年年金保险、××号国寿鑫账户年金保险（万能型）（惠享版）、××号国寿鑫账户年金保险（万能型）（卓越版）、××号国寿鸿福至尊年金保险（分红型）、××号国寿鑫尊宝终身寿险（万能版）（庆典版）。××号国寿鑫享金生年金保险（B款），被保险人是丁某某，未约定受益人。丁某某于2020年6月21日因病去世，同年8月19日，人寿保险泗水支公司收到丁某提交的理赔申请及有关材料，为丁某某家属办理保险金理赔事宜。同日，丁某某母亲杨某、妻子李某在人寿保险泗水支公司提供的放弃收益权声明书上签名。后人寿保险泗水支公司将涉案保险合同理赔款全额支付给丁某，理赔总金额为3,333,158.27元。根据原《继承法》第13条第1款的规定，应由杨某、丁某、李某等额分割，杨某应分得1,111,052.76元（3,333,158.27元÷3人）。

① 参见山东省济宁市中级人民法院（2022）鲁08民终1031号民事判决书。

【判例分析】

法院认为，《保险法》第42条第1款规定，“被保险人死亡后，有下列情形之一的，保险金作为被保险人的遗产，由保险人依照《中华人民共和国继承法》的规定履行给付保险金的义务：（一）没有指定受益人，或者受益人指定不明无法确定的……”关于原告杨某在人寿保险泗水支公司提供的放弃受益权声明书上签字后，是否丧失对该笔理赔款的受益权。法院认为，原告杨某随后向人寿保险泗水支公司主张案涉保险权利的行为以及其在庭审中明确表明其未放弃该笔保险金的受益权，能够说明原告杨某真实意思表示并非放弃该笔保险金的受益权。根据《民法典》第147条之规定，原告基于重大误解实施的放弃保险金受益权的民事法律行为，其有权请求法院予以撤销，该行为被撤销后，自始无法律约束力。丁某某母亲杨某、儿子丁某、妻子李某作为第一顺序继承人，均享有继承权，原告杨某应分得1,111,052.76元。

【风险提示】

当处理与继承权相关的法律问题时，笔者认为，需要从多个角度进行全面考虑。首先，我们需要理解和遵守现行的法律法规，并注意这些规定是否对特定情况有明确的指引。其次，法院将深入探究行为人的真实意图，以确保他们的行为与其真实意愿相符。此外，我们还需要明确合意的法律性质，理解它是赠与、放弃继承还是其他性质的协议。只有在充分理解了上述因素后，我们才能确保对法律问题进行准确的判断和处理。

首先，从立法层面看。《民法典》继承编未规定放弃继承权可以附条件尤其是附失效条件。

其次，是否放弃继承要从行为人的真实意思表示层面看。如果继承人并未明确表示放弃继承，其继承权并未有效放弃。本案中，法院综合查明案情及双方陈述，了解到原告杨某随后向人寿保险泗水支公司主张案涉保险权利的行为以及其在庭审中明确表明其未放弃该笔保险金的受益权，能够说明原告杨某真实意思表示并非放弃该笔保险金的受益权。因丁某某生前投保的8份保险合同均未指定受益人，保险公司赔付的保险金应当作为丁某某的遗产处理，故杨某并未放弃继承权。

【律师建议】

当事人若想放弃继承权，或者反之，并不想放弃继承权，都可以从放弃继承权的构成要件出发，构建相应或相反事实来证明自己的主张之合理性与合法性。

其一，放弃继承权的主体具有相应民事行为能力。

其二，放弃人作出放弃继承的意思表示应当是真实的，不存在欺诈、胁迫、重大误解的情况。

其三，继承权的放弃不得附条件、附期限，以遗产归属于特定人为条件的放弃继承无效，不得以拒绝履行法定义务为前提。审判中，对于放弃继承同时附加保留条件的，可以视为继承人在接受继承后对遗产的处分，按照《民法典》合同编等法律规范处理。

其四，继承人应当在法定期限内作出放弃继承权的意思表示。根据《民法典》第1124条规定，继承开始后，继承人放弃继承的，应当在遗产处理前，以书面形式作出放弃继承的表示；没有表示的，视为接受继承。另外，《最高人民法院关于适用〈中华人民共和国民事诉讼法〉的解释》第70条规定："在继承遗产的诉讼中，部分继承人起诉的，人民法院应通知其他继承人作为共同原告参加诉讼；被通知的继承人不愿意参加诉讼又未明确表示放弃实体权利的，人民法院仍应将其列为共同原告。"故如果明确要放弃继承权，应在遗产处理前以书面形式作出，或者在继承遗产的诉讼中明确放弃实体权利。

其五，放弃继承权的意思表示欲发生效力需要符合形式要件。根据《最高人民法院关于适用〈中华人民共和国民法典〉继承编的解释（一）》第33条，继承人放弃继承应当以书面形式向遗产管理人或者其他继承人表示。但如果是银行存款或需要办理变更登记的汽车、轮船或房产等，一般需要继承人本人到公证处公证《放弃继承声明书》，或者与其他继承人签订《遗产继承协议书》。

其六，放弃继承可以反悔，但必须在遗产处理或者诉讼结束前。《最高人民法院关于适用〈中华人民共和国民法典〉继承编的解释（一）》第36条规定："遗产处理前或者在诉讼进行中，继承人对放弃继承反悔的，由人民法院根据其提出的具体理由，决定是否承认。遗产处理后，继承人对放弃继承反悔的，不予承认。"

【法条链接】

《中华人民共和国民法典》

第六百五十七条 赠与合同是赠与人将自己的财产无偿给予受赠人，受赠人表示接受赠与的合同。

第六百五十八条 赠与人在赠与财产的权利转移之前可以撤销赠与。

经过公证的赠与合同或者依法不得撤销的具有救灾、扶贫、助残等公益、道德义务性质的赠与合同，不适用前款规定。

第一千一百二十四条第一款 继承开始后，继承人放弃继承的，应当在遗产处理前，以书面形式作出放弃继承的表示；没有表示的，视为接受继承。

《最高人民法院关于适用〈中华人民共和国民法典〉继承编的解释（一）》

第三十三条 继承人放弃继承应当以书面形式向遗产管理人或者其他继承人表示。

第三十六条 遗产处理前或者在诉讼进行中，继承人对放弃继承反悔的，由人民法院根据其提出的具体理由，决定是否承认。遗产处理后，继承人对放弃继承反悔的，不予承认。

二、被继承人债务清偿纠纷

被继承人债务清偿纠纷是指因债务人死亡，债权人向债务人的法定继承人主张债权而产生的纠纷。根据《民法典》第 1161 条之规定，债务人死亡后，仍应当以其留有的遗产清偿其所欠付的债务。被继承人债务清偿纠纷诉讼主体主要为未明确表示放弃继承的继承人，包括法定继承人、遗嘱继承人和遗赠扶养继承人。

财产继承是一种全面继承，继承人不仅要承受被继承人的财产，而且要承受被继承人所留的债务，对其所留债务负有清偿责任。实践中，被继承人债务清偿纠纷的类型多种多样，主要有被继承人放弃继承的债务承担处理、被继承人债务清偿纠纷的管辖确定以及多种继承方式并存时的债务清偿认定等情形。下文将从实际的民事判决出发，以期为相关继承关系主体提供对于被继承人债务清偿纠纷的防范和处理建议。

1. 被继承人生前债务的偿还

程某、张某甲被继承人债务清偿纠纷案[①]

【关键词】

被继承人债务清偿　法定继承人　放弃继承

【案情简介】

张某甲与杨某登记结婚，生育一子张某乙。2014 年 10 月 21 日，杨某向程某借款 50,000 元，并出具借条，内容为："今借到程某人民币伍万元正（50,000 元），月利息 2 分，借款人杨某、张某乙，2014 年 10 月 21 日。"2014 年 12 月 8 日，杨某向程某借款 20,000 元，并出具借条，内容为："今借到程某人民币贰万元正（20,000 元），月息 2 分，借款人杨某、张某乙，2014 年 12 月 8 日。"2015 年 1 月 7 日，杨某向程某借款 20,000 元，并出具借条，内容为："借到程某人民币贰万元正，年息月 2 分，借款人杨某、张某乙，2015 年 1 月 7 日。"2015 年 2 月 6 日，杨某向程某借款 20,000 元，同日出具借条，内容为："今借到程某人民币贰万元正（20,000 元），月息 2 分，借款人杨某、张某乙，2015 年 2 月 6 日。"上述四次借款共计人民币 11 万元，程某用其妻聂某的银行账户取款及店铺营业款的现金交付给杨某。2017 年 10 月 26 日杨某死亡。上述四份借条中张某乙的签字，程某明确表示不是张某乙本人书写。庭审中，张某甲、张某乙均当庭表示放弃对杨某遗产的继承。

另外，位于湖北省当阳市 × × 与环城东路交汇处 × × 小区 × × 单

① 参见湖北省高级人民法院（2019）鄂民再 331 号民事判决书。

元××号案涉房屋，由当阳市房产管理局于2012年8月22日登记颁发产权证，产权证号为当阳市房权证玉阳字第××号，房屋所有权人为杨某，产权来源为购买，共有人为张某甲。上述案涉房产以首付款和银行按揭的组合付款方式购买，且已办理贷款抵押登记。购房贷款本金及利息尚未还清，张某甲每月向中国工商银行履行还款义务。

【判例分析】

一审法院认为，根据原《继承法》第25条"继承开始后，继承人放弃继承的，应当在遗产处理前，作出放弃继承的表示……"的规定，张某甲、张某乙作为杨某的法定继承人，在遗产处理前，二人均有权作出放弃继承的意思表示，合法且有效，故对于张某甲、张某乙放弃继承的行为予以认可。

二审法院认为，根据原《继承法》第33条的规定，"继承遗产应当清偿被继承人依法应当缴纳的税款和债务，缴纳税款和清偿债务以他的遗产实际价值为限。超过遗产实际价值部分，继承人自愿偿还的不在此限。继承人放弃继承的，对被继承人依法应当缴纳的税款和债务可以不负偿还责任"，认定张某甲和张某乙作为杨某的法定继承人，在明确表示放弃继承杨某遗产后，对杨某应承担的债务可以不负偿还责任。

再审法院认为，在现实生活中，虽然继承人明确表示放弃继承，但往往实际占有遗产，普通民众也认可该财产应该由继承人所有，最终继承人还是得到了遗产，而无须清偿被继承人生前的税款和债务，这造成严重的权利义务不对等。借鉴原《最高人民法院关于贯彻执行〈中华人民共和国民法通则〉若干问题的意见（试行）》第32条第1款规定："失踪人的财产代管人拒绝支付失踪人所欠的税款、债务和其他费用，债权人提起诉讼的，人民法院应当将代管人列为被告。"本案查明的事实是，张某甲在继续偿还银行贷款，目前也住在该房中，张某乙也曾实际使用房屋，因而张某甲、张某乙是杨某房屋遗产的实际管理人、使用人，对遗产状况比较熟知，也实际占有、使用和收益案涉遗产，是最适格的遗产代管人，应尽妥善保管义务，不论其是否放弃继承，依法应当参加诉讼，并由其在管理使用遗产的实际价值范围内承担还款责任。在上述利益衡量的基础上，再审法院认为，无论采取何种法律逻辑，最终得出的结论必须是对债权人予以最大限度的保护。这是一种合理的结论，也能得到社会公众的普遍认可，实现个案法律效果和社会效果的统一。

【风险提示】

自然人死亡后，其债权人如何通过诉讼方式合法主张债权，在实务中存在诸多争议。《民法典》第 1161 条规定："继承人以所得遗产实际价值为限清偿被继承人依法应当缴纳的税款和债务。超过遗产实际价值部分，继承人自愿偿还的不在此限。继承人放弃继承的，对被继承人依法应当缴纳的税款和债务可以不负清偿责任。"

首先，被继承人遗产情况及分配情况的举证责任应归属于案件继承人。依据法律规定，债权人在案件中应证明其在被继承人生前是否形成债权，债权的具体金额、利息、时间等详细情况，并依据法律规定将法定继承人诉至法院，至此已完成初步的举证责任。诉讼案件审理过程中，对于难以查清的遗产，由原告（债权人）举证证明被继承人的遗产范围，在现实中不具有天然的优势地位，且在有多个继承人的情况下，继承人之间如何分配遗产情况，原告（债权人）无法查清。因此，由被继承人承担举证责任更加符合公平与诚实信用原则。值得注意的是，在司法实践中，债权人在立案时，法官可能直接将此类案件案由定为民间借贷纠纷、借款合同纠纷等，且审判法官仅对债的法律关系进行审理，对被继承人的遗产范围、是否已实际继承等问题不作审查，至执行阶段才解决。

其次，被继承人在庭审中提出放弃继承，被继承人的案涉债务的承担问题应结合事实，分析被继承人是否有虚假陈述、逃避债务的可能性。

最后，《民法典》第 1145 条规定："继承开始后，遗嘱执行人为遗产管理人；没有遗嘱执行人的，继承人应当及时推选遗产管理人；继承人未推选的，由继承人共同担任遗产管理人；没有继承人或者继承人均放弃继承的，由被继承人生前住所地的民政部门或者村民委员会担任遗产管理人。”即认定遗产管理人的顺序为：遗嘱执行人→各继承人推选→继承人共同担任→被继承人生前住所地的民政部门或者村民委员会。在有继承人的情况下，继承人本应依法推选遗产管理人，继承人未推选的则由全部继承人共同担任遗产管理人，即此时全部继承人实际成为遗产管理人从而对遗产具有管理权。此情形下若全部继承人均明确表示放弃继承，也只是消灭了全部继承人的继承权，并不代表其对遗产管理权的消灭，其作为遗产管理人依然具有管理遗产的职责，除非其依法将遗产管理权向相应的民政部门或者村民委员会进行了移交。当然，对此放弃继承的全部继承人负有举证义务。

若全部遗产继承人在放弃继承后没有证据证明其将遗产管理权移交债务人生前住所地的民政部门或者村民委员会，仍应认定全部继承人为遗产管理人。因遗产管理人负有处理被继承人债权债务的职责，故放弃遗产继承的全部继承人作为遗产管理人仍应在管理遗产范围内偿还债务。

【律师建议】

如上文所述，“被继承人在庭审中提出放弃继承，被继承人的案涉债务的承担问题应结合事实”，实际中的当事方若想放弃继承的声明发生效力，须遵循以下几点。

首先，放弃继承的继承人不能继续直接占有被继承人动产或不动产。根据《民法典》第1124条第1款之规定，“继承开始后，继承人放弃继承的，应当在遗产处理前，以书面形式作出放弃继承的表示；没有表示的，视为接受继承”。同时参照原《最高人民法院关于贯彻执行〈中华人民共和国继承法〉若干问题的意见》第46条规定：“继承人因放弃继承权，致其不能履行法定义务的，放弃继承权的行为无效。”第49条规定：“继承人放弃继承的意思表示，应当在继承开始后、遗产分割前作出。遗产分割后表示放弃的不再是继承权，而是所有权。”司法实践中，被继承人死亡后，继承人作为其生前直系亲属等或与其具有亲密关系的人，如果直接占有被继承人动产或不动产，将动产置于其控制之下的，视为接受继承。其在庭审中再表示放弃继承的声明，明显违反“继承人用所得遗产清偿对外债务”的法定义务，因而不发生效力。就放弃继承的时间和程序而言，继承人未在继承开始后、遗产处理前作出，在庭审过程中再作出声明，存在虚假陈述、逃避债务的可能性。

其次，继承人之间放弃继承的合意不能对抗外部债权人。多位被继承人达成一致，称由其中一位处分遗产，其他几位不参与遗产的处理的情况下，应结合各被继承人的财产、年龄等状况进行判断。司法实践中确有法院认为，多位被继承人的合议，仅在其内部产生效力，不能对抗外部债权人。

最后，即使在案件庭审中，全部继承人均表示放弃继承并产生效力，但全部继承人均系遗产管理人，也应以遗产偿还债务。

【法条链接】

《中华人民共和国民法典》

第一千一百二十四条 继承开始后，继承人放弃继承的，应当在遗产处理前，以书面形式作出放弃继承的表示；没有表示的，视为接受继承。

受遗赠人应当在知道受遗赠后六十日内，作出接受或者放弃受遗赠的表示；到期没有表示的，视为放弃受遗赠。

第一千一百四十五条 继承开始后，遗嘱执行人为遗产管理人；没有遗嘱执行人的，继承人应当及时推选遗产管理人；继承人未推选的，由继承人共同担任遗产管理人；没有继承人或者继承人均放弃继承的，由被继承人生前住所地的民政部门或者村民委员会担任遗产管理人。

第一千一百六十一条 继承人以所得遗产实际价值为限清偿被继

承人依法应当缴纳的税款和债务。超过遗产实际价值部分，继承人自愿偿还的不在此限。

继承人放弃继承的，对被继承人依法应当缴纳的税款和债务可以不负清偿责任。

2. 夫妻共同债务的认定

李某晶、宁波慢点投资合伙企业民间借贷纠纷案[①]

【关键词】

夫妻共同债务　民间借贷　夫妻共同生产经营

【案情简介】

2017 年 3 月 23 日，甲方葛某校（债权人）、乙方宗某（债务人）、见证人杨某、王某共同签署《质押借款合同》一份，约定："第一条借款金额：借款金额为人民币陆仟万元整。第二条借款用途：合同项下之借款必须用于合法用途。第三条借款期限：借款期限为三个月，自借款到达乙方指定账户之日起开始计算，借款支付时间由甲、乙双方事先确认。第四条借款利率：年利率 15%（单利），不足一年以每年 365 日按日计算。第五条还款方式：按日计息，借款归还时一次性利随本清。第六条借款展期：乙方不能按期归还本合同项下借款，需要展期时，应在借款期限届满前十个工作日内向甲方提出书面申请，经甲方同意后可展期、利率不变……第十六条违约责任：乙方在还款期限届满时，未能足额偿还借款本息，且甲方未能同意借款展期的，视为乙方违约，应按逾期金额每日万分之五向甲方支付违约金，并承担甲方为实现债权支付的全部费用（包括但不限于诉讼费、律师费、公证费、差旅费）……"

该合同订立之后，葛某校分别于 2017 年 3 月 24 日、3 月 27 日分

① 参见最高人民法院（2021）最高法民申 2559 号民事裁定书。

四次向宗某转账汇款 4500 万元、400 万元、600 万元、500 万元，共计 6000 万元。宗某于 2018 年 4 月 27 日向葛某校转账汇款 50 万元。另据宁波慢点投资合伙企业（以下简称慢点合伙）陈述，案涉合同签订之后，葛某校与宗某并未办理相关质押担保手续。2019 年 3 月，葛某校以民间借贷纠纷为由起诉宗某，后因其未预交诉讼费而被裁定撤诉。2019 年 6 月 3 日，葛某校与慢点合伙签订债权转让协议一份，葛某校将其对宗某的涉案债权权益一并转让给慢点合伙。

另查明，宗某、李某晶于 2010 年 2 月 10 日登记结婚，于 2018 年 6 月 5 日协议离婚。离婚协议书载明："夫妻共同财产及婚前、婚后财产归李某晶所有，婚姻存续期间所有债权债务由宗某享有和偿还。"

又查明，2017 年 1 月 5 日至 2018 年 7 月 16 日，宗某陆续转账给李某晶款项共计 49, 249, 997 元，2017 年 3 月 2 日至 2018 年 4 月 27 日，李某晶陆续转账给宗某款项共计 54, 499, 983 元。

【判例分析】

一审法院认为，案涉《质押借款合同》合法有效。案涉借款发生于宗某、李某晶夫妻关系存续期间，虽李某晶并未在《质押借款合同》上签名，但根据查明的事实，借款发生后，宗某、李某晶之间存在巨额资金往来，且部分款项往来发生在双方离婚前不到三个月时间内，结合宗某、李某晶离婚协议中有关夫妻共同财产及婚前、婚后财产均归李某晶所有，婚姻存续期间所有债权债务由宗某享有和偿还的约定，借款宜认定为宗某、李某晶的共同债务，应由宗某、李某晶共同偿还。

二审法院认为，案涉债务系李某晶、宗某的共同债务。已生效的（2020）浙民终 1106 号判决认定：宗某与李某晶两人在婚姻关系存续期间存在大量资金往来，且发生购置房产等大宗资产行为，据此认定该案的借款为宗某与李某晶的夫妻共同债务。本案的债务及相应的汇款行为亦发生在宗某、李某晶婚姻关系存续期间内，该期间双方存在频繁、巨额资金往来，且对巨额资金共同支配的情形。一审法院据此认定案涉借款系李某晶、宗某的共同债务，应由两人共同偿还，有相应的事实和法律依据。

最高人民法院认为，案涉借款关系发生于宗某与李某晶婚姻关系存续期间，双方离婚协议虽载明，夫妻共同财产及婚前、婚后财产归李某晶所有，婚姻存续期间所有债权债务由宗某享有和偿还，但是该约定不具有对抗债权人的效力。李某晶在申请再审程序中自认其是通过炒股、股权投资等获得收益，与宗某从事的工作有相同之处。宗某在申请再审程序中自认于2017年5月23日在皇氏集团股份有限公司的投资分红于2017年5月25日部分转至李某晶账户，夫妻共同财产由李某晶保管。结合双方婚姻关系存续期间有多笔大额款项相互转账的事实，基本可以判断宗某与李某晶有共同经营的意思表示，且双方婚姻关系存续期间财产并非独立，在此情况下一审法院综合认定案涉债务为夫妻共同债务并无不当。

【风险提示】

根据《民法典》第1064条的规定，所谓夫妻共同债务，即夫妻双方共同签名或者夫妻一方事后追认等共同意思表示所负的债务，以及夫妻一方在婚姻关系存续期间以个人名义为家庭日常生活需要所负的债务。《民法典》在吸收了原《最高人民法院关于审理涉及夫妻债务纠纷案件适用法律有关问题的解释》中的规定后，对夫妻共同债务进行了定义。一般认为，夫妻共同债务有三个层次内涵，即夫妻共同意思表示，夫妻家庭日常生活需要，夫妻共同生活、共同生产经营。

对于夫妻共同意思表示，一般可以通过签字、事后追认，包括聊天记录等方式予以确认夫妻共同债务的性质。对于负债是否超出“家庭日常生活需要”的判断，一般应结合负债金额大小、家庭富裕程度、夫妻关系是否安宁、当地经济水平及交易习惯、借贷双方的熟识程度、借款名义、资金流向等因素综合予以认定，《浙江省高级人民法院关于妥善审理涉夫妻债务纠纷案件的通知》将这一参考标准确定为“单笔举债或对同一债权人举债金额在20万元（含本数）以下的”。

司法实践中，关于“夫妻共同生活、共同生产经营”争议较大。

在举证责任这一问题上，原《最高人民法院关于适用〈中华人民共和国婚姻法〉若干问题的解释（二）的补充规定》第24条第1款规定，“债权人就婚姻关系存续期间夫妻一方以个人名义所负债务主张权利的，应当按夫妻共同债务处理。但夫妻一方能够证明债权人与债务人明确约定为个人债务，或者能够证明属于婚姻法第十九条第三款规定情形的除外”，将举证责任归于无共同意思表示的夫妻一方。在原《最高人民法院关于审理涉及夫妻债务纠纷案件适用法律有关问题的解释》以及随后的《民法典》中则规定，夫妻一方在婚姻关系存续期间以个人名义超出家庭日常生活需要所负的债务，不属于夫妻共同债务；但是，债权人能够证明该债务用于夫妻共同生活、共同生产经营或者基于夫妻双方共同意思表示的除外，从而将举证责任归于债权人一方。

对此，笔者认为，债务所涉标的通常为货币，对债务发生后货币的流向，债权人靠自身较难获取，且货币属于特殊种类物，易与其他存款等款项发生混同，且款项流向多样，难以确定前款等具体用途。加之家庭内部的复杂资金流向，对于具有隐蔽性的家庭生活而言，存在大量的消费支出难以被外人了解的情形。

故本案裁判中的最高人民法院的观点具有相当程度的借鉴意义。判断债务是否为夫妻共同债务并不能仅依据款项的流转情况来认定。本案中，双方婚姻关系存续期间有多笔大额款项相互转账的事实，基本可以判断其有共同经营的意思表示，且双方婚姻关系存续期间财产并非独立，最终认定其为夫妻共同债务。

【律师建议】

对于债权人而言，应尽量要求夫妻双方在借款合同上签字，或要求未签字一方追认，留存微信聊天记录等可以表明夫妻共同的承诺、行为等意思表示，出借款项以“共债共签”为基本原则。

对于无法实现“共债共签”的，应尽量避免单笔大金额的款项出借，并且应充分掌握款项的实际用途，尽量留存相关证明材料，在夫妻一方无法依约返还借款的情况下要求夫妻双方共同承担还款义务，最大限度地保护自身利益。

对于夫妻中借款的另一方而言，在涉及举债需要配偶一方签字确认时，务必谨慎考虑是否签字；确有必要签字的，在签字前有必要仔细查看签署的合同或其他文本，将损失减少到最小。

另外，可以考虑通过信托方式管理家庭财产，据此隔离债务风险；在隔离债务风险的同时，按委托人意愿设计，帮助家庭进行财富规划。

在共同经营生产这一问题上，如夫妻双方确实存在共同经营的公司企业，则应将公司账务与家庭支出等分开管理，从公司对股东分配利润中获取投资收益，避免财产流失。若直接将公司账户内的款项转账或提款至夫妻一方账户，公司对外所负的债务就有可能成为夫妻共同债务，夫妻个人进而与公司承担连带清偿责任。

另外，在债务人夫妻一方死亡的情况下，债权人为了最大限度使债务得以清偿，时常会将被继承人的配偶起诉至法院，并主张债务的性质为夫妻共同债务。对于债权人而言，即使提起诉讼，也时常无法知晓被继承人遗留的具体财产数额。故司法实践中，继承人为了规避债务的清偿，时常向法院表示放弃继承，进而主张免除偿还责任，法院需要判决是否要求其在遗产继承范围内对债务进行清偿。

笔者建议，在遇到债务人死亡的情况下，对债权人而言，应谨慎对案由进行选择，即民间借贷纠纷与被继承人债务清偿纠纷的选择。对于继承人而言，应当对遗产与被继承人的债务进行考量，考量是否应当放弃对遗产的继承，以及如何有效地对遗产继承表示放弃。

【法条链接】

《中华人民共和国民法典》

第一千零六十四条 夫妻双方共同签名或者夫妻一方事后追认等共同意思表示所负的债务，以及夫妻一方在婚姻关系存续期间以个人名义为家庭日常生活需要所负的债务，属于夫妻共同债务。

夫妻一方在婚姻关系存续期间以个人名义超出家庭日常生活需要

所负的债务，不属于夫妻共同债务；但是，债权人能够证明该债务用于夫妻共同生活、共同生产经营或者基于夫妻双方共同意思表示的除外。

三、遗产管理纠纷

遗产管理是指对于被继承人的遗产进行保存和管理，以维护遗产价值和遗产权利人合法利益为宗旨，并按照被继承人的意愿或者法律的相关规定，分配相关遗产。管理遗产既是遗产管理人的权利又是其职责，相关诉讼主体包括继承人、受遗赠人、遗嘱执行人等。

遗产管理纠纷是《民法典》施行后的新增案由，《民法典》第1145条至第1149条针对遗产管理明确了遗产管理人的选任规则、职责范围等内容。一般而言，涉及遗产管理纠纷的情形主要包括遗产管理人的选任纠纷、损害赔偿纠纷、履行义务纠纷以及报酬纠纷等。其中的具体表现形式以及相关责任的认定，下文将从实际的民事判决出发，以期为相关主体提供对于遗产管理纠纷的防范和处理建议。

1. 指定遗产管理人

欧某士申请指定遗产管理人案[①]

【关键词】

指定遗产管理人　遗产效用最大化原则

【案情简介】

厦门市思明区某处302室、303室两套房屋，原业主为姜某，尚未办理不动产权登记。姜某生前主要随其女魏二某一家共同生活，未留有遗嘱，未指定遗产管理人。自姜某去世以来，案涉两套房屋未进行析产分割，相继由魏二某及其丈夫陈某以及二人之孙女陈某萍及陈某芬实际管业并居住，并曾由陈某为主操持涉危改造事项。

姜某及其配偶已故，其去世时可查证的继承人有长女魏大某、次女魏二某、三女魏小某，另有可能继承人其子魏某万，其中魏小某、魏某万及各自子嗣情况不明。长女魏大某一支谱系情况为：魏大某已故，丈夫欧某靖情况不明；魏大某之子女、女婿均已故，儿媳为辜某珍；魏大某之孙子女为欧某士、欧某文、欧某武、欧某冬；魏大某之外孙已故，外孙女情况不明；魏大某之曾外孙女（外孙之女）情况不明。次女魏二某一支谱系情况为：魏二某及其丈夫陈某已故；魏二某之子女及各自配偶均已故；魏二某孙子女为陈某萍、陈某芬、陈某强，外孙为潘某义。

因姜某家族有多名继承人散布境外、信息不明，居住在境内的继

---

① 参见福建省厦门市思明区人民法院（2021）闽0203民特224号民事判决书。

承人历经两代近十年时间，仍未顺利对姜某的遗产房屋进行继承析产，导致遗产房屋因管养维护责任不明晰而日渐旧损。因此，姜某之曾外孙欧某士向法院提出申请：指定由魏大某一支继承人共同管理其中一套房屋，由魏二某一支继承人共同管理另一套房屋。魏大某一支继承人辜某珍、欧某文、欧某武、欧某冬附议。

姜某之曾外孙女陈某萍、陈某芬则主张：姜某生前主要由魏二某赡养，姜某的遗产房屋长久以来也是由魏二某一支居住使用，管业至今；姜某遗产房屋涉危翻建改造需要资金，除魏二某一支继承人外，其余继承人均无响应出资，且长期以来从未对姜某的遗产房屋尽到管养维护义务；陈某萍、陈某芬实际居住在遗产房屋内，并无其他住处，二人自幼在遗产房屋内长大成家已逾三代，对遗产房屋具有深厚情感，对周边社区邻里环境也极为熟悉，故应由该二人作为案涉遗产房屋的共同管理人。魏二某一支继承人陈某强、潘某义附议。

【判例分析】

一审法院归纳案件的争议焦点为：（1）部分继承人下落不明时，能否暂由其余继承人担任遗产管理人；（2）其余继承人争当遗产管理人时，应如何选定合适的遗产管理人。

法院认为，姜某遗产的多名继承人目前下落不明、信息不明，案涉遗产房屋将在较长时间内不能明确所有权人，其管养维护责任可能长期无法得到有效落实，确有必要在析产分割条件成就前尽快依法确定管理责任人。姜某生前未留有遗嘱，未指定其遗嘱执行人或遗产管理人，在案各继承人之间就遗产管理问题又分歧巨大、未能协商达成一致意见，故应遵守最有利于遗产保护、管理和债权债务清理的原则，在综合考虑被继承人内心意愿、各继承人与被继承人亲疏远近关系、各继承人管理保护遗产的能力水平等方面因素，确定遗产房屋的合适管理人。

首先，姜某生前主要随其女魏二某一家共同生活，由魏二某一家养老送终，与魏二某及其子女关系较为亲近，由魏二某一支后人管理姜某之遗产当更为符合先人遗愿。其次，自姜某去世以来，遗产房屋由陈某萍、陈某芬随父母兄弟长期实际居住使用，对案涉遗产房屋具有更为深厚的历史情感，对周边人居环境也更为熟悉，陈某萍、陈某芬当更有实际能力管养维护遗产房屋。再次，遗产房屋历经翻建改造、重新安置，相应投入和相关手续主要由陈某萍、陈某芬之祖父陈某操办，继续由陈某萍、陈某芬管理遗产房屋，更加有利于将来析产分割时清理可能存在的债权债务。最后，欧某士、辜某珍、欧某文、欧某武、欧某冬等人均住漳州市，在厦门市并未长期生活且无住处，客观上无法对遗产房屋尽到充分、周到的管养维护责任。故欧某士申请由其本人会同辜某珍、欧某文、欧某武、欧某冬共同管理遗产房屋的其中一套，暂不具备客观条件，不利于遗产房屋的管养维护；陈某萍、陈某芬申请共同管理遗产房屋，潘某义、陈某强对此予以支持，符合遗产效用最大化原则。

【风险提示】

根据《民法典》第 1145 条的规定，遗产管理人的确定有以下几种情况：首先，如果被继承人生前通过遗嘱明确指定了遗嘱执行人，那么该遗嘱执行人将成为遗产管理人。这体现了遗产管理人制度中的意思自治原则，法律尊重被继承人的意愿，保障其个人对遗产处理的意愿得以实现。遗嘱执行人可以是一个或多个，可以是自然人或法人，既可以是法定继承人，也可以是法定继承人以外的人。其次，如果没有遗嘱执行人，那么继承人将成为遗产管理人。在存在多个继承人的情况下，他们应及时推选遗产管理人。如果推选不成，也可以协商选择继承人范围外的人担任遗产管理人。需要注意的是，遗产管理人必须以高度的注意义务管理遗产，否则可能承担法律责任。再次，如果继承人未能推选遗产管理人，所有继承人将共同担任遗产管理人，此时应以多数原则决议遗产管理事项。最后，如果没有继承人或所有继承人都放弃继承，被继承人生前住所地的民政部门或村民委员会将担任遗产管理人。在所有这些情况下，遗产管理人都有权聘请法律、财务等专业第三方服务机构代理或辅助其行使遗产管理人的职责，并有权支付约定的服务报酬。

本案讨论上述情况中的最后一种，即根据《民法典》第 1146 条的规定，如果对遗产管理人的确定存在争议，利害关系人可以向人民法院申请指定遗产管理人。法院的指定具有终局效力。最高人民法院认为管理遗产是一项复杂的任务，因此，在指定遗产管理人时，应考虑遗产管理人的资格和能力。本案中，审理法院巧用《民法典》新创设的遗产管理人法律制度，创造性地在可查明的继承人中引入管养房屋方案“竞标”方式，让具有管养维护遗产房屋优势条件的部分继承人担任侨房遗产管理人，妥善解决了涉侨祖宅的管养维护问题，充分彰显了《民法典》以人为本、物尽其用的价值追求，为侨乡历史建筑的司法保护开创了一条全新路径。从本案裁判可以看出，法院指定遗产管理人应遵守最有利于遗产保护、管理以及债权债务清理的原则，综合考虑被继承人内心意愿、各继承人与被继承人亲疏远近关系、各继承人管理保护遗产的能力水平等方面因素，确定案涉遗产房屋的合适管理人。

【律师建议】

在《民法典》第 1145 条和第 1146 条的指引下，笔者认为，当事人在考虑遗产管理人的人选时，可以考虑以下几个方面：

首先，如果当事人在遗嘱中选择了遗产管理人，关键点在于保证遗嘱的有效性。一个有效的遗嘱需要符合三个条件：真实性、合法性和唯一性。遗嘱人需要具备完全的民事行为能力，遗嘱的内容应当真实地反映遗嘱人的意愿，遗嘱的制定和实施必须遵循法律规定的形式和流程，对同一份财产的处置方案必须明确且唯一。其次，遗嘱中分配的财产必须是遗嘱人的合法财产，且必须为无生活来源且无劳动能力的人保留必要的生活资产，否则遗嘱可能被判定为无效。然而，即便遗嘱合法，也并不能保证其能够顺利执行。比如，如果遗嘱人立遗嘱自行选定遗产管理人，但未提前沟通，也未提供具体的遗产信息，那么遗嘱可能会难以执行。因此，鉴于遗产管理人制度，笔者建议，遗嘱人在立遗嘱前，先挑选遗产管理人并签订委托协议，详细告知他们财产信息并提供相关材料。如果遗嘱人的财产注册在第三方名下或被他人占有，应该要求第三方提供证明文件。最后，如果遗嘱人在遗嘱生效前对财产进行了处分，应及时通知遗产管理人，以便他们掌握财产的最新信息。这样，当遗嘱人去世后，遗产管理人能够准确地编制遗产清单，并进行后续的管理工作。

尽管一个合法且有效的遗嘱可以根据被继承人的意愿分配遗产，但在许多情况下，这种一次性、终结性的分配方式可能无法满足复杂的继承需求。例如，遗产可能会因继承人的管理不当而面临风险，或者受赠人可能无法履行被继承人设定的义务，特殊高价值动产如古董、字画的分割也可能引发纠纷，影响家庭和谐。

因此，遗嘱人需要与专业人士预先沟通，明确遗嘱细节，并与遗产管理人制度协调配合。为了避免关于遗嘱信托效力的争议，遗嘱人应在生前以书面形式订立遗嘱，明确信托财产范围和运行规则，并指定遗产管理人。在遗嘱人去世后，遗嘱执行人公布遗嘱内容，并按照法律和遗嘱内容执行遗产。处理完税款、债务等事项后，遗产管理人将根据遗嘱要求处置遗产，交付给信托，然后信托独立运作，遗产管理人继续起到监督作用。在此过程中，律师的角色至关重要，他们能在遗嘱订立、继承架构设计、遗嘱执行、信托监督等环节提供专业法律服务，既保障遗嘱的有效性和执行的顺利，也能根据具体情况设计最合适的财富传承方案，满足遗嘱人的需求。

【法条链接】

《中华人民共和国民法典》

第一千一百四十五条 继承开始后，遗嘱执行人为遗产管理人；没有遗嘱执行人的，继承人应当及时推选遗产管理人；继承人未推选的，由继承人共同担任遗产管理人；没有继承人或者继承人均放弃继承的，由被继承人生前住所地的民政部门或者村民委员会担任遗产管理人。

第一千一百四十六条 对遗产管理人的确定有争议的，利害关系人可以向人民法院申请指定遗产管理人。

2. 申请指定遗产管理人

顾某甲、顾某乙、顾某丙申请指定遗产管理人案[①]

【关键词】

利害关系人　事实抚养　遗产的妥善保管

【案情简介】

杨某梧（出生于1929年8月18日）与杨某本（出生于1930年12月23日）系姐弟关系。二人父母先于二人去世，二人均未婚，无其他兄弟姐妹。杨某梧于2014年6月8日死亡，杨某本于2021年1月30日死亡。二人生前居住在太仓市城厢镇某房屋内，该房屋土地使用权和房屋所有权登记在杨某梧名下。

顾某娣与顾某伯系申请人顾某甲、顾某乙、顾某丙的祖父母，顾某娣系杨某本乳母。

另查明，杨某本为听障人士，在杨某梧死亡后，政府相关单位协调安排杨某本生活时，杨某本选择由申请人顾某甲、顾某乙、顾某丙照顾其晚年生活。

因杨某本生活不能自理，申请人顾某甲、顾某乙对其进行日常照顾，并帮其雇用护工照料。2017年9月24日，杨某本因病至太仓市中医医院治疗，经诊断为“脑梗塞、高血压、肺炎”。后经太仓市中医医院治疗，于2017年10月15日转至太仓市新安康复医院住院治疗，直至2021年1月30日死亡。在太仓市新安康复医院治疗期间，申请人顾

① 参见江苏省太仓市人民法院（2022）苏0585民特32号民事判决书。

某甲、顾某乙、顾某丙定期对其进行探望，住院期间的护工费、伙食费、医疗费等均由顾某甲负责处理。杨某本死亡后，其丧葬事宜由三申请人处理。后顾某甲向其所在社区申请，将杨某梧、杨某本及其父母的骨灰盒一并安葬在太仓市娄东街道香花桥社区的集体塔灵内。每逢祭祖纪念日，三申请人按照当地风俗进行祭拜。

审理中，经向杨某梧、杨某本生前所在的太仓市城厢镇府东社区居民委员会调查，该居民委员会认可申请人顾某甲、顾某乙、顾某丙本案所述事实，并表示三申请人系杨某本和杨某梧指定的照顾二人的人员，且三申请人也对两位老人尽到了照顾义务。

【判例分析】

法院认为，《民法典》第 1145 条规定："继承开始后，遗嘱执行人为遗产管理人；没有遗嘱执行人的，继承人应当及时推选遗产管理人；继承人未推选的，由继承人共同担任遗产管理人；没有继承人或者继承人均放弃继承的，由被继承人生前住所地的民政部门或者村民委员会担任遗产管理人。"第 1146 条规定："对遗产管理人的确定有争议的，利害关系人可以向人民法院申请指定遗产管理人。"本案中，杨某梧死亡后，其无第一顺序继承人，杨某本作为第二顺序继承人，有权继承包括案涉房屋在内的遗产。依据《民法典》第 230 条的规定，因继承取得物权的，自继承开始时发生效力。因此，杨某本通过继承已取得杨某梧名下包括案涉房屋在内相应遗产的物权。杨某本于 2021 年 1 月 30 日死亡，其无继承人，符合《民法典》第 1145 条、第 1146 条所界定的申请指定遗产管理人的情形。此外，因申请人顾某甲、顾某乙、顾某丙在杨某本生前对其扶养较多，符合《民法典》第 1131 条规定"可以分给适当的遗产"的条件，故三申请人有权作为利害关系人，申请法院指定遗产管理人。

法院鉴于民政部门承担社会救济、社会福利事业、社区服务等工作，比较了解辖区内公民的家庭关系、财产状况等，有能力担任遗产管理人，故对申请人顾某甲、顾某乙、顾某丙申请指定杨某本生前住所地的民政部门即太仓市民政局作为遗产管理人的请求，依法予以支持。太仓市人民法院于 2022 年 12 月 7 日作出（2022）苏 0585 民特 32 号民事判决，指定太仓市民政局为杨某本的遗产管理人。判决生效后，太仓市民政局依法履行遗产管理人职责，对杨某本的遗产进行清理，于 2023 年 8 月 24 日出具《分割决定书》，将杨某本遗产分配给顾氏三兄弟。

【风险提示】

司法实践中，"申请指定遗产管理人"案件的利害关系人为申请人，但法律并未对利害关系人的范围进行明确。笔者认为，只要遗产管理人的确定对其有法律上的利害关系，均可作为利害关系人。这里的利害关系人一般应包括遗嘱执行人、继承人、民政部门或者村民委员会，以及受遗赠人等与遗产有利害关系的人。遗嘱执行人、继承人作为利害关系人提起"申请指定遗产管理人"之诉当无争议。

本案中，法院结合遗产酌给制度，对"利害关系人"范围进行扩大解释，依法认定对被继承人尽到主要扶养义务的人与案涉遗产的妥善保管具有利害关系，可以申请指定遗产管理人，对于完善遗产管理人制度具有重要价值。

但对于无人继承或者继承人均放弃继承的情形，民政部门或者村民委员会是否可以主动作为利害关系人提起"申请指定遗产管理人"诉讼，是值得商榷的。根据《民法典》第 1160 条的规定，无人继承又无人受遗赠的遗产归国家所有，由民政部门或者村民委员会代表国家或者集体享有遗产的所有权，但该遗产管理人身份是自然取得，还是需民政部门或者村民委员会作为申请人向法院提起"申请指定遗产管理人"诉讼取得，抑或需由其他利害关系人向法院提起"申请指定遗产管理人"诉讼取得，法律对此并未明确规定。审判实践中，民政部门或者村民委员会作为遗产管理人身份的确定大多通过其他利害关系人提起"申请指定遗产管理人"诉讼来解决。民政部门主动提起"申请指定遗产管理人"的诉讼被法院驳回，而村民委员会主动提起"申请指定遗产管理人”诉讼被法院支持的，系因该村民委员会证明其垫付了被继承人生前住院期间所花的治疗费、伙食费、护理费等费用，该村民委员会实际为遗产债权人。

对于除遗嘱执行人、继承人、民政部门或者村民委员会以外的其他利害关系人的范围的确认，笔者观察到，在审判实践中，作为遗产债权人身份出现的利害关系人最多。

【律师建议】

司法解释的制定并非一蹴而就，需要经过一定的程序和时间。在尚未有明确的立法或司法解释来指导实践之前，深入分析并借鉴“申请指定遗产管理人”等类似案例的实践经验就显得格外重要。代理“申请指定遗产管理人”案件的首要前提是确定利害关系人，只有利害关系人才是“申请指定遗产管理人”案件的适格申请人。当事人在申请指定遗产管理人时，应首先明确当事人是否为案件的利害关系人，重点在于准备好相关的材料：

其一，被继承人的遗嘱。当事人须审查是否持有被继承人的遗嘱，如持有，审查遗嘱的有效性；如遗嘱有效，判断当事人是遗嘱列明的继承人，还是受遗赠人，抑或遗嘱执行人。如当事人是受遗赠人，应当在知道受遗赠后 60 日内，向继承人、民政部门、村委会、居委会、被继承人的债权人等主体作出接受遗赠的意思表示。如遗嘱是指定遗嘱执行人的，则须核实当事人是否为遗嘱执行人。

其二，被继承人的继承人情况的资料。若当事人为被继承人的继承人，需要提供其与被继承人身份关系的证据材料，并且需要提供被继承人其他继承人的身份关系的证据材料。如被继承人没有第一顺序继承人的，需要提供第二顺序继承人的身份关系材料。此类证据材料，当事人不是被继承人的继承人时也需要提供。

其三，当事人是被继承人的债权人的资料。当事人需要提供证明其与被继承人存在债权债务关系的证据材料，包括判决书、债权债务凭证（如借条、结算单等）。若当事人系被继承人生前委托为其管理、处置某类型资产的专业机构或者个人，需要提供相应的委托材料。

其四，当事人需要提供对被继承人进行事实扶养的证据。本案中，法院考虑到申请人顾某甲、顾某乙和顾某丙在杨某本生前对其提供了大量的扶养，符合《民法典》第1131条规定的“可以分给适当的遗产”的条件。因此，这三位申请人作为利害关系人，有权向人民法院申请指定遗产管理人。故在其他情形下，如同样要依据《民法典》第1131条确定自己的“利害关系人”的身份，当事人应提供相应证明。

在审查上述资料后，当事人在提起“申请指定遗产管理人”诉讼时，一定要在申请书中阐明当事人作为申请人系案件的利害关系人，有权提起“申请指定遗产管理人”之诉。

【法条链接】

《中华人民共和国民法典》

第二百三十条　因继承取得物权的，自继承开始时发生效力。

第一千一百三十一条　对继承人以外的依靠被继承人扶养的人，或者继承人以外的对被继承人扶养较多的人，可以分给适当的遗产。

第一千一百四十五条　继承开始后，遗嘱执行人为遗产管理人；没有遗嘱执行人的，继承人应当及时推选遗产管理人；继承人未推选的，由继承人共同担任遗产管理人；没有继承人或者继承人均放弃继承的，由被继承人生前住所地的民政部门或者村民委员会担任遗产管理人。

第一千一百四十六条　对遗产管理人的确定有争议的，利害关系人可以向人民法院申请指定遗产管理人。

《中华人民共和国民事诉讼法》

第一百九十五条　人民法院受理申请后，应当审查核实，并按照有利于遗产管理的原则，判决指定遗产管理人。

第一百九十六条　被指定的遗产管理人死亡、终止、丧失民事行为能力或者存在其他无法继续履行遗产管理职责情形的，人民法院可以根据利害关系人或者本人的申请另行指定遗产管理人。

第一百九十七条 遗产管理人违反遗产管理职责，严重侵害继承人、受遗赠人或者债权人合法权益的，人民法院可以根据利害关系人的申请，撤销其遗产管理人资格，并依法指定新的遗产管理人。

3. 拆迁所得应作为遗产进行分割

郭某方与郭某忠继承纠纷案[①]

【关键词】

宅基地使用权　拆迁补偿　继承

【案情简介】

原告郭某方与被告郭某忠系亲兄弟关系，父亲系郭某行（已去世），母亲系王某婉（已去世）。郭某行和王某婉共生育七个子女，分别为长子郭某忠、次子郭某方、长女郭1、次女郭2（已去世）、三女郭3、四女郭4、五女郭5。郭2子女分别为：杨1、杨2、杨3、杨4、杨5、杨6、杨7。其中，杨2患有二级智力残疾，其父亲杨某合系其法定监护人。上述人员除了原告郭某方和被告郭某忠外，其他人均表示，若查明郭某行和王某婉有可供继承的财产，明确表示放弃继承。

1975年，在父亲郭某行、母亲王某婉的主持下，原、被告分家。原、被告一人分得一块宅基地，并约定原告郭某方负责母亲王某婉的生养死葬事宜，被告郭某忠负责父亲郭某行的生养死葬事宜。当时原告郭某方尚未结婚，原、被告的父母随原告生活。1986年，王某婉去世。1988年起，郭某行正式搬去被告郭某忠住处与其一起生活直至去世。1988年10月，村集体重新签订农村土地承包合同，郭某行的承包地一直由被告郭某忠负责耕种，农业税、公粮、提留也是由被告郭某忠负责缴纳。郭某行去世后，该承包地也一直由被告郭某忠耕种直至被征用。

---

① 参见河南省漯河市中级人民法院（2024）豫11民终102号民事判决书。

【判例分析】

法院审理认为，关于案涉老宅安置房及宅基地补偿款能否作为父母遗产继承的问题，王某婉于 1986 年去世，郭某行于 2000 年 1 月 31 日去世。老宅自父亲郭某行搬去和郭某忠一起居住后一直空着。由于老宅拆迁，郭某方领走拆迁安置房 2 套和补偿款 18, 340 元，郭某忠对老宅安置房及补偿款主张平均分配。郭某忠称 1975 年分家时父母将老宅分给了郭某忠，郭某方搬进新瓦房居住。郭某方不认可分家的事实，二审中，郭某方申请其两个姐姐出庭，郭 4 称 1975 年家里还有老五没有结婚，郭某忠和父母一起挤着住在老宅里，父亲去世前几年，她和大姐轮流照看父亲。郭 4 的证言，并不能证明 1975 年老宅分给了老大郭某忠。经查明，在郭某方搬进新瓦房时，郭某方并没有结婚，按照农村分家的习俗，一般是在儿子结婚成家的情况下进行分家。因此，郭某忠主张 1975 年分家父母把老宅分给了郭某忠，除了口头陈述，无其他证据予以证明，且当时情况不符合农村分家的风俗习惯。因此，老宅应视为父母的财产，老宅拆迁补偿款应作为父母遗产进行分割。由于其他亲属均书面表示放弃继承。因此，案涉老宅补偿款应由郭某方与郭某忠进行平均分配。一审卷宗显示产权调换，建筑面积为 120 平方米的安置房 2 套，总建筑面积 240 平方米，货币补偿款 18, 340 元，因此，被上诉人应将领走的安置房屋一套 120 平方米及货币补偿款的一半 9710 元（18, 340 元 ÷2 =9170 元）归还给郭某方。郭某方还主张郭某忠将宅基地赔偿款 15, 800 元平均分割，但无证据证明郭某忠领走 15, 800 元的宅基地赔偿款，因此，郭某方该项请求无证据支持不能成立。

【风险提示】

首先，法律规定的遗产范围：《民法典》第 1122 条规定，遗产是自然人死亡时遗留的个人合法财产；依照法律规定或者根据其性质不得继承的遗产，不得继承。依照法律规定不能继承的财产权利主要有自然资源利用权（如采矿权、探矿权等）、宅基地使用权、生前租用或借用他人的财产、指定了受益人的保险等。依照权利性质不能继承的财产主要指与被继承人人身有关的专属性债权，这类财产因具有严格的人身专属性和依附性，不能与他人分享。比如，子女对父母的抚养费请求权、父母对子女的赡养费请求权、夫妻间的扶养费请求权、被继承人的人身损害赔偿请求权以及以特别信任关系为前提的财产权利，如因雇佣或者委托合同产生的权利等；一旦权利人死亡，因给付义务没有对象，则该权利也即丧失，不能予以转让和继承。又如，被继承人死亡而发放的死亡赔偿金，虽源于被继承人之死亡，但该赔偿金真正的产生时间是被继承人死后，其本质是对死者近亲属的抚恤或赔偿，因此不属于被继承人遗留的财产范围。

其次，农村房屋拆迁获得的补偿利益应作为遗产。农村宅基地房屋拆迁补偿，原则上分为农村房屋拆迁补偿和宅基地使用权补偿。宅基地属于集体土地，所有权归集体所有，本集体经济组织成员只享有使用权。宅基地使用权，是指民事主体以修建住宅为目的而利用集体土地的权利，该权利与特定社员身份有关，具有很强的身份属性和一定的福利色彩，具有专属性，只能由特定的民事当事人享有。换言之，申请建房人因死亡等原因而不再为集体经济组织成员时，即丧失宅基地使用权，故该项权利不发生继承。因此，宅基地使用权不可以转让，也不能成为继承的遗产。但因为宅基地往往与房屋不可分离，而法律并未限制房屋的转让和继承，故基于“地随房走”的原则，在房屋被转让和继承时，宅基地使用权也随之转移；但如果宅基地上尚未建有房屋，该宅基地不能作为遗产予以分配。农村房屋拆迁补偿是一种财产性权益，应当归属房屋权利人，房屋原权利人已经死亡的，拆迁补偿利益可以由继承人依照《民法典》的规定进行继承。

【律师建议】

宅基地制度是我国土地管理制度的重要组成部分，是有效保障农民住房待遇的特殊制度。审理继承纠纷中涉宅基地房屋拆迁案件，要注重保护宅基地房屋内实际居住人的利益。该类案件审理的基本思路总体上分为两部分：一是析产，将被继承人的遗产范围从总的拆迁利益中划分出来；二是继承，根据继承规则在继承人之间进行分配。本案具有参考意义，其支持“农村房屋拆迁获得的补偿利益应作为遗产进行分割”。笔者在此就农村房屋的拆迁补偿款继承问题提出建议。

农村宅基地房屋拆迁补偿分为房屋补偿款和宅基地补偿款。房屋补偿款原则上应当归属于房屋所有权人即房屋权利人。房屋权利人已经死亡的，拆迁补偿款作为遗产按继承关系处理。对于宅基地补偿款，宅基地使用权系农村集体经济组织无偿提供给本集体成员享有的，且按户计算；若一户人口减少，则由一户中剩余的成员共同使用。因此，能否作为遗产继承需要结合当地拆迁实际情况进行具体分析。值得注意的是，因为拆迁补偿项目繁多，有的是房屋重置成新价，还有提前搬家奖励费、独生子女补偿等，这些转化利益并不都属于遗产。

在没有遗嘱的拆迁补偿款继承的情形下，拆迁补偿款继承按照第一顺序、第二顺序来继承。第一顺序包括配偶、子女、父母（“子女”包括婚生子女、非婚生子女、养子女和有扶养关系的继子女）。第二顺序包括兄弟姐妹、祖父母、外祖父母。同一顺序继承人继承拆迁房屋补偿的份额，一般应当均等。对生活有特殊困难的缺乏劳动能力的继承人，分配拆迁房屋补偿款时，应当予以照顾。对被继承人尽了主要扶养义务或者与被继承人共同生活的继承人，分配拆迁补偿款时，可以多分。有扶养能力和有扶养条件的继承人，不尽扶养义务的，分配拆迁补偿款时，应当不分或者少分。继承人协商同意的，也可以不均等。

在有遗嘱的拆迁补偿款继承的情形下，如果遗嘱订立时遗嘱人没有预见到拆迁这件事，只是单纯在遗嘱中写了关于房屋继承的内容，那问题就比较复杂了。因为遗嘱人在遗嘱中说的房子和被拆迁后所获得的补偿或产权调换房屋在法律上被视为不同物。也就是说，拆迁补偿或产权调换房屋并不属于该遗嘱内容。这种情况下，法院一般会根据遗嘱人的本意考虑，对拆迁所得进行分配。如果对于拆迁补偿款继承有遗嘱，就按照遗嘱继承或者遗赠办理；有遗赠扶养协议的，按照协议办理。

【法条链接】

《中华人民共和国民法典》

第三百六十二条　宅基地使用权人依法对集体所有的土地享有占有和使用的权利，有权依法利用该土地建造住宅及其附属设施。

第一千一百二十二条　遗产是自然人死亡时遗留的个人合法财产。

依照法律规定或者根据其性质不得继承的遗产，不得继承。

第一千一百二十七条　遗产按照下列顺序继承：

（一）第一顺序：配偶、子女、父母；

（二）第二顺序：兄弟姐妹、祖父母、外祖父母。

继承开始后，由第一顺序继承人继承，第二顺序继承人不继承；没有第一顺序继承人继承的，由第二顺序继承人继承。

本编所称子女，包括婚生子女、非婚生子女、养子女和有扶养关系的继子女。

本编所称父母，包括生父母、养父母和有扶养关系的继父母。

本编所称兄弟姐妹，包括同父母的兄弟姐妹、同父异母或者同母异父的兄弟姐妹、养兄弟姐妹、有扶养关系的继兄弟姐妹。

第一千一百三十条　同一顺序继承人继承遗产的份额，一般应当均等。

对生活有特殊困难又缺乏劳动能力的继承人，分配遗产时，应当予以照顾。

对被继承人尽了主要扶养义务或者与被继承人共同生活的继承人，分配遗产时，可以多分。

有扶养能力和有扶养条件的继承人，不尽扶养义务的，分配遗产时，应当不分或者少分。

继承人协商同意的，也可以不均等。

后记

在这十几年的职业生涯中，有不少客户、朋友甚至家人都问过我同样一个问题，“你为什么选择做婚姻家事律师?”答案其实很简单：执业前期师父领进门的命运使然、执业过程中的适配，一次次共同深度情感链接后的职业自洽，最终肯定了自己的选择。

婚姻家事律师，其实并非如许多人片面理解的即“离婚律师”，离婚、遗产继承、家族财富管理与传承等都在婚姻家事律师的涉猎范围内，算是跨多领域的专业。且案件的个性化极强，除了提供法律专业之外还需要适度的共情、理解、接纳、陪伴、保护甚至是心理上的疗愈，“专业” + “温度”，或许是最好的诠释。

执业这些年，法庭之上，也见证过太多的分分合合，有少时情深却抵不过经济压力的一拍两散，也有倾其全部却最终遗憾散场的残酷现实，曾经以为的地老天荒，现在却只剩一地鸡毛、对簿公堂。而每次面对这些人生的转折点，或许只有婚姻家事律师才能让彼此在情感的尾声真正看到曾经那些错位的期望与美好，然后尽可能地配合他们为这段亲密关系画上一个较为完整的句号。

最后，还是想说，在这个物欲横流的大千世界，即便海誓山盟已戛然而止，但愿我们都还能拥有重启生活的勇气和魄力。